21世纪铁路职业技术教育规划教材

铁路无损检测与地面安全监测技术

张 维　李新东　于文涛　编

张中央　审

西南交通大学出版社
·成 都·

内 容 提 要

本书分两个部分，共9章。第一部分主要介绍无损检测技术，分别阐述了电磁探伤与超声波探伤；第二部分简要介绍目前在我国铁路已实施的5T系统，分别阐述5T系统的功能以及整合的现实要求；整合的概念、基本思想，包括5T系统总体结构、监控中心运行平台方案、数据存储等。

本书尤其适合作为铁路机车车辆专业的中职、高职学生作为教材使用，也适合作为铁路部门培训现场职工的培训教材，同时，本书对于铁路基层管理者和技术人员也有参考价值。

图书在版编目（CIP）数据

铁路无损检测与地面安全监测技术 / 张维，李新东，于文涛编. —成都：西南交通大学出版社，2008.3（2015.7重印）

21世纪铁路职业技术教育规划教材

ISBN 978-7-81104-838-4

Ⅰ. 铁… Ⅱ. ①张…②李…③于… Ⅲ. ①铁路－无损检验－高等学校：技术学校－教材②铁路线路－安全检查－高等学校：技术学校－教材 Ⅳ. U216

中国版本图书馆CIP数据核字（2008）第026012号

21世纪铁路职业技术教育规划教材

铁路无损检测与地面安全监测技术

张 维 李新东 于文涛 编

*

责任编辑 张华敏

特邀编辑 高青松 陈旭文

封面设计 跨克创意

西南交通大学出版社出版发行

四川省成都市金牛区交大路146号 邮政编码：610031 发行部电话：028-87600564

http://www.xnjdcbs.com

四川森林印务有限责任公司印刷

*

成品尺寸：185 mm×260 mm 印张：12.5

字数：309千字

2008年3月第1版 2015年7月第2次印刷

ISBN 978-7-81104-838-4

定价：21.00元

图书如有印装质量问题 本社负责退换

版权所有 盗版必究 举报电话：028-87600562

前　言

铁路运输安全直接关系到铁路自身的生存和发展，也是维护社会稳定和促进国民经济健康快速发展的基础保障。

为贯彻落实科学发展观，坚持“以人为本”，适应在高强度运输组织和高效率作业条件下保障铁路运输安全的现实要求，我国已把建立铁路运输安全监控与预警体系作为铁路发展的重点。近年来，在《铁路科技发展规划》、《铁路主要技术政策》、《铁路信息化规划》、《铁路安全技术发展规划》和《六大干线安全达标线建设规划》中，均明确了建设行车安全监控系统是一项重要任务，是保障我国铁路运输安全、实现我国铁路跨越式发展的重要技术措施。

为了提高铁路现场工人的探伤水平及增进铁路现场职工对行车安全监控系统的了解，我们编写了这本普及探伤基础知识及介绍铁路行车安全监控系统的教材——《铁路无损检测与地面安全监测技术》。对于机车车辆专业的中职、高职学生来说，不但要求掌握机车车辆的知识，也需要了解探伤检测与安全监测技术，而安全监测技术恰恰是目前我国最新的铁路科技技术之一。因此，本书尤其适合作为铁路机车车辆专业的中职、高职学生作为教材使用，也适合作为铁路部门培训现场职工的培训教材，同时，本书对于铁路基层管理者和技术人员也有参考价值。

本书由吉林铁道职业技术学院张维副教授主编，参与编写的还有郑州铁路职业技术学院李新东副教授和于文涛副教授。具体分工如下：李新东编写了第 5 章的 5.2～5.4 及思考题、第 9 章的 9.1～9.4；于文涛编写了第 2 章的 2.5 及附录 1～附录 6、第 3 章的 3.5、第 5 章的 5.1、第 9 章的 9.5；本书其余部分全部由张维编写。全书由郑州铁路职业技术学院张中央教授审稿。

本书中的探伤检测技术部分引用了魏殿荣、余展猷主编的《电磁探伤》和铁道部人事司、铁道部人才交流中心编写的《铁道车辆新技术及其应用》；本书中的 5T 技术部分引用了刘瑞扬和王毓敏主编的《货车运行状态地面安全监测系统 TPDS》、《货车滚动轴承早期故障轨边声学诊断系统 TADS》、《货车运行故障动态图像检测系统 TFDS》以及刘瑞阳和杨京主编的《客车运行状态安全监测系统 TCDS》、陈伯施和刘瑞扬主编的《地对车安全监控体系 5T 系统信息整合与应用》等著作中的部分内容，另外还引用了哈尔滨威克科技股份有限公司的《红外线轴温探测系统 THDS》的部分内容，在此一并致谢。

目前，由于我国铁路行业信息系统的整合还处于初步发展的阶段，相关的 5T 系统整合使能技术也正在不断地深入发展，加之作者的水平有限，书中的不足之处在所难免，恳请广大读者批评指正。

编　者

2008 年 3 月

目　录

第二部分 地面安全监测系统

绪 论

由于近代科学技术的发展，无损探伤检查的方法日益增多。目前已在工业生产中广泛采用的有射线探伤、电磁探伤、荧光探伤、涡流探伤、超声波探伤、着色探伤等，其中电磁探伤是应用最早和最为普遍的一种无损探伤检查方法。

电磁探伤亦称磁力探伤或磁粉探伤，早在1919年国外就已制成了用于电磁探伤的实验设备。由于电磁探伤设备结构简单、制造方便、容易操作，并且对表面缺陷的发现具有较高的灵敏度，所以很快在工业生产中被采用。我国早在1949年以前已开始采用该项技术，但应用范围不广。1949年之后，我国在一些大中型厂矿普遍设置了电磁探伤设备，并规定电磁探伤作为一道正常的生产工序。我国铁路对机车车辆重要零部件进行电磁探伤是在1949年开始的，1952年铁道部在总结了前期电磁探伤经验的基础上，公布了机务段、车辆段和机车车辆工厂重要零部件电磁探伤细则，此后，探伤工作普遍在我国铁路上开展起来。

超声波探伤的原理是：超声波在被检测材料中传播时，材料的声学特性和内部组织的变化对超声波的传播产生一定的影响，通过对超声波受影响的程度和状况的探测，来了解材料性能和结构的变化。

随着现代冶炼技术的日趋完善，各种金属原材料的质量也不断提高，但不论采用何种先进的冶炼技术，要提供完全没有任何缺陷且材质又均匀的坯料乃是相当困难的事情。机车车辆零部件常常由于制造技术不良，在制品内部产生缺陷，另外，即使原材料是好的，但由于长期使用，金属会产生疲劳裂纹，这些内部缺陷和裂纹大大削弱了零件的强度，如果继续使用这些零件将是十分危险的，会严重威胁行车安全，一旦在运行中发生折断事故，后果将不堪设想。因此，如何在毛坯中选出缺陷较少或没有缺陷的坯料进行机械加工，或把运用中带有危险性缺陷的零件挑出来以防止事故的发生，便成为机车车辆零部件加工和检修中极为重要的环节，这就是电磁探伤与超声波探伤的主要任务。探伤检查区别于理化检验的重要特点之一是，它不是抽样检查，而是直接对产品本身进行检查，检查的结果直接关系到零件的弃用。这是一项能及早发现材料和零部件的缺陷，防止加工过程中人力和工时的浪费，保证机车车辆运行安全的一项重要工作。

我国铁路运营里程近7万公里，铁路货车约66万辆，客车约4万多辆。随着我国列车提速、重载等铁路跨越式的发展，在大力挖掘运输潜力的同时，我国铁路部门对车辆的安全性也予以了高度的重视。为保障机车车辆运行安全，多年来我国铁路部门在严抓源头质量、加强生产管理、强化列检人员和维修人员的安全意识与责任心的同时，一直立足于科技进步，采用了多种先进的安全检测手段，正努力向车辆检测和故障预警自动化、智能化和信息化的方向迈进。其中，红外线轴温探测系统（THDS）的探测设备已在全路部署了4 000余套，建立了近3 000个探测站，实现了全路联网运行，能够实时跟踪车次、车号，精确预报热轴货车车号，有效防止了热轴事故的发生，为铁路提高设备质量、强化设备基础、实现以先进的科技保证安全的目标创造了条件。

近年来，随着我国铁路数次大范围提速工作的推进和更多直达列车的投入运行，列车开行密集和运行区间长的特点更为普遍，列车日常运用维修的工作面临着责任区间延长、技术作业时间缩短的现状，靠“人抓”、“手摸”、“耳听”的传统列车检查（以下简称列检）作业方式已经不能适应当前形势下保障机车车辆运行安全的客观现实要求；此外，随着铁路体制改革的推进，车辆列检工作还面临着减员增效与保障车辆运行安全的矛盾。为此，我国铁道部运输局装备部在借鉴国外成熟经验和全面深入调查研究的基础上，针对当前车辆部门列检工作中的突出问题和主要矛盾，通过自主创新和引进消化相结合，建立了地对车车辆运行安全防范预警系统（简称 5T 系统），并将 5T 系统列为六大干线提速安全标准线建设的“十全”重点之一。

2004 年，在我国铁道部的精心部署、统一领导和大力推进下，通过一年多各相关铁路局、研究单位和设备厂家的共同努力和联合攻坚，5T 系统的建设工作全面快速推进，于 2005 年底在六大干线所覆盖的 12 个铁路局初步实现联网运行，并同步完成 5T 系统的初步整合。通过系统整合搭建了车辆运行安全监控的统一平台，制定了相关标准和技术规范，实现了计算机软硬件及网络平台的共用，构筑起跨系统的监测信息实时共享和综合运用的基础数据环境，较好地发挥了 5T 系统安全监测的整体优势，改变了传统的单一系统、独立运行的监测模式，首次在车辆运行安全监控系统中实现了信息资源共享，并取得重大突破，为今后 5T 系统的集中统一指挥运用和综合应用的深入开展奠定了良好基础。

5T 系统采用智能化、网络化、信息化技术。在铁路沿线建设 5T 系统探测站，实现了地面设备对客 / 货车辆运行安全的动态检测、数据集中、联网运行、远程监控、信息共享，显著地提高了铁路运输安全防范能力。我国铁路部门通过在大秦线、京广线、京哈线、京沪线等试点线路上安装货车运行状态地面安全监测系统（TPDS）、货车滚动轴承早期故障轨边声学诊断系统（TADS）、货车运行故障动态图像检测系统（TFDS）和客车运行安全监控系统（TCDS）设备并小范围联网运行后表明，这些先进检测设备的联网运用将对列检作业由传统向现代、由人控向机控、由粗放管理向集约管理的革命性转变产生巨大的推动作用。

5T 系统建设是我国铁道部行车安全防范体系的一项长期部署，是构建车辆运行安全动态监测网络的前期工作，对我国铁路的跨越式发展具有重大意义。

第一部分

无损检测技术

第 1 章　无损检测技术概述

1.1　无损检测技术的意义及特点

无损检测（Nondestructive Testing，简称 NDT）技术是在工件无损的条件下，检查工件宏观缺陷或测量工件特征的各种技术方法的统称。无损探伤是一种检测工件宏观缺陷的无损检测技术。

无损检测的意义在于保障零件、组件的安全使用，节约材料，在零件无损的条件下检测零件、部件、组件、设备、材料和大型工程项目，能使之安全有效地生产、工作。

1. 无损检测技术的特点

① 在对材料或构件进行检测时，其目的是检测材料或构件中的缺陷和异常。因此，必须首先搞清楚究竟要检测什么对象，随后才能确定应该采用什么检测方法和检测规范来达到预定的目的。为此，必须预先分析被检测工件的材料及其成型方法、加工过程、使用经历等，即预先分析缺陷的可能类型、部位、方向和性质，然后再选择适当的检测方法。

② 关于无损检测结果的可靠性，一般来说，不管采用哪一种检测方法，要完全检查出结构的异常部分是不可能的。虽然经过检测得到了“没有缺陷”的信息，也不能认为完全没有缺陷。另外，检测得出的缺陷的种类、形状、大小和方向等信息，很可能由于所用的检测方法不同而有所差异。

③ 必须将无损检测的结果与一定数量的破坏性检测结果相比较，才能对检测结果做出可靠合理的评价。而这种比较的时间必须是评定质量的最合适的时间。例如，当考虑热处理所引起的质量变化时，必须在热处理前后分别进行无损检测；而对高强度钢焊缝延迟裂纹的检查必须在焊接以后放置一昼夜以上才能进行。另外，有时还要采用不同的检测方法。所以，必须明确规定在什么时间、用什么方法进行检测。

④ 无损检测的结果，只应作为对材料或构件的质量和寿命评定的依据之一，而不应该作为材料或构件的质量和寿命评定的唯一依据。当然，同时采用几种检测方法，以便综合各种方法互相取长补短，从而得到更多的信息也是很重要的；但还应该利用有关材料、焊接和加工工艺等知识综合起来进行判断。总之，无损检测与评价技术是有关物理、化学、机械、冶金和材料科学及断裂力学等高度综合性的技术。

⑤ 无损检测的应用范围非常广泛，被检测的对象千差万别，缺陷的位置也不一样。为

了达到各种不同的检测目的，人们研究出了各种不同的检测方法，这些检测方法都是很重要的，不同的方法有不同的特点，也各有其局限性，因此很难互相代替。

⑥ 根据被检测对象的重要性，需要用来描述材料和构件中缺陷状态的数据相应地有多有少，而且任何一种无损检测方法都不可能给出所需要的全部信息。因此，应同时使用两种以上的无损检测方法对材料和构件进行检测，才能得出合理的结论，达到检测的目的。对于大型复杂设备的检测更是如此。

2. 无损检测技术的基本要素

任何一种无损检测方法都包括以下五个基本要素:

① 源，它能提供适当的探测介质或激励被检测物体产生某种特殊的运动。

② 探测介质或特殊运动方式会受到被检测物体的结构异常（不连续或某种变异）的影响而引起变化。

③ 探测器，它能检测出探测介质或特殊运动方式的变化。

④ 记录和显示装置，以便指示或记录由探测器发出的信号。

⑤ 解释这些信号的方法。

以上五个基本要素是所有无损检测方法所共有的。由源所提供的检测介质与被检测物体相互作用形成多种物理场，如声场、热场、电场、磁场和电磁辐射场等。目前，对这些信号中所包含的信息只有少部分被利用和认识，这不仅是由于使用的仪器不够完善，而且在很大程度上是由于理论的缺乏和对信号本身带有的信息认识不足所致。进一步充分利用这些信息正是今后无损检测技术发展和努力的方向。目前，较完善的声发射检测系统能够处理声发射率、声发射总数、振幅、幅度分布、波形、能量、频谱、时差及声源位置坐标等多种表征参数。

1.2 无损检测技术的种类及其适用范围

科学技术发展至今，无损检测的方法已经很多，根据美国国家宇航局调研分析，认为可分为六大类约 70 余种，但在实际应用中比较常见的有以下几种:

① 超声波检测（Ultrasonic Testing）。

② 射线检测（Radiographic Testing）。

③ 磁粉检测（Magnetic Particle Testing）。

④ 渗透检测（Penetrant Testing）。

⑤ 涡流检测（Eddy current Testing）。

⑥ 声发射（Acoustic Emission）。

⑦ 泄漏检测（Leak Testing）。

⑧ 光全息照相（Optical Holography）。

⑨ 红外热成像（Infrared Thermography）。

⑩ 微波检测（Microwave Testing）。

对一个零部件的无损检测，方法不是唯一的，随着科学技术的发展，还会有新的方法出现。

如前所述，无损检测技术的应用范围相当广泛，例如，用于产品的设计阶段、制造过程、成品检查、在役检查等；被检测对象也十分复杂，例如，各类材料（金属、非金属等），各种工件（焊接件、锻件、铸件等），各种工程（道路建设、水坝建设、桥梁建设、机场建设等）。因而无损检测的方法是多种多样的。那么，面对具体的需要进行无损检测的对象，诸如零件、部件、组件、设备和大型工程项目，究竟选择哪种或哪几种无损检测方法，设计什么样的检测方案，才能达到安全、可靠的无损检测目的，是无损检测工作中的重要一环。只有选择了正确的方法才能进行有效的无损检测。所以，一个成熟的无损检测工程技术人员，必须在掌握各种无损检测方法的优缺点，明确各种不同方法的适用范围和它们之间的相互关系之后，在综合分析与评价的基础上，才能面对具体的无损检测对象选择出适当的无损检测方法，确定正确的无损检测方案。

无损检测涉及很多相差甚远的科学技术领域。很多无损检测方法从其原理上来看有很大的差别，在探测介质、探测器、记录和显示装置，以及对信息的解释方面更是多种多样。但是，所有无损检测方法的目的是类似的，都是为了检测材料或构件中的缺陷或结构异常，由于被检测对象的千变万化和各种无损检测方法的局限性，要想正确地选择检测方法、确定检测方案并不容易。

一般来说，渗透检测只能检查材料或构件表面开口的缺陷，对埋藏于表面之下或内部的缺陷，渗透法是无能为力的。渗透法的优点是方法简单、成本低，适合于有色金属和非金属材料的各种形状复杂的零件的检测，对多孔性的材料则不适用。

磁粉检测设备简单、操作方便、观察缺陷直观快速，并有较高的检测灵敏度，尤其是对裂纹的探测十分敏感。但它只适用于铁磁性材料，而且只能发现表面和近表面的缺陷。磁粉检测难以实现自动化。

对于轴类、棒材和管材等旋转对称试件，可以采用漏磁检测法；而对于平板、方坯和平面边界焊缝等试件，可以采用录磁检测法。这两种方法不但可以实现快速自动化检测，而且可以获得比磁粉检测法更多的信息。

电位检测法适合用来检测裂纹的深度和裂纹平面的倾角，也可用于检测厚度和检测复合板结合层的质量。对于精密的电子束焊接和激光焊接，也可采用电位法检测焊缝熔深。

涡流检测只适用于导体，而且只能检测表面和近表面缺陷。涡流探伤时，探头可不与工件相接触，也不需要耦合介质，因此，涡流检测可以实现自动化检测。对于管材、棒材和平板等各种型材，可以使用不同类型的探头进行检测。采用多频参数涡流检测法，还可以同时给出多种测量信息和数据。

射线检测法适合于检测材料或构件的内部缺陷。但是，射线检测法对体积性缺陷比较灵敏，而对平面状的二维缺陷不敏感，只有当射线入射方向与裂纹平面相一致时，才有可能检出裂纹类缺陷。所以，射线检测法适合于检查铸件和焊缝，因为在铸件和焊缝中通常存在的气孔、夹渣、密集气孔、未焊透、未熔合等缺陷往往是有体积的，即使是铸造裂纹和焊缝裂纹也有一定的体积。对于轻型材料或较薄的工件，可使用软射线；对于重型材料或较厚的工件，可以使用硬射线。

超声波检测是一种应用十分广泛的无损检测方法，它既可以检测材料或构件的表面缺陷，又可以检测内部缺陷，尤其是对裂纹、叠层和分层等平面状缺陷具有很强的检测能力。

超声波检测的原理是：超声波在被检测材料中传播时，材料的声学特性和内部组织的变化对超声波的传播产生一定的影响，通过对超声波受影响程度和状况的探测，来了解材料性能和结构的变化。

超声波检测的方法通常有穿透法、脉冲反射法、串列法等。

超声波法适用于钢铁、有色金属和非金属，也适用于铸件、锻件、轧制的各种型材和焊缝等。一般来说，超声波法适合于检测几何形状比较简单的工件，而且对于管材、棒材、平板、钢轨和压力容器焊缝等几何形状比较简单的材料或构件，可以实现高速自动化检测。

由于声发射现象的出现与缺陷是否正在活动密切相关，因此，声发射检测技术是一种动态无损检测新技术，它既可以用于材料断裂与疲劳损伤的分析，又可以实时监测工程结构中缺陷的活动性。

磁弹性测试方法是一种先进的无损检测方法。它既可用于铁磁性材料表面的残余应力的无损测试，又可以检测铁磁性材料的表面硬度、晶粒度及材料的损伤等。磁弹性测试仪器的体积小、重量轻、探头尺寸小，并具有自备蓄电池、使用方便、测试精度高、检测速度快等特点，非常适合于野外及现场工件的检测，尤其适合于焊接结构表面残余应力和工件在加工过程中表面残余应力的无损检测。该检测方法与计算机配合能进行自动检测。

总之，正确选择无损检测方法，除需要掌握各种检测方法的特点外，还需要综合考虑材料或构件的加工工艺、使用条件和状况、检测技术文件和有关标准的要求等，才能正确地确定无损检测方案，达到有效检测的目的。

思 考 题

1. 什么是无损检测？无损检测的意义是什么？
2. 无损检测的目的是什么？
3. 无损检测有哪些基本要素？
4. 无损检测的方法有哪些？
5. 无损检测的结果如何评定？
6. 无损检测有哪些应用？

第2章　电磁探伤

电磁探伤是材料的无损检测方法之一。电磁探伤用于发现金属表面的裂纹。《铁路技术管理规程》规定：车辆轮对在装配前，应对车轴各部位用探伤仪器进行检查；检修时，应对轴颈、防尘板座及轴身用探伤仪器进行检查。例如轮对，除进行外观检查外，一是必须对轮轴外露部位进行电磁探伤检查（在对轮轴进行旋削或磨削加工后，还必须对加工部位进行复探）；二是必须对轮轴镶入部位及轮轴内部进行超声波穿透探伤检查。

近年来，国外电磁探伤技术发展很快，除了应用历史较长的磁粉法外，又相继出现了磁相法（磁带-磁探针法）、仪表探伤法、磁阻法等新技术，促使电磁探伤技术向自动化、显示记录化方向发展。电磁探伤技术的理论基础是漏磁场的理论研究，即研究漏磁场与缺陷的相互作用。自从 1966 年国外发表第一篇关于表面裂纹静磁场的研究论文以来，美、苏、德和日本等国相继开展有关研究，发表了大量的论文，阐述了漏磁场的空间分布以及与缺陷特性之间的关系。目前，研究磁场与缺陷相互作用的理论主要有两种：磁偶极子法和有限元分析法。检测漏磁场的工具主要有三种：霍尔探头、磁二极管（MD）和磁探针（或 Forster 探头）。随着对漏磁场与缺陷相互作用理论的深入研究，新的检测方法将不断产生，旧的检测方法会不断改进，(关于这方面的内容请读者参阅有关书籍)。

2.1　电磁探伤的基础知识

2.1.1　电磁学中的几个基本概念

1. 磁　极

把磁体放到铁屑里，然后再拿出来，我们可以看到它能吸起很多铁屑，吸引铁屑最多的地方磁性最强，这个地方被称为磁极。

根据磁极的磁性（指向），我们把磁极分为南（S）极和北（N）极。

2. 磁　力

磁极对铁磁性物质的吸引能力和排斥能力，统称为磁力。

3. 磁　场

磁场是一个物理场，有方向和大小，其方向按右手定则定出，其大小为：

$$H=\frac{\Phi}{\mu\cdot S} \tag{2-1}$$

式中 H——磁场强度，安培每米（A/m）；

Φ——磁通量，韦伯（Wb）；

S——横截面积，平方米（m^2）；

μ——磁导率，亨利每米（H/m）。

4. 磁　化

当一根没有磁性的铁棒被永久性磁铁吸引后，或放在通有电流的螺旋管线圈内或铁棒直接通电流以后，铁棒就具有磁性，可以吸引磁粉，这种现象叫做磁化。

5. 铁磁性物质

某种材料具有能被磁场吸引、磁化的性能，则该材料就称为铁磁性物质，如铁 Fe、镍 Ni、钴 Go、碳素钢、某些合金钢等，其磁导率 μ 远大于 1，一般为几百至几万。反之，不能被磁场吸引、磁化的物质，则称为抗磁性物质，如铋 Bi、锑 Ti，其磁导率 μ 小于 1。能被磁场微弱吸引的材料，称为顺磁性物质，如铅 Pb、铂 Bo、锰 Mn、铬 Cr 等，其磁导率 μ 稍大于 1。抗磁性物质和顺磁性物质统称为非磁性物质。

电磁探伤的适用对象只是铁磁性物质。

6. 磁畴与居里点

（1）磁畴

铁磁性物质内部含有很多微小自发磁化区，称为磁畴。磁畴的大小约为百分之一到万分之一毫米。在铁磁性物质里，磁畴的排列情况并不是完全杂乱无章的，它们在互相作用下会力图转到异性磁极的相对位置，这样的排列是最稳定的。在没有外磁场的作用下，磁畴方向近似于紊乱的分布状态，使铁磁性物质内部总的磁效应为零，如图 2-1 所示。

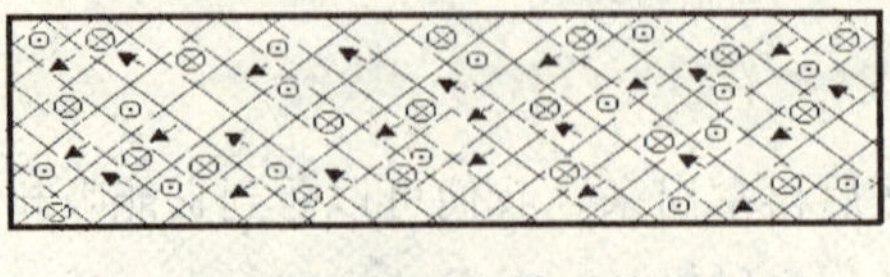

图 2-1　磁畴的排列情况

① 在弱磁场的作用下，铁磁性物质内部的磁畴有两种变化：

· 铁磁性材料的磁畴在磁场的作用下发生旋转，当磁畴的磁化方向与磁场方向逐渐接近平行，则磁畴的容积相对扩大。

· 当磁畴的磁化方向与磁场方向成某一角度时，则磁畴的容积相对缩小。

② 在较强的外磁场作用下，根据同性相斥、异性相吸的原理，铁磁性物质内部原来相互垂直的磁畴突然旋转 90°，原来方向相反的磁畴突然旋转 180°，所有磁畴方向几乎与外加磁场的方向平行。

③ 在很强的外磁场作用下，铁磁性物质中的所有磁畴转向与外磁场一致的方向，最后达到磁饱和状态，铁磁性物质变得具有磁性，并形成 N 极和 S 极。移去外磁场后，铁磁性物质内部的大多数磁畴仍能保持磁化方向，即铁磁性物质被永久磁化。

(2) 居里点

当铁磁性物质的温度升高到一定程度时，铁磁性物质内部原子的热运动变得特别强，从而破坏了原子的平衡排列，磁畴就不存在了，铁磁性物质开始失去磁性，变成顺磁性物质，此时的温度称为该铁磁性物质的居里点。例如，Fe（铁）的居里点是 769°C；Ni（镍）的居里点是 358°C；Co（钴）的居里点是 1131°C。

7. 磁感应强度曲线

磁感应强度曲线上每一点的切线方向与该点的磁感应强度的方向相同。磁感应强度曲线永远是闭合的，与介质无关。

8. 磁路的欧姆定律

(1) 磁路

磁路的特点是:

① 可以认为磁通全部集中在磁路里，磁路路径就是磁感应强度曲线的轨迹，在同一磁路里磁通相同。

② 一个磁路通常是由若干磁路段组成的。每段由同一种材料组成，且具有相同的横截面积。磁路中任意截面上磁通的分布被认为是均匀的，同时认为，各磁路段中磁场强度处处相同，其方向与磁路路径一致。

磁路与电路的比较见表 2-1。

表 2-1 磁路与电路的比较

磁 路	电 路
磁通 Φ	电流 I
磁势 U_m	电势 U
磁通势 F_m	电压源电压 U_s
磁通密度 $B=\dfrac{\Phi}{A}$	电流密度 $J=\dfrac{I}{A}$
磁阻 $R_m=\dfrac{l}{\mu\cdot A}$	电阻 $R=\dfrac{l}{\gamma\cdot A}$
磁导 $\Lambda=\dfrac{\mu\cdot A}{l}$	电导 $G=\dfrac{\gamma\cdot A}{l}$
$U_m=R_m\Phi$	$U=RI$
$\sum\Phi=0$	$\sum I=0$
$\sum Hl=\sum F_m$	$\sum U=\sum U_s$

注：表中 Λ——λ 的大写。

（2）磁通

磁通是反映磁感应强度的量，它是磁感应强度 B 对某一面积 S 的积分，用 Φ 表示，即：

$$\Phi = \int B \cdot \mathrm{d}S \tag{2-2}$$

磁通的单位是韦伯（Wb）。

（3）磁感应强度

磁感应强度即磁通密度，是单位面积 S 上穿过的磁通量，用 B 表示，即：

$$B = \frac{\Phi}{S} \tag{2-3}$$

磁感应强度的单位是特斯拉（T），1 T（特斯拉）=1 W_b/m^2=1 N/（A · m）= 1 V · s/m^2。

（4）磁势差

磁势差是由线圈产生的，所以它的单位是安匝。

（5）磁阻与磁导率

磁导率是反映物质导磁能力的物理量，用 μ 表示，它的单位为 H/m（亨/米）。

真空磁导率 $\mu_0 = 4\pi \times 10^{-7}$ H/m。

在磁路中的磁通大小，除了与磁势有关外，还取决于磁路上的阻力，这种阻碍磁力线通过的阻力，称为磁阻，用 R_m 表示。磁阻的大小与磁路的长度成正比，与磁路的横截面积成反比，并与磁路的材料性质有关。

$$U_m = R_m \cdot \Phi \tag{2-4}$$

式中 U_m——磁势（安匝）；

Φ——磁通（Wb，韦伯）；

R_m——磁阻（H^{-1}），且

$$R_m = \frac{1}{\mu} \cdot \frac{l}{S} \tag{2-5}$$

式中 μ——材料的磁导率（H/m，亨利每米）；

l——材料的长度（m，米）；

S——材料的横截面积（m^2，平方米）。

（6）磁场强度

表示磁场强弱的物理量叫做磁场强度。磁场强度用 H 表示，且

$$H = \frac{\Phi}{\mu \cdot S} = \frac{1}{\mu} \cdot B \tag{2-6}$$

9. 磁化曲线和磁滞回线

铁磁性材料在外磁场的作用下，内部磁畴的排列发生变化，铁磁性材料被磁化。图 2-2 所示为典型的磁化曲线。从图 2-2 可看出：

① 磁化强度随外磁场而变，且它的变化落后于外磁场的变化，这种变化称为磁滞现象。磁滞现象取决于磁化强度，不仅与已知时刻的磁场强度 H 的值有关，而且与以前的磁场强度有关。如图 2-3 所示的磁滞回线，当外磁场撤去以后，铁磁性材料中仍然剩有一定强度的磁场，称为剩磁。如果要消除剩磁，需加上反向磁场，这个反向磁场称为矫顽力。当反复磁化 1 m^3 的磁材料时，所消耗的功或能量与磁滞回线所包围的面积成正比。软磁性材料的磁滞回线狭窄；硬磁性材料的磁滞回线较宽。

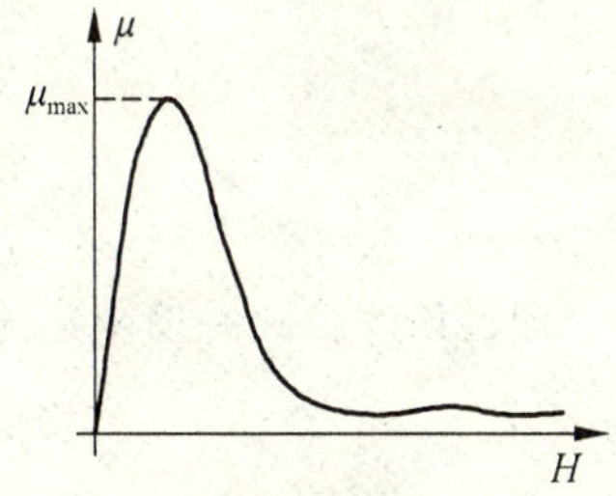

图 2-2　磁化曲线

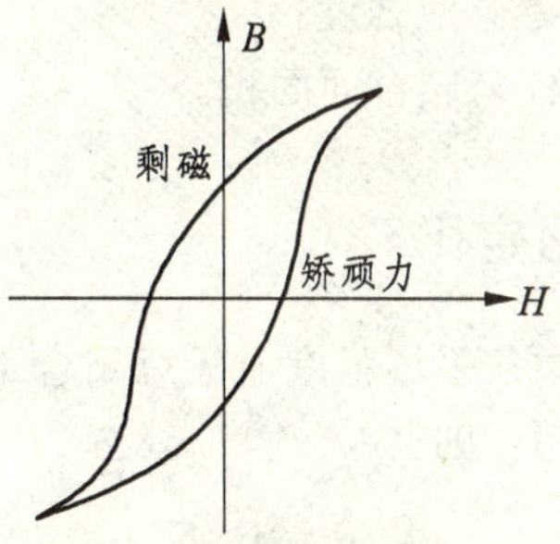

图 2-3　磁滞回线

② 铁磁性物质都有一个居里点温度，在这个温度以上铁磁性材料就会失去磁性而变为顺磁性材料。

10. 剩余磁感应强度曲线

铁磁性材料的剩余磁感应强度 B_r 值与外加磁场强度 H 的大小有关。通过测试得到其相关曲线，称为剩余磁感应强度曲线。当 H 为零时，B_r 为零；H 增大，B_r 随之增加；当 H 达饱和时，B_r 也趋于饱和，此时再增大 H，B_r 基本上不再增加。

11. 磁化强度矢量

在静电场中，一般用电极化强度矢量 $\boldsymbol{P}$ 来描述电介质的极化程度。与此相似，可以用磁化强度矢量 $\boldsymbol{M}$ 来描述磁介质的磁化程度。由于磁介质磁化得愈厉害，分子电流排列得愈整齐，分子磁矩的矢量和愈大，因此，定义磁介质中某一点的磁化强度矢量 $\boldsymbol{M}$ 等于该点处单位体积内分子磁矩的矢量和。

磁化强度矢量 M 在数值上等于单位长度上分子电流的强度。

12. 退磁原理

退磁就是消除剩磁的过程。退磁的目的就是要打乱原剩磁场磁畴排列的一致性，使剩磁场磁畴形成杂乱无章的状态，以减弱剩磁场的磁感应强度。退磁的方法是加以反向外磁场，并交替变化且逐渐减弱至零，于是剩磁场被逐步减弱直至变为零，总的来说，退磁后剩磁场的磁感应强度不应大于 3 Gs（高斯）。

2.1.2 电磁探伤中的几个电磁学概念

1. 磁通连续性原理

在磁场中，磁感应强度对任意闭合面的面积积分恒等于零，即：

$$\oint B \cdot \mathrm{d}S = 0 \tag{2-7}$$

式中 B——磁感应强度；

S——任意闭合面面积。

2. 安培环路定律

在磁场中，磁场强度沿任意闭合路径的线积分等于穿过该闭合路经所限定的面积的宏观电流的代数和，即：

$$\oint H \cdot \mathrm{d}l = \sum i \tag{2-8}$$

式中 H——磁场强度；

l——闭合路径长度；

i——电流。

2.2 电磁探伤的原理及方法

2.2.1 电磁探伤的原理

铁磁性材料在磁场中被磁化后，其缺陷处会产生漏磁，电磁探伤就是根据这个原理来发现铁磁性材料的缺陷的。例如，当对某一零件沿轴向方向通以电流时，在这个零件中将产生封闭的磁力线，磁力线通过截面大小不一的铁磁性材料时，磁力线的密度也随着改变，由于其他物质（如空气、非金属杂物等）的磁导率比铁磁性材料的磁导率小得多（相差悬殊，一般为 $10^2 \sim 10^4$ 倍之间），因而，零件表面或近表面处有裂纹、气孔或杂物等缺陷时，将阻碍磁力线通过，即磁阻增大，磁力线会产生弯曲现象。如图 2-4 所示，材料的缺陷为一个裂纹，

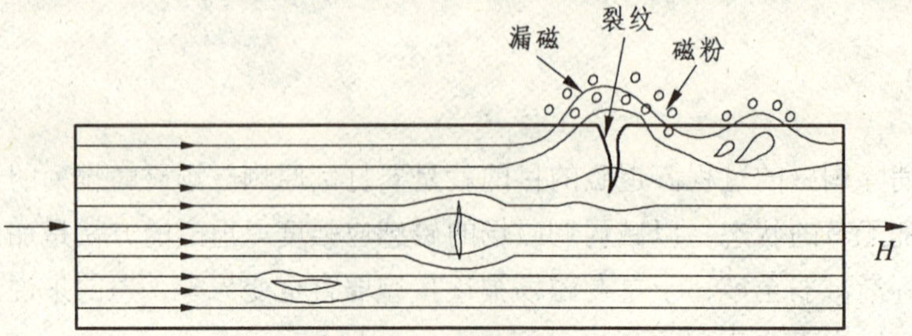

图 2-4 漏磁现象试验

这个裂纹扰乱了磁力线的正常分布，原来均匀分布的磁力线，有一部分就被“挤到”裂纹尖端的下部，另一部分则穿过裂纹，还有一部分被“挤到”裂纹尖端的上表面，这时，磁力线不但会在零件内部产生弯曲，而且还会有一部分磁力线绕过缺陷而暴露在空气中，即产生了漏磁现象。这种漏磁在零件表面产生一局部漏磁场，这个漏磁场便能吸附磁导率大于磁导率的磁铁粉形成磁痕，因而零件上的缺陷被显示出来。

让我们做一个实验来说明（见图 2-5）。取一个矩形软铁心，绕若干线圈导线，在线圈中通以电流，铁心中会产生磁力线，这时如果用铁棒去接近它，可发现铁心对铁棒并没有吸力；但如果在矩形铁心的某一边有一裂口，则在此裂口处便产生磁力，这是由于有了裂口而出现了两个不同极性的磁极，从而在两个磁极处产生漏磁，形成漏磁场的缘故。

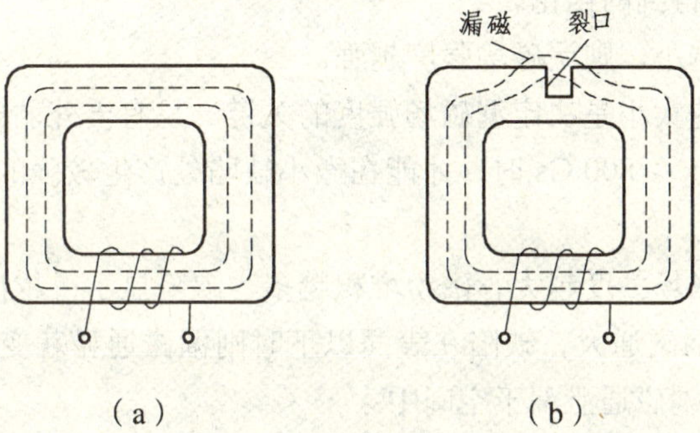

图 2-5　电磁探伤的基本原理

同样，如果用一个线圈去磁化一根铁棒，铁棒中便有磁力线通过，这时，如果这个铁棒表面有一个裂纹，则在这个裂纹处就会产生漏磁，形成局部磁场，如撒上磁粉的话，磁粉便聚集在裂纹处形成磁痕，我们就可以凭着磁粉的痕迹，辨别出铁棒上裂纹的存在以及裂纹的位置、大小及形状，这就是电磁探伤的基本原理。

由于裂纹或缺陷的长短和深浅不同，所以，不同裂纹处的磁力线也有所不同，即形成的局部漏磁场强度也有所不同。这样，在不同裂纹处磁粉聚集的粗细也不一样。因此，从聚集磁粉的形状便可大致判断出裂纹的长度和深度。

对于位于材料内部较深的缺陷，采用电磁探伤是不太容易发现它的。这是因为，虽然磁力线遇到缺陷会弯曲，但如果缺陷离零件表面较远，磁力线不太可能泄漏到零件表面，因而零件表面各处磁力线相差不大，磁粉不易集中，缺陷就难以被发现。对于那些离零件表面较近的内部缺陷（表皮下 0.5 mm 左右），由于有少许磁力线泄漏，因此，会有比较微弱和不太清晰的磁粉集中，有经验的探伤工人就可以发现缺陷的存在。如果采用较强的直流磁化电源和磁性性能较好的磁粉，也可以检查出距零件表面以下 7 mm 深处的缺陷。

注意，上述电磁探伤原理是基于磁力线方向与缺陷蔓延方向之间有一定夹角或相互垂直的情况下的缺陷检测。如果磁力线方向与裂纹方向相一致时，则裂纹不阻碍磁力线通过，此时磁力线既不弯曲也不泄漏，磁粉也不会集中，这样，裂纹就不会被发现。所以，在进行电磁探伤时，为了检查出不同方向的裂纹，需要对零件进行不同方向的磁化，以产生几种不同方向的磁力线来检查各个方向的裂纹。一般情况下只采用两种方向，即纵向与圆周方向的磁化，用来检查横向裂纹和纵向裂纹。对于斜裂纹，可以在纵向磁化时，将探测器或零件略加倾斜来发现它。

对于表面涂有油漆或镀有铬、锌、铜或镉的零件，也可以不清除镀层而直接进行电磁探伤检查，不过灵敏度会降低。

在电磁探伤中，当磁力线方向与缺陷的方向相垂直时，缺陷对磁力线通过的阻碍最大，产生的漏磁场也最强，因而探伤灵敏度最高；反之，如果磁力线的方向与缺陷的方向相平行或夹角很小（$\alpha < 20°$），则缺陷不阻碍磁力线的通过，即不会形成漏磁场，缺陷不会被显示出来。因此，在进行电磁探伤时，要根据缺陷最可能的取向来选择磁化磁场的方向，这样才能有把握地查出零件上的缺陷而不会漏检。

从电磁探伤实践中得到的结论：

① 缺陷的磁导率越小，则漏磁场强度越强。

② 外加磁场强度的大小是决定漏磁场强度的关键。只有当外加磁场能磁化被探测零件，其磁感应强度 B（或 B_r）$\geqslant$800 Gs 时，才能在微小缺陷处产生较强的漏磁通，吸引磁粉，呈现出缺陷的磁痕。

③ 缺陷越深，漏磁场强度越大，磁粉堆积越多，缺陷显示得越清晰。

④ 缺陷在表面时漏磁通大，缺陷在表面以下时则漏磁通显著变小，而位于表面以下很深的地方，则几乎没有漏磁通泄漏于空间中。

⑤ 磁力线与缺陷趋向越接近垂直，产生的漏磁通越强；如磁力线与缺陷趋向接近平行，则不产生漏磁通。

2.2.2 电磁探伤的方法

1. 外加磁场法

在对零件通电磁化或施加外磁场的同时，把干磁粉或磁悬液均匀地撒在被探测零件上，然后对磁痕进行观察，这种探伤方法称为外加磁场法。由于通电电流的种类与磁粉撒在零件上的方式各有不同，外加磁场法又可分为以下五种。

（1）直流电磁化法

使用低压直流电磁化零件进行探伤，称为直流电磁化法。

其优点是：磁力线较稳定，磁场强度强，磁力线可深入到零件较深的内部，探测缺陷较灵敏。

其缺点是：设备较复杂，成本较高，探伤后零件中易产生剩磁且退磁较难。

（2）交流电磁化法

使用交流电磁化零件进行探伤，这种探伤方法称为交流电磁化法。

其优点是：电源采用方便，工序及设备简单，零件不需要退磁或退磁容易。

其缺点是：由于交流电有集肤效应，即交流电所产生的磁场强度在零件表面较强，而在零件内部较弱，因此不易检查出零件内部的缺陷。

（3）半波整流磁化法

采用半波整流磁化零件进行探伤，称为半波整流磁化法。

其优点是：① 利用相位差为 120° 的三相半波整流器整流出的电流，在三个相互垂直的方向上对零件进行磁化，能检查出不同方向上的缺陷；② 由于是半波，其峰值较高（相对直流而言），因此可以检查出零件内部较深的缺陷；③ 由于电流是脉动变化的，可以搅动干磁粉，使之对漏磁更灵敏。

（4）干粉法

使用干磁粉撒在零件上进行探伤，称为干粉法。

（5）湿粉法

使用磁悬液喷撒在零件上进行探伤，称为湿粉法。磁悬液就是把磁粉和液体介质（油或水）、活性剂、防锈剂混合配制成的液体。

2. 剩余磁场法

零件通电磁化后就切断磁化电流或取消外加磁场，这时，零件上仍有一定的剩余磁场（剩余磁场强度一般要求大于 8 000 Gs)，在零件上撒上干磁粉或磁悬液（在零件上浇以磁悬液 2～3 次，使整个零件上均匀地分布着一层自流状态的磁悬液，或将零件浸入磁悬液内稍停几秒，一般约为 20～40 s，然后取出)，对其进行观察以发现零件缺陷，这种方法就称为剩余磁场法。

剩余磁场法（简称剩磁法）是在去掉外加磁场的情况下，利用被探测零件所能保留的剩余磁场强度进行探伤的。由于剩磁磁场强度总比磁化电流通过时的磁场强度弱，因此，剩磁法所产生的漏磁场也弱，这样，磁粉聚集所形成的磁痕就不是很明显，因此，剩磁法较外加磁场法的探伤灵密度要低一些。所以，只有当零件材料的磁学参数能满足一定要求时，例如，矫顽力大于 12 Oe（奥斯特)、剩余磁场强度大于 8000 Gs（高斯）或磁能积大于等于 1.5×10^5 Oe · Gs 时，才能采用剩余磁场法进行探伤。

当采用交流电的剩余磁场法进行探伤时，还必须考虑到切断电源时的相位问题，如果在切断电源时，材料（零件）所保留的剩磁很弱甚至为零，剩磁磁场不稳定，会造成探测灵敏度下降而漏检。因此，必须设有断电相位控制器，使电流切断时的相位可靠地在 $n\frac{\pi}{2}$ （$n=1, 2, 3, \cdots$）这一位置上，避免剩磁场不稳定或偏低而造成漏检。

3. 纵向磁化法

纵向磁化法是将导线在零件外表面绕成线圈后通电磁化，或将电磁铁两极放在垂直于零件纵向方向的表面上，此时，在零件内部便会产生与零件纵向方向一致的磁力线，如图 2-6 所示。

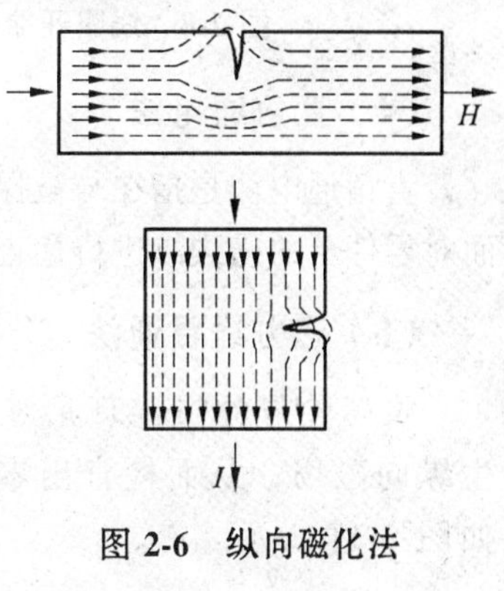

图 2-6　纵向磁化法

根据电磁探伤的原理，纵向磁化法只能检查与磁力线垂直的裂纹，对于轴类零件来说就只能检查横向裂纹，而不能检查出与磁力线平行的纵向裂纹。而采用马蹄形探伤器对零件进行局部磁化时，能检查出零件上位于不同方向的表面缺陷。

由于磁化时所用的设备不同，纵向磁化法又可分为以下几种。

（1）轭铁磁化法（又称极间法）

在一个U形铁心上绕上线圈，将零件放在U形铁心的开口端（即两极处）之间，对线圈通以电流，使磁力线通过零件构成一闭合磁回路，如图2-7所示。这种方法的优点是使用方便；缺点是易产生气隙，此时磁场会变得很弱。

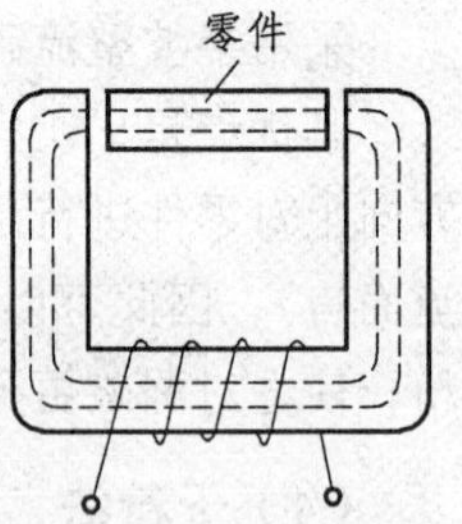

图2-7　轭铁磁化法

（2）线圈开端磁化法

在被探测零件上绕上电线作为线圈，或用一个已经绕好的线圈套在零件上，线圈产生与零件轴向相平行的磁力线，从而纵向磁化零件，如图2-8所示，因磁力线通过零件后散开，所以此法称为线圈开端磁化法。其优点是：结构简单，使用方便。其缺点是：零件端部的磁性较强，其缺陷不易被发现。

（3）线圈闭端磁化法

线圈闭端磁化法与线圈开端磁化法的基本原理一致，不同的是，为了减少线圈开端磁化法中磁力线经空气形成回路所造成的损失，改善零件两端部的磁化情况和增加磁场强度，线圈闭端磁化法利用U形铁心将零件全部或部分连成闭合磁回路，亦即使磁力线从零件和U形铁心中通过构成一闭合磁回路，如图2-9所示。线圈闭端磁化法只适合于较小零件的探伤，因为零件太大会使铁心移动困难。

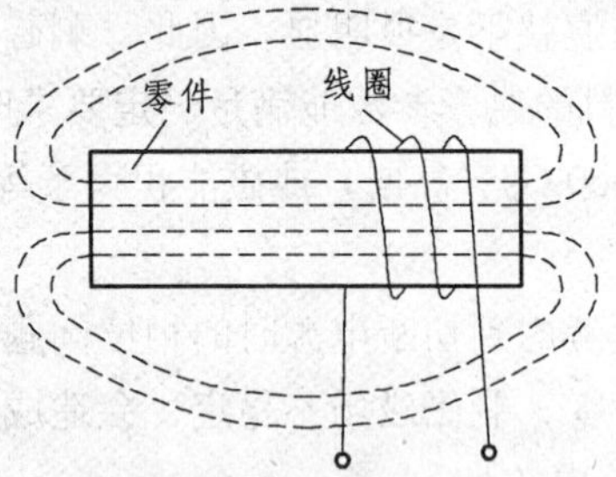

图2-8　线圈开端磁化法

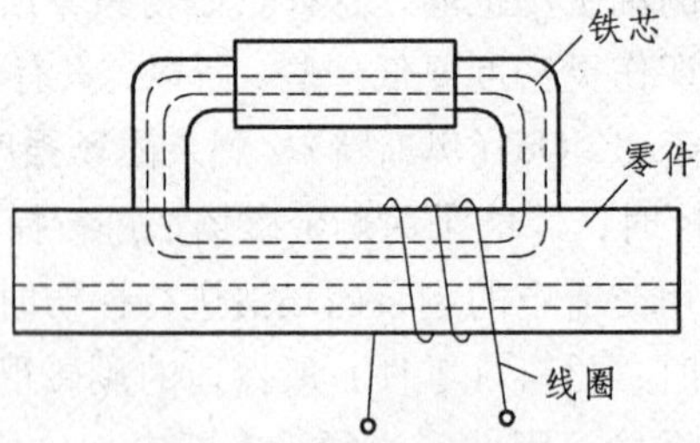

图2-9　线圈闭端磁化法

（4）直角通电法

直角通电法是指在与被探测零件轴向呈直角的方向上直接通一电流，获得轴向磁场，从而对零件上的横裂纹进行检查的方法，如图2-10所示。

（5）磁力线贯通法

将磁性导体贯穿环形零件，在磁性导体上绕上线圈，当通以电流时，在零件上产生纵向磁场，从而检查出零件上的横裂纹或其他缺陷，这种方法称为磁力线贯通法，如图2-11所示。

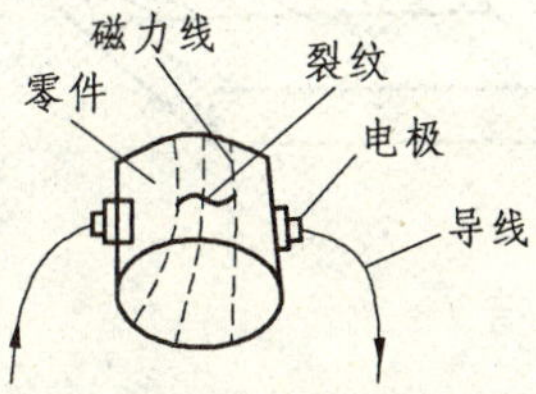

图 2-10　直角通电法

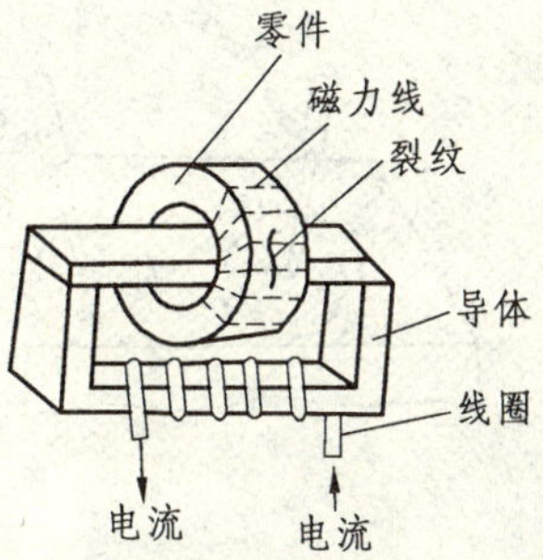

图 2-11　磁力线贯通法

4. 周向磁化法

周向磁化法的原理是：将磁化电流从零件纵向通入，因而产生的磁力线呈同心圆形，均与电流流动的方向垂直，零件被磁化以后，磁力线围绕着自身形成闭合回路，磁力线是连续的，当零件上有纵向裂纹时，连续的磁力线被切断，在切口处磁力线外泄，形成局部漏磁场，撒在零件上的磁粉便会有集中现象（见图 2-12）。因此，周向磁化法能检查出纵向裂纹（即与轴线平行的裂纹），而对于横向裂纹，则由于其方向与磁力线方向平行而检查不出来。

由于磁化所用的设备不同，周向磁化法又分为以下几种。

（1）直接通电磁化法

直接通电磁化法是轴向磁化法中最简单的一种，它是在零件两端直接通以强大的电流使零件磁化，以检查零件上的缺陷（见图 2-13）。用这种方法进行探伤时，探伤器要有良好的能与零件很好接触的极，一般用铅作衬垫，以保证导线与零件接触良好。有时零件过长，也可以一段一段地通电流，逐段进行检查。直接通电时，零件内部的磁通密度是不均匀的，在零件的中心处磁通密度为零，磁通由中心向表面扩展，在表面达到最大值。对于空心钢件，采用直接通电法虽然可以检查外表面的缺陷，但不能检查内表面的缺陷，因为内表面的磁场强度为零。

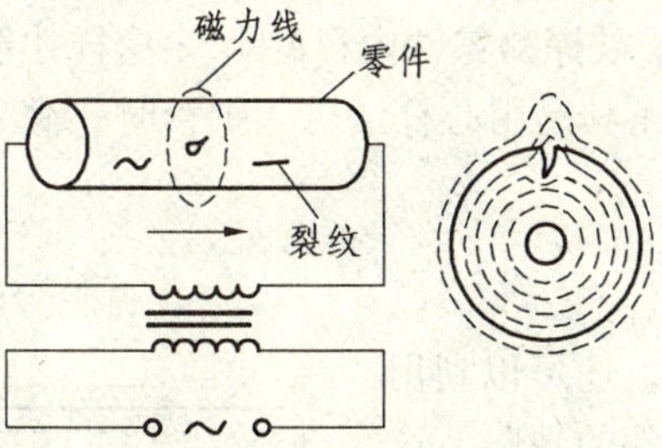

图 2-12　周向磁化法

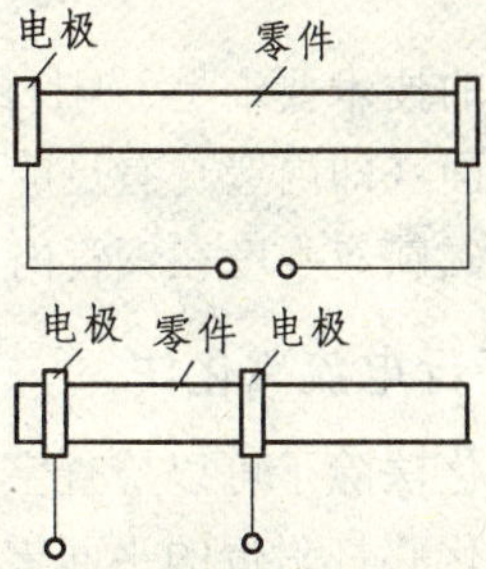

图 2-13　直接通电磁化法

（2）刺入法（又称支杆法）

这种探伤法也属于直接通电磁化法。如图 2-14 所示，探伤器有两个形似手枪的电极，探伤时只需要将这两个极的一端接上电源，另一端接触零件，则零件上两电极间产生轴向磁力线，即可进行探伤。

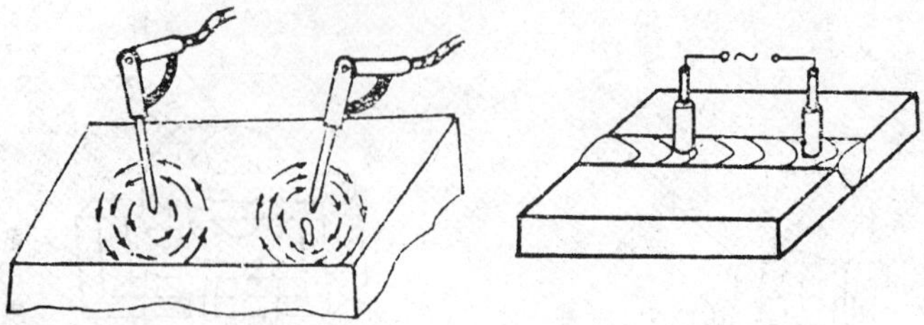

图 2-14 刺入法

此法不宜用于抛光的零件，因为零件局部可能被烧伤，钢的含碳量在 0.3%～0.4% 以上时，发生烧伤的可能性很大。

刺入法探伤极为简便，常用于检查电焊焊缝及平面零件上局部区域的裂纹。刺入法探伤时要特别注意不要烧伤零件（接触部有脏物、接触压力不足或电流过大，易引起烧损）。为此，可在电极与零件之间加上一层铜网纱（或加一层铅垫板），并尽量保持电极接触良好。由实验得知，两电极间距离为 150～200 mm 时，磁化效果最好。

（3）心杆磁化法

当检查空心管状零件时，可用一根铜杆或铜管插入零件的空心部分，然后在铜杆上通以电流，这时在铜杆周围将产生周向磁场，使被探测零件磁化，以进行探伤，这种方法称为心杆磁化法，如图 2-15 所示。这种方法可检查出与磁力线方向相垂直的各种缺陷，即本法适合于检查管材内外壁的纵向裂纹和缺陷，以及两端面的径向缺陷，还可以用于检查铆钉孔和螺钉孔直径方向的缺陷，如图 2-16 所示。

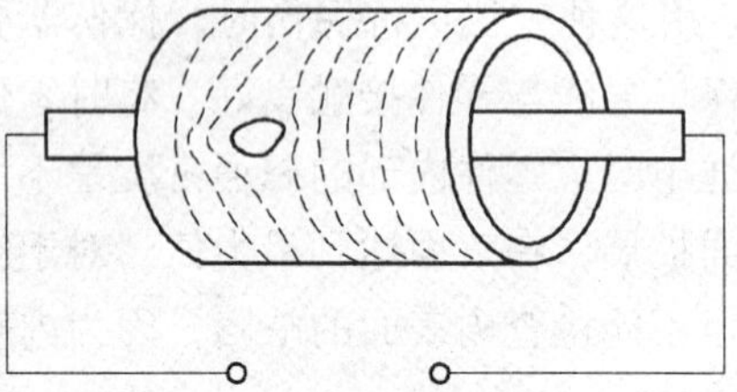

图 2-15 心杆磁化法

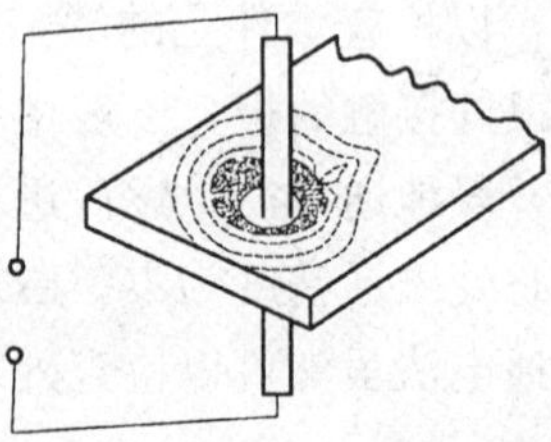

图 2-16 用心杆法检查铆钉孔

对铜杆的技术要求是：铜杆的直径不能小于被探测零件内径的 1/3，这样才能保证被探测零件的内表面（即内壁）有足够的磁场强度。尤其是用心杆法磁化钢管时，满足技术要求的铜杆才能使磁感应强度在钢管内表面具有最大值。

（4）平行电流磁化法

心杆磁化法除了可以检查空心管状零件外，还可以利用该磁场去磁化心杆附近的平面零件，以检查零件的缺陷，这种探伤方法称为平行电流磁化法，如图 2-17 所示。

这种方法主要用于一些不便于直接通电的零件，常用来检查金属结构及钢板电焊焊缝的质量。

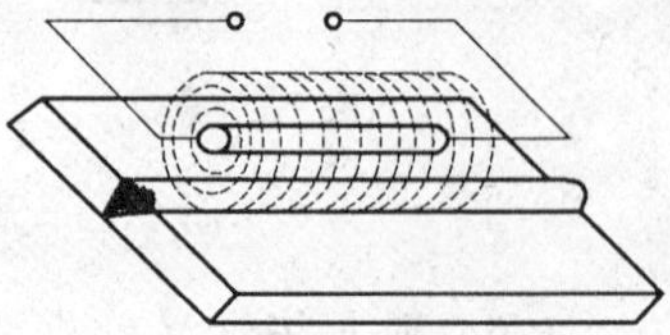

图 2-17 平行电流磁化法

（5）局部周向磁化法

当使用马蹄形电磁探伤器检查圆形铁磁材料的缺陷时，可以检查出被探测零件的纵向裂纹；但是，这时磁力线并不完全是圆形的。因此，把利用这种磁化法进行探伤的方法称为局部周向磁化法，如图 2-18 所示，在采用这种方法检查圆形零件时，由于只磁化了被探测零件的一部分，故必须将零件转动，一部分一部分地进行探伤检查。这种探伤法也可以检查零件上存在的横向裂纹。

（6）环形磁化法

对环形零件进行探伤检查时，可直接在环形零件上绕上线圈，通电后可获得周向磁场，从而检查零件的缺陷，如图 2-19 所示。此法可用来检查环形零件上的径向缺陷，通常在环形零件上绕 2～6 匝线圈，匝间要均匀分布。

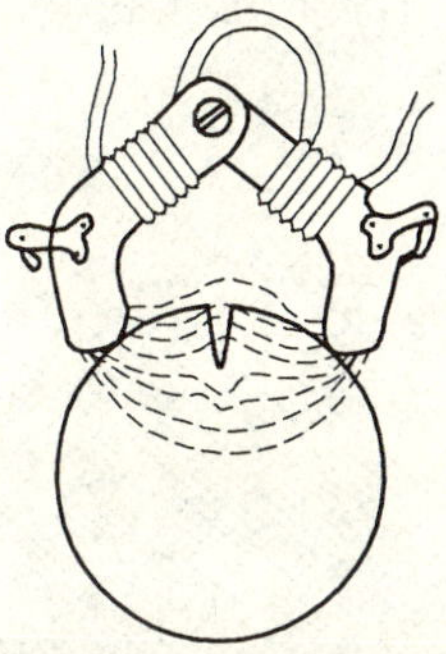

图 2-18　局部周向磁化法

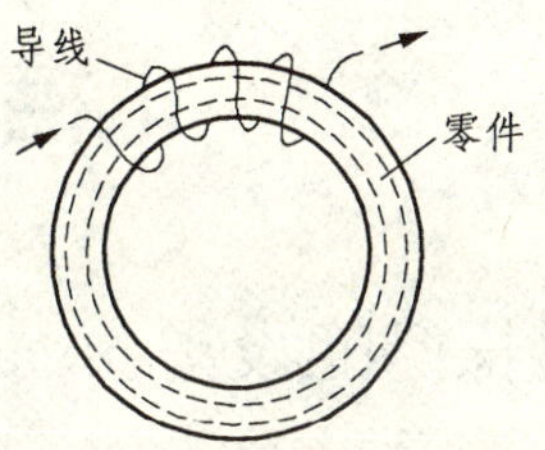

图 2-19　环形磁化法

5. 复合磁化法

为了检查出各种不同方向（既有纵向又有横向）的缺陷，可采用复合磁化法进行探伤检查。这种探伤方法的优点是可以减少被探测零件在探伤机上的装卸次数，从而加快了探伤检查速度，这对于成批量生产中的零件检验具有重要意义。前述的半波整流磁化法就属于其中的一种，以下再介绍两种。

（1）轭铁复合磁化法

这种磁化法与轭铁磁化法的原理大致相同，只不过在轭铁中部嵌入一层绝缘体（其磁阻不宜太大，以免降低轭铁的导磁性能）。

如图 2-20 所示，在被绝缘体隔开的轭铁的两个部分分别接上低电压高电流变压器的二次电流，这样就使轭铁不但可以让零件被纵向磁化，而且还可以使电流导入零件造成局部周向磁化。利用这种原理制成的电磁探伤机，进行纵向磁化和周向磁化时，不必变更零件的位置及卡头，一次就可完成这两种磁化。在进行纵向磁化和周向磁化时，如果这两个磁场中有一个使用交流电的交变磁场，那么，由于两个磁场的强度不同，得到的实际磁场就会以一个

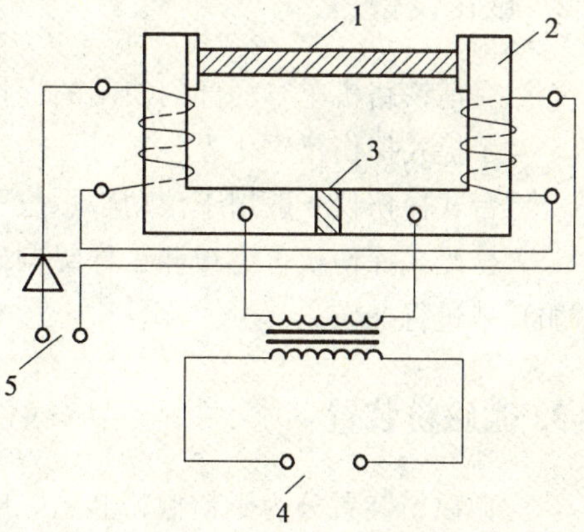

图 2-20　轭铁复合磁化法

1—零件；2—轭铁；3—绝缘体；4—周向磁化电源；5—纵向磁化电源

相当大的角度在零件纵轴上往复摆动，形成螺旋形旋转磁场，在这种情况下，不但可以在同一个操作中检查出纵向缺陷及横向缺陷，而且还可以将其他方向上的缺陷同时显现出来。

（2）交叉线圈式探伤法

交叉线圈式探伤法是一种新的电磁探伤技术，它是利用交叉线圈（也有采用电磁铁线圈的）通以移相电流产生旋转磁场，对零件的各个方向进行交替磁化来检查零件表面各个方向上的缺陷。

这种探伤法的操作原理是：通过启闭装置对两个交叉线圈通以三相电流，这时相位不同的电流通过相互交叉的两个线圈，当零件穿过线圈时，在交点正下方的零件表面就产生旋转磁场，当旋转磁场的磁力线横切缺陷时，发生漏磁现象，若此时撒上磁粉，就可以显示出缺陷形象，从而检查出缺陷。

2.3 电磁探伤的设备及材料

2.3.1 电磁探伤的设备

电磁探伤的设备包括探伤专用电源、磁化设备、撒磁粉装置、辅助机具、电器装置、退磁装置、稳压器、断电相位控制、多相位电源装置等。

1. 探伤专用电源

探伤器专用的电源一般都是低电压大电流的，这是因为磁力线和磁场强度的大小与电流大小有关。一般采用的探伤专用电源为：电压 4～36 V，电流 5～30 A，功率约 0.4～12 kW 左右。

2. 磁化设备

目前铁路机车车辆部门使用的探伤仪磁化设备有三种型式：手提式、台式与全磁式。

手提式探伤仪磁化设备又可分为开合式环形式、闭合式环形式、开合式马蹄形式等。

台式探伤仪一般用于滚动轴承滚子的探伤。

全磁式探伤仪可将被测工件纵向磁化、周向磁化或复合磁化（纵向磁化、周向磁化的叠加）来进行探伤。

3. 撒磁粉装置

撒磁粉装置分为干粉撒粉装置、喷磁悬液装置以及磁悬液槽等几种类型。

4. 辅助机具

辅助机具包括被探工件机架、摩擦式滚轮装置、卧式转动装置等。

5. 稳压器与电器装置

为了保证电磁探伤设备的磁化强度的稳定性，要求电源的电压应稳定，并对照明、断电的相位能够控制。因此，电磁探伤设备均配备了稳压器和电器装置，用以满足上述要求。

6. 退磁装置

凡经过磁化探伤的零件，由于铁磁性物质的磁滞特性，都会存在剩磁，这会给零件的使用或零件的下一步检测带来不利影响。例如，当轴承零件的剩磁磁场强度超过 3.5 Oe（奥斯特）或车轴零件的剩磁磁场强度超过 7 Oe（奥斯特）时，会给机车车辆的安全运行带来不利影响，严重者将导致行车事故。因此，退磁装置就是用于消除探伤后零件的剩磁。

2.3.2　电磁探伤的显示介质

电磁探伤的显示介质包括磁粉、磁悬液等。

1. 对磁粉的要求

（1）磁性

磁粉应具有较高的磁导率、较低的矫顽力（即当失去磁场时，磁粉本身没有剩磁）。当用磁性称重法测定磁粉磁性时，称得磁粉重量应为：7～10 g。采用干粉法时，应大于 15 g。

（2）粒度

干粉为 0.01～0.07 mm 或 100～150 目/英寸；湿粉为 0.005～0.01 mm 或 200～300 目/英寸。其宽容度为 200～400 目。其中：＜200 目，约占 5%；200～300 目，约占 20%；300～400 目，约占 50%；＞400 目，约占 25%。用酒精沉淀法测量时，标准磁粉悬高不得低于 180 mm。

（3）成分

S_i＞1.2%；C≤0.4%；氧化铁 Fe_2O_3 或 Fe_3O_4＞95%。

（4）颜色

磁粉颜色与零件颜色相比应具有高对比度，检验光亮零件时可采用黑色磁粉。零件色泽较暗时，可选用有色（红、白色等）磁粉。当采用荧光磁粉时，应符合荧光磁粉探伤的有关要求及规定。

（5）形状

磁粉形状最好制成类似针状长锥形。因为这种形状易于流动，且悬浮性好，还可以减少退磁因素的影响，提高磁粉的磁导率，易于聚集，以显示缺陷。

2. 磁粉质量的检验

（1）粒度的检验

① 酒精沉淀法：酒精有较好的流动性与稀释性，磁粉在酒精中会均匀地悬浮，显示出

不同的试验结果。

② 过筛法：将干燥过后的磁粉用100～250目或200～300目的筛子进行筛选。

（2）磁性的检验

磁粉在探伤中被磁化并被漏磁场吸附的能力，可用仪器测定（一般是根据仪器中电流的大小来确定磁粉的这种能力）。

3. 磁粉的保管

磁粉干燥后，存入库房中的温度为5°C～35°C，相对湿度为80%。库房中不得有酸性或碱性等有害气体存在。

4. 对磁悬液的要求

① 磁悬液的浓度是显示缺陷磁痕的重要条件，浓度应适宜，其体积浓度推荐采用：油悬液内15～35 g/L，水悬液内10～15 g/L，荧光磁悬液内1～2 g/L。

② 配置方法：将计量好的载液取出适量，与称量过的磁粉均匀混合，使磁粉全部湿润，搅拌呈糊状，然后边搅拌边加入其余的载液，使之充分混合，呈现均匀悬浮状态。

③ 配置好的磁悬液，必须用试件进行试验，缺陷磁痕清晰时方可使用。

④ 磁悬液应定期检验，发现浓度不合格或被杂物严重污染，应立即停用，

2.4 电磁探伤零件的常见缺陷及其显示

2.4.1 零件上常见的缺陷及产生原因

众所周知，电磁探伤是通过磁痕来显示缺陷的。但是，当我们在探伤零件上看到磁痕时，却不能不加分析就判断为缺陷。因为漏磁场不是缺陷的唯一依据，否则会引起误判。如何才能正确地分析磁痕？除了应具有丰富的探伤经验，还要充分了解零件的制造过程（冶炼、热加工、冷加工、浇铸、锻轧、热处理等）以及零件材料的化学成分和机械性能；其次还要了解零件在使用中会产生哪些缺陷，掌握缺陷产生的原因与分布规律以及探伤的重点部位。这样才能做出正确的判断，以决定零件的弃用。由于零件上缺陷的性质、大小和深浅不一样，故探伤时所形成的磁痕也不一样，所以说，判别磁痕的性质是电磁探伤工作中非常重要的环节之一。通常，在钢铁材料的零件上产生的缺陷可分为两大类，即制造过程中产生的缺陷和使用过程中产生的缺陷。

1. 制造过程中产生的缺陷

（1）铸造零件的缺陷

对于铸造零件来说，需要探伤检查的缺陷主要有各种裂纹和孔眼等。

① 冷裂纹。铸件浇铸以后，在冷却过程中，由于铸件外表面冷却过快而内部冷却较慢，造成表面与内部温差过大，以至造成很大的铸造应力，从而使铸件表面某些薄弱处产生裂纹。这种裂纹多产生在铸件壁厚变化较大区域的表面，并且多半是不穿透的，破裂处成粒状断面，表面没有氧化色彩，有时呈现一种类似回火的颜色。

② 热裂纹。热裂纹分为内热裂纹与外热裂纹。

外热裂纹产生的主要原因是：铸件浇铸以后，如果砂型不良或铸件本身设计不合理，铸件凝固时的收缩会受到阻碍，如果此时产生的拉应力超过铸件凝固时某些部分的强度，就会产生裂纹。这种裂纹有时是穿透的，有时是不穿透的，裂纹成撕裂的曲线状，边缘不平，开裂处的金属表面呈现氧化的铁锈色彩。

内热裂纹多产生于某些体积较大的铸件，外部凝固较快，而内部尚未凝固。外部对内部正在凝固的金属施以拉力，因而造成铸件的内部裂纹。

当铸件含硫、氧过高时，使金属具有一种热脆性，造成金属在高温时强度低，也比较容易产生热裂纹。热裂纹常常是丛生的、树枝状的，在一条较大的裂纹近旁，又有一些分枝的小裂纹，这种裂纹一般较深，是一种比较严重的铸造缺陷。有些细小的热裂纹用肉眼不能看出来，只能通过电磁探伤检查。

③ 气孔。气孔是铸件表面或内部的一种小孔，其形状有圆形的、长形的和不规则的。气孔的内壁一般都比较光滑，为白色或带一层暗色，有时有一层氧化表皮。产生气孔的主要原因是砂型比较潮湿、排气孔排气不良等，使浇铸时气体不能全部排出所致。

④ 针孔。针孔也是一种气孔，其形状细长，一般都比较深，多在铸件表面以下 2～3 mm 处。产生针孔的主要原因是金属液中含有气体，如氢气等。

⑤ 缩孔。大型铸件凝固时，由于表面散热较快先凝固，当铸件表面凝固收缩时，铸件内部（中心）尚未凝固，部分液体金属便补充其收缩部分，待铸件内部中心部分凝固收缩时，因无法充满其原占据的体积而造成空洞，这种空洞称为缩孔。缩孔多半产生在铸件较厚的部分，显露出来的称为明缩孔，在内部的称为暗缩孔。在铸件内部的暗缩孔多是粗糙不平的，并带有树枝状结晶组织，有时附有一层氧化皮，有单个的、也有聚集的。

⑥ 缩松。缩松是指缩孔中较小的孔眼，即很多细小而不连续的缩孔聚集在一起，分布在铸件内部。缩松有时产生在缩孔的周围。

⑦ 疏松。如果铸件的某一部分或全部结晶组织都粗大，在晶粒间有无数很小的空隙，这种空隙就称为疏松。

⑧ 砂眼、渣眼、夹渣、夹砂。如果铸件表面含有砂粒，主要是由于砂型配置不良或砂型造得不好所产生的。有时砂眼中包含的不是砂粒，而是熔渣，这就是渣眼。渣眼多半是由于对钢水除渣不良所造成的。砂眼、渣眼一般在铸件表面，很容易检查，但也有在铸件内部的，这称为夹渣或夹砂。

（2）锻造零件的缺陷

对于锻造零件来说，需要探伤检查的缺陷主要有下列几种：

① 发线（发纹）。这是钢锭中的气孔或细小的缩孔以及非金属夹杂物等缺陷在钢锭轧压、锻打变形时，沿轧、锻方向延伸发展而成的一种毛细管状的细小开裂，一般长度为 0.06～15 mm，深度为 0.06～0.10 mm，边缘常有非金属夹杂物，这种缺陷分布在钢锭表面至皮下

直径十分之一的范围内，其中约 70% 在皮下。这种缺陷因加工后呈与钢材轧压方向一致的线纹状，所以称为发线或发纹。这种缺陷采用电磁探伤法可以被发现。发线与零件的形状有关，易在圆柱形（或直线型）零件中产生。例如，车轴毛坯中，锻造比越大，发线越长也越多。发线一般呈直线状并沿金属流线方向发展。一般来说，有硫化物这类非金属夹杂物形成的发线呈灰亮色，而有氧化物这类夹杂物形成的发线无色。发线的横截面一般呈圆形或椭圆形。发线的外形类似非金属夹杂物，但其实质与非金属夹杂物不同，材料中的发线处破坏了金属的连续性，造成金属材料开裂（或细微开裂），但这并不危及金属机体。所以，发线对零件的机械性能无显著影响。例如，机车车轴轴身有些是毛坯原状，不加工，目前还尚未发现因发线而造成事故的情况；但发线出现在圆弧过渡处这种应力集中的地方，则应予以消除。

② 疤痕。这是气孔被压扁、经加工以后出现的一个圆形凹痕。

③ 非金属夹杂物。钢锭在浇铸以后，由于有非金属夹杂物，如金属与硫的化合物、金属与氧的化合物以及炉渣或炉中脱落的炉衬、耐火材料等，浇铸以后夹在钢锭内部，经轧压、锻打以后，被辗成与压延方向一致的片状、条状或线状夹杂物，称为非金属夹杂物或简称夹灰。大多数非金属夹杂物呈黑色，略具明亮的脉络状或条状。

④ 锻造裂纹。它的形成与材料的变形程度以及材料内部的缺陷有关。

· 锻坯过烧时，晶界被氧化，呈网状与龟裂状的锻造裂纹。

· 锻坯材料含铜高，在锻造后铜在晶界上浮积，也出现龟裂状的锻造裂纹。

· 锻坯中若存有皮下气孔时，在锻造过程中，气孔内壁形成的一层氧化膜不能使金属焊合而形成锻造裂纹。这种锻造裂纹沿金属流线方向延伸，裂纹横截面呈圆形、半圆形或椭圆形。当墩粗时，裂纹与零件轴线呈 45° 角，拉长时，沿轴向延伸。这种裂纹比较浅，一般出现在零件表面，较分散，有氧化膜。

· 若锻坯中有缩孔或夹层时，在锻造后也易形成锻造裂纹（内裂），缩孔引起的这种裂纹存在于零件中心部位，一般较长，大多沿零件轴向伸长；如果墩粗，裂纹可能延伸到零件表面，较为宽大；夹层引起的这种裂纹细而长，无分布规律。

· 当锻造冷却太急剧，通过某一温度区域时也容易引起内裂纹，这是由于在这个温度范围内从固溶体中逸出的不溶性气体造成的。

⑤ 褶皱。它是锻件在高温下非锻击表面上发生的表面皱纹，皱纹一般多数向同一方向丛生。

⑥ 重皮。金属材料在锻击时表面产生凸起部分，当再次锻击时，凸起部分被压扁卷入基体而附于锻件表面上所形成的皱纹，称为重皮。重皮在轮廓上是没有规则的，通常与表面呈锐角。褶皱与重皮一般都不太深，经过机械加工便可以消除。非机械加工的表面重皮，可以在规定限度内用砂轮磨去。

⑦ 白点。它是一种特殊细小的裂纹，它在钢材的纵向断面上呈银白色晶状斑点，故称为白点，它是在横断面上呈短小断续辐射状或不规则分布的细小裂纹。钢材在锻压或轧制热加工后冷却时，由于钢材中的氢气析不出来，使过饱和的原子氢脱落进入钢中的微隙，合成分子氢，形成巨大压力，并与钢相变时所产生的局部应力相结合，当合成应力超过钢在这一温度的强度时，就在钢材中形成微小裂纹，即白点。白点一般不长，中间肥大尾部弯曲而尖削，吸附磁粉很急剧，擦去磁粉，多数情况能够看清。

锻件与铸件除了上述缺陷以外，有时由于热处理工艺不当，如加热、冷却过程过于急速，使铸件或锻件应力集中而产生裂纹，这种裂纹称为热处理裂纹。有时在用气割去除铸件的浇口时，也容易产生裂纹；有时铸件表面的某些缺陷在进行焊补时，由于保温预热不好也会引起裂纹。

（3）焊接结构的零件缺陷

对于焊接结构的零件来说，需要探伤检查的缺陷主要有下列几种：

① 焊接裂纹。零件在焊接过程中或焊接以后，在焊缝或热影响区域内所出现的局部裂纹，称为焊接裂纹。按形成的温度可分为热裂纹和冷裂纹。热裂纹是在奥氏体开始分解之前形成的，一般产生于 100℃～300℃ 的温度范围内。电焊裂纹按其所处的位置可分为火口裂纹、焊边下裂纹与边界裂纹。

火口裂纹位于焊边的始端与末端。火口裂纹是由于热源使用不当，电弧、气流对熔池金属的吹动，以及冷却收缩时在低洼部分形成的裂纹。这种裂纹从焊顶低洼部分表面向焊缝内部延伸。火口裂纹有时位于起弧区和收弧区，因此常出现在管子的手工焊缝中。对火口裂纹常用尖锥法进行电磁探伤检查。通常将磁锥放在焊缝方向或焊边两侧，由于手工焊边多，易在焊界周围处形成磁痕，因此要对磁痕加以分析或者对收弧区的磁痕处进行复探，以验证火口裂纹存在与否。火口裂纹有呈星状的，也有横向的和纵向的。

焊缝应力裂纹是指：当焊件被固定时，在焊接后的冷却过程中因收缩产生的裂纹。这种裂纹有横向的，也有纵向的；有的延伸到热影响区，也有的仅存在于热影响区。例如，焊接完后需将焊接工艺用的筋板气割掉，这会由于材料局部急速冷却产生收缩应力而形成裂纹，呈星状。

② 未焊透。这是指焊缝与被焊结构零件金属母体接触不良，即焊接金属与基本金属未熔化在一起。在焊接结构的焊缝中也常常产生气孔、夹渣等缺陷。

（4）加工过程中产生的缺陷

在加工过程中产生的缺陷有以下几种：

① 淬火裂纹。这是在热处理时由于操作工艺不当产生应力而造成的裂纹。一般容易发生在零件应力集中的部位，如孔、键槽以及零件截面尺寸突变的部位，通常是由外表面裂入金属内部。淬火裂纹的形状不规则，一般深而粗大，两头尖细而弯曲，其特点是：裂口四周无氧化颜色，无脱碳现象。如果在淬火裂纹周围有脱碳现象，说明淬火前零件就带有裂纹了。淬火裂纹形成的原因比较复杂，一般认为有以下几点：

· 热处理工艺不当，例如，淬火温度过高，淬火介质选择不当，冷却速度过快，淬火后未及时回火，回火温度低或回火时间不足等。

· 材料选择不当或钢的晶粒过大。

· 形状过于复杂、厚薄不均、尖角未消除、孔洞未堵住。

· 结构设计不良。

② 磨削裂纹。这是由于砂轮与金属间摩擦生热引起的热应力而形成的裂纹。在研磨操作中，砂轮直接使金属发热并使之膨胀，当砂轮滚过之后，刚刚被磨的那块地方冷却并收缩而产生热拉应力，当拉应力超过零件的强度极限时，就会出现裂纹，裂纹的方向与砂轮旋转

的方向相垂直。这种裂纹一般较深，仅出现在零件表面上。

磨削裂纹的特征是：产生于磨削表面，呈网状（龟裂）或平行排列，长度一般为 2～5 mm，垂直于磨削方向；裂纹周围无烧焦或二次淬火现象；裂纹深度小于 1 mm，多次发生在尖角、边缘和孔洞等应力集中处；探伤时出现粗大的磁痕。

磨削裂纹产生的主要原因有：

· 砂轮的粒度与硬度与被磨削的零件表面不相适应，如砂轮粒度过细、硬度过高，这样磨削表面就容易被撕裂，这种撕裂作用使表面原来的压应力变为拉应力，于是表面出现裂纹。

· 砂轮不锋利，砂轮钝化，铁屑把砂轮空隙填满，因而增加了砂轮与零件表面的接触挤压，导致严重发热，使表面温度剧增，引起烧伤与裂纹。

· 零件渗碳质量不好，表面硬度不均匀，则零件表面也容易被撕裂，这种撕裂使表面的压应力变为拉应力而产生裂纹。

· 冷却不好。磨削时产生的磨削热不能被冷却液顺利带走，从而产生裂纹。

· 磨削速度不当或操作不当，如进刀后骤然冷却或零件转速太慢引起烧伤和磨裂。

· 进刀量过大，增加了砂轮与零件表面的接触压力，导致磨削热增加，产生磨削裂纹。

· 金属内部碳化物呈网状或碳化物偏析严重，使材料的强度降低、脆性增加，在磨削拉应力作用下易产生裂纹。

· 零件热处理工艺不正确或原材料组织不良。例如，淬火温度过高引起组织过热，回火温度低或保温时间不足，零件重复淬火时，未经消除应力的回火，增加了二次淬火的残余应力，原材料过热组织未经消除或球化不良，使零件热处理后残余应力增加，残余应力与磨削应力叠加在一起，增加了产生磨削裂纹的可能。

③ 矫正裂纹。零件在热处理后变形，在矫正过程中因矫正工艺不当而产生裂纹，多发生在与零件受力方向相垂直变形的最大部位上。这种裂纹的特征是：裂纹中间粗大，两头尖细，呈直线状或微弓状，不分枝、不分叉，沿横向单个出现，一般不太长，只有几毫米或十几毫米，个别较长。

2. 使用过程中产生的缺陷

金属零件在使用过程中产生的缺陷一般分为永久变形、磨耗、外部碰伤和缺损以及疲劳裂纹等几种。永久变形是指零件在使用中失去原有的形状，例如杆件、轴的弯曲等。磨耗是指零件的相对运动所产生的摩擦使零件变细或变薄等情况。外部碰伤及缺损是指脆性材料（如铸铁零件）受到冲击而产生的损伤或局部缺损。这三种缺陷都可以用肉眼看到，不需要进行探伤检查。

疲劳裂纹是金属零件在长期承受着交变弯曲应力的情况下产生的，多数产生在零件表面应力集中的部位，如尖锐的刀痕、粗糙的表面、擦伤及腐蚀坑等处，例如车轴就容易产生这种裂纹。疲劳裂纹开始形成时，扩展速度较缓慢，裂纹也较细，这时只有用高倍显微镜才能看到，随着零件使用次数的增加，这种微细裂纹逐渐扩展成一条较大、较深的裂纹。疲劳裂纹一般用肉眼看不到，必须采用探伤方法检测。

在使用过程中产生的裂纹，有的是由于材料的先天缺陷在载荷作用下扩展而形成的，例如，材料有未处理的发线、疤痕、夹灰等缺陷，经过长期使用以后就会扩展成裂纹。下面将利用电磁探伤方法所能检查的各种零件的缺陷列于表 2-2 中，仅供参考。表 2-2 中所列的情况并不是绝对的，应视具体情况而定。例如，薄形碾压材料的内孔不能用电磁探伤的方法来检查，但如果孔在表皮下，还是可以检查出来的。

表 2-2 利用电磁探伤检查零件的缺陷

缺陷分类 / 缺陷显示情况 / 探伤方法	一般零件			薄形碾压材料		铸件	锻件			焊缝		零件在使用及加工过程中		
	细小表面裂纹	一般表面裂纹	内部裂纹	层叠	裂缝	表面裂纹	重皮	夹灰	外表裂纹	未焊透	收缩裂纹	热处理裂纹	疲劳裂纹	磨削及摩擦裂纹
交流湿法	○	○		※	○	○	○	※	○	○	○	○	○	○
交流干法	※	○		※	○	○	○	※	○	※	○	○	○	○
直流湿法	○	○	◎	○	○	○	○	○	○	○	○	○	○	○
直流干法	※	○		○	○	○	○	※	○	※	○	○	○	○

注：○表示良好；※表示一般；◎表示较差；无记号表示不能显示。

2.4.2 缺陷的显示

由于零件缺陷的性质、大小和深浅不一，故探伤时所形成的磁粉聚集也不一样。所以，应仔细观察磁粉聚集的情况，以初步确定缺陷的长短和深浅。但由于影响电磁探伤灵敏度的因素较多，并且缺陷的形状又很复杂，因此，正确判断缺陷的性质、形状、大小、深浅也不是很容易的，需要有长时间的经验积累和仔细的观察与分析。

下面介绍常见缺陷的显示形象与特征。

1. 疲劳裂纹的显示

疲劳裂纹是由于零件在交变载荷作用下逐步形成的，因此，这种裂纹多半垂直于作用力的方向；其次，这种裂纹是从表面开始向材料内部扩展的，所以金属表面的破坏程度比较严重，经电磁探伤极易暴露出来；另外，这种裂纹大都发生在零件表面应力集中的部位。因此，在电磁探伤时疲劳裂纹是比较容易被发现的，例如车轴上的疲劳裂纹，绝大多数发生在车轮、轮毂孔与车轴轮座镶入的部位。

疲劳裂纹的磁痕显示有以下特点：裂纹中部集中的磁粉较多且较粗，向裂纹两端逐渐变少而细；同时，由于疲劳裂纹一般较深，因此，探伤时磁粉在裂纹处的集中比较明显、清晰。

2. 夹灰、气孔、疤痕的显示

金属零件内部的夹灰、气孔、疤痕是块状的，所以，电磁探伤时这类缺陷的显示也呈现块状。一般来说，气孔、疤痕呈圆形或椭圆形，夹灰则呈不规则的长块状，有时由于探伤检查的方向不同而呈长条状。夹灰、气孔、疤痕所形成的磁粉聚集力并不是很强，这是由于它们形成的漏磁通很弱的缘故。因此，这类缺陷一般不太容易用电磁探伤检查出来。

夹灰的磁痕特征是：呈直线状沿纤维方向分布，磁粉吸附较清淡。

3. 发线的显示

发线是由于钢锭中的气孔和非金属夹渣在锻压过程中拉长而形成的，所以，发线多数与钢材碾压方向一致，在杆件上多是纵向方向的。

发线的磁痕显示特点是：

① 沿金属纤维方向分布，呈细而直的短线状，有时弯曲，端部呈尖形，尾部为圆形。

② 发线一般不太长，多在 20～30 mm 以下，有的断续。

③ 发纹较浅，宽度较窄，所以磁粉聚集不高，但很均匀（如果擦去磁粉，一般可以看到）。

4. 锻造裂纹的显示

这种裂纹是原材料内部含有缩孔残余、气泡等缺陷经锻造后形成的。

锻造裂纹的磁痕有以下特征：

① 锻造裂纹的磁痕一般是沿材料的轧制方向出现的。

② 磁痕明显，长短不一，短的几毫米，长的有可能会沿轧制方向贯穿整个零件。

③ 磁粉聚集的高低随裂纹深浅而异。比较浅的裂纹，磁粉聚集得比较低；比较深的裂纹，磁粉聚集得比较高。另外，磁粉聚集的浓淡、宽窄也和裂纹深度有关。

5. 淬火裂纹的显示

淬火裂纹发生在加热以后的冷却过程中。因为钢来自高温，快速冷却时的热应力和组织应力可达到很高的数值，当这些应力超过了钢的抗拉强度时就会引起淬火裂纹。

淬火裂纹的磁痕有以下特征：

① 淬火裂纹的磁痕形状呈细直的线状，棱角较多且其尾部较尖细。渗碳淬火裂纹的边缘呈锯齿形。零件锐角处易出现弧形淬裂。

② 淬火裂纹一般比较深，形成的漏磁场强，所以磁粉聚得比较高、浓，一般擦掉磁痕后，裂纹用肉眼可观察到。

③ 淬火裂纹一般发生在零件上应力容易集中的部位，如孔、键、夹角及截面尺寸突变处。

6. 电焊裂纹的显示

电焊裂纹主要是由于焊接工艺不良造成的。电焊裂纹一般有三种情况：一种是焊缝本身产生的纵向裂纹；另一种是焊缝本身产生的横向裂纹；还有一种是因为焊接引起的金属母体裂纹。

焊接裂纹的磁痕特征是：呈曲线状，两头有鱼尾状，磁粉吸附急剧增加；但焊缝边缘的裂纹常与边缘下凹处聚集的磁粉相混，不易观察（可将下凹处磨光滑后再进行探伤，倘若磁粉聚集，可当作缺陷判断，或用其他探伤方法检验）。

7. 锻件重皮的显示

重皮形成的原因是锻造或轧制钢坯时，钢坯表面的氧化皮或凸起的部分被压扁而附于锻件或钢材表面，形成了多余的金属“耳”子，或在拔长、成形过程中形成多余的金属折叠。由于它们的表面已经氧化，故不能与基体金属焊合，从而形成折叠重皮。重皮一般都很浅，多与表面呈一定角度，常出现在尺寸突变处和易过热部位。重皮对材料强度影响不大，当确实是重皮时，可用砂轮磨去。电磁探伤时，如果缺陷显示表明有重皮的可能，可用 30 倍放大镜仔细观察，一般是可以辨别的。如果零件上允许有磨痕，可用尖头手锤轻击显示处，重皮便会翘起。有个别与轴线的夹角较大且深的重皮，已经相当于裂纹，应按裂纹处理。

重皮磁痕的显示多呈长条状。有的重皮磁痕显示中间较粗，而两端向同一方向弯曲。重皮磁痕有的与淬火裂纹磁痕相似；有的呈沟状，磁痕较宽；有的呈鳞片状，磁粉聚集的高低不等，随重皮折叠的深浅而异。

8. 磨削裂纹的显示

磨削裂纹主要是由于磨削中的热应力引起的。

磨削裂纹多出现在不易散热的部位，磁痕一般垂直于磨削方向。

磨削裂纹的磁痕有以下特征：

① 磨削裂纹的磁痕细而尖，成簇地出现，呈网状鱼鳞裂纹或平行网状，磁痕的长度一般为 2～15 mm 左右。

② 磨削裂纹的磁痕形状是多种多样的，一般不单独出现，如单独出现则裂纹比较深。且轮廓较清晰。

9. 白点的显示

白点磁痕的显示呈幼虫状或短丝状，成群出现（也有个别出现的），中间粗大，两头尖细，吸附磁粉急剧，擦去磁粉后，多数还能看清磁痕。

2.4.3 非缺陷的假显示

在某些情况下，金属虽然没有缺陷，但由于某些原因也会造成一些磁粉集中，这种现象称为假显示。假显示通常产生于下列一些情况。

1. 金属零件表面局部受到挤压或冲击引起的假显示

金属零件表面局部受到挤压或冲击，使这一部分材料的表面变硬，并且磁导系数有所变化。这样，零件表面在探伤时各处吸附力不同，从而造成有的部位磁粉集中，这种原因所形成的磁粉集中，其外形多呈块状，显示微弱，边缘模糊，没有明显界限，这和零件内部的气孔、疤痕所形成的磁粉集中不同，后者也呈块状，但其边缘要明显得多。电磁探伤时，如发现上述显示的情况，可用放大镜检查金属表面，若发现有下凹等变形痕迹时，便可以确定是受到冲击，这时如果允许零件有磨痕的话，可用细纱布将假显示处打磨，或者用手锤在假显示处垫上一块铜皮轻轻沿着显示处周围打击，以消除由冲击造成的影响，使其磁导系数恢复一致，再次检查，假显示便可消失。这是由于钢材内部的磁导系数与内应力有关，用上述方法消除内应力后，假显示便消除了。

2. 铸件在铸造过程中产生偏析引起的假显示

铸件在铸造过程中产生偏析也会造成假显示。铸件在铸造过程中，由于某些原因，例如熔化工艺有问题等，会造成铸件局部含有某些元素较多，这种情况称为偏析。材料的磁性性能是和材料的化学成分有关的，偏析造成材料各部分的磁性不一，因此也就使得材料各处的磁导系数不同，从而造成部分磁粉集中的假显示。由偏析造成的假显示，一般也是呈块状，但其区域较大，显示也是模糊的。偏析从外观上是不容易被发现的，也无法消除其造成的影响。如果零件还需要加工，可以镟去、刨去或磨去一层，以消除偏析；如果零件不再加工，可采用小锤轻轻敲击看是否是内应力造成的。如果确定是偏析造成的。如属于硫偏析即局部含硫过多，可采用硫印相法加以检查，其方法是将零件显示处洗净，然后用 5%～10% 的硫酸溶液浸泡一张比显示处略大的印相纸（照相用的印相纸），约浸泡 1 min 后将纸取出，把有药膜的一面密贴在显示处，再用吸水纸吸取印相纸背后的溶液，约 2～4 min 后将印相纸揭下，用清水洗 3～4 min，放在 30% 的大苏打溶液中浸泡 15 min 定影，最后取出晾干观察，如果印相纸上有黄褐色斑点或条纹，则表示有硫偏析；反之不一定，可用此方法在没有显示磁痕的地方试一试，然后再确定。

3. 材料各部位晶体结构不均匀引起的假显示

材料各部位晶体结构不均匀时也会形成假显示。这是由于材料晶体结构对材料的磁性性能有很大影响的缘故。例如，同一种成分的钢，当淬火变硬或者退火以后，由于晶体结构不同，磁性性能有很大的区别（磁导率相差较大）。因此，零件在制造中热处理不当时，会使材料部分晶体结构不均匀，也会形成假显示，这种假显示可用零件再次热处理的办法加以消除。

4. 零件几何形状突变处引起的假显示

零件几何形状突变处上的假显示。对于某些零件，例如，螺栓上螺纹的底部，一个面和另一个面相交的棱角处，圆台根部，某些采用压配合时造成金属表面的拉伤，金属切削时较深的刀痕，也会造成假显示。这是由于这些地方相当于一个较大而浅的裂痕，在磁化时该处有一些磁力线穿过而吸引磁粉，这些磁痕位置不定，磁粉聚集得浅淡，擦去磁痕后用肉眼或低倍放大镜能看到金属亮底，因此，探伤这些地方时应特别注意。通常对于螺纹采用荧光检查，而不用磁粉探伤检查。

5. 磁化电流过大引起的假显示

磁化电流过大会使零件尖棱处或厚度急剧变化处产生磁场，吸附磁粉造成假显示。这种磁痕的特征是：线性度较差，是不连续的散状磁痕，沿金属流线方向分布。磁化电流过大、灵敏度过高，还会把零件的金属流线反映出来，形成假缺陷的磁痕，这种磁痕也是沿金属流线方向分布，为不连续的散状磁痕，也有的呈冲刷线状。当减少磁化电流或将连续磁化法改为剩磁法时，磁痕就明显减少。

6. 杂质引起的假显示

当被探测零件的表面不清洁、有油污或棉质纤维时，磁悬液浇上后会停止流动，磁粉堆积形成点状磁痕，并很浓黑，如果磁悬液浓度过大（超过 35 g/L）、杂质过量或磁悬液黏度过大等，也容易形成点状磁痕。这种点状磁痕，尽管磁粉吸附一般都很浓厚，但只要擦去后再探测，就会消失。

7. 磁　泻

磁泻也是一种假显示。在一个已经磁化的零件上放置一个未磁化的小零件，在两者接触的地方，已被磁化零件上的磁场将发生畸变并在接触处形成磁极，把已被磁化零件里的磁力线牵引到未磁化的小零件中。把小零件取走后，磁场的畸变就被保留下来，因而有漏磁场存在，这样，在磁变的部位便形成磁极而吸附磁粉，这种杂乱无章的假显示称为磁泻。例如，用一块钢在已磁化的零件上划一下，则磁场就沿划过的方向连续发生畸变，由这种磁场畸变引起的假缺陷磁痕是一条潦潦草草划出来的线，这就是磁泻。磁泻吸附的磁粉是松散的并且模糊不清，这种磁泻在退磁后，再进行磁探时便可消失。

以上几种假显示，当外加磁场较弱时，一般是不大容易出现的，只有在较强的电磁场作用下才会出现。因此，当发现有上述假显示现象时，可将磁场减弱以后再次检查便可消失（减弱磁场可采用减小磁化电流或减少线圈数，或者让零件离探伤器远一些）。所以，电磁探伤时的磁场强度不宜过大，否则会出现一些假显示，使缺陷辨别困难。不过，真正裂纹的显示与假显示是很容易区别开的。真正裂纹的显示是：界限鲜明明显，如用口轻吹磁粉时，磁粉不会散去。而假显示则不同，用口轻吹磁粉时，磁粉就会散去，界限也较模糊。当发现一些似是而非的显示时，可以找一些真显示的实例进行比较，来进行判别。

2.4.4　缺陷的确认

根据电磁探伤中金属缺陷显示的形象，不难判别金属缺陷的类型。但是，在实际的电磁探伤中，经常会遇到一些似是而非的现象，给判断带来困难，这时如果按缺陷处理的话，会造成某些贵重材料的浪费；如果不按缺陷处理，又可能导致零件在使用中出现问题，因此，这时就需要采取其他一些确认缺陷的方法进行辨别。这些方法一般分为不损伤金属表面的确认方法和损伤金属表面的确认方法。

1. 不损伤金属表面的确认方法

对于金属表面不允许存在损伤的零件，当认为电磁探伤显示的缺陷不确定时，可采用其他的无损探伤方法进行检查，如超声波探伤法和荧光磁粉探伤法，另外还可采用表面放大法和锤击法对缺陷加以确认。

电磁探伤能显示的缺陷，超声波探伤和荧光磁粉探伤也能显示，因此，对电磁探伤显示的缺陷不能确定时，可采用这两种方法加以确认。如果设备条件允许，对某些零件内部的缺陷可采用X射线探伤来确认。如果设备条件不允许，对某些零件的表面缺陷可采用毛细管探伤法进行检查，方法是：将缺陷显示处擦净，然后用毛刷蘸些煤油刷在缺陷处，约10 min以后，擦去煤油，再用碳酸钙粉（若没有碳配钙粉，可用白色粉笔末代替）与水调成糊状物涂在缺陷显示处，涂层不要太厚，约1～2 mm即可，稍干后，仔细观察白色涂层上是否有煤油形成的裂纹痕迹，如有，则证明有裂纹存在。这种方法的原理是：当煤油刷在裂纹处后，由于裂纹的毛细管作用将煤油吸入，擦去表面的煤油，涂上碳酸钙层后，由于碳酸钙疏松多孔，其毛细管作用大，便将裂纹中的煤油吸出而显示出来。

表面放大法是指利用高倍放大镜（5～30倍）将缺陷显示表面放大检查，设备条件好时，也可采用更高倍数的放大镜。在采用表面放大法时，缺陷显示部位应具有足够的照明。

锤击法是指利用0.25 kg或更小一些的手锤（视零件的大小而定），轻轻敲击缺陷显示处的表面和周围，如果零件表面精度要求高，为避免锤击时零件表面损伤，可以改用紫铜锤或者在零件被捶击的表面上盖上一层铅皮，锤击后再进行探伤检查，如果是假显示，特别是材质受到冲击使磁导系数发生局部变化的假显示便会消失，如果是裂纹，则由于锤击，有时会使裂纹显示得更加清晰。

另外，还可以用着色渗透探伤方法进行验证。着色检验法是无损检测的一种重要方法，其基本原理是利用毛细管现象，利用着色渗透液具有见缝就钻、无孔不入的渗透特点，将着色渗透液渗入到零件的表面缺陷中，再用肉眼在日光下或紫外光下便可以清晰地观察到缺陷。

2. 损伤金属表面的确认方法

对于某些表面允许有些损伤或表面需要再加工的零件，可以采用探求法、腐蚀法或破坏法进行缺陷确认。破坏法是将缺陷显示处锯开，或用其他方法将表面破坏，以检查含有缺陷的零件断面，因为这种方法破坏了零件，超出了无损检测的范围，所以只能作为技术上分析研究、探索显示的经验而加以利用。下面介绍探求法和腐蚀法。

（1）探求法

采用某种手段去探求金属的缺陷，称为探求法，通常有以下两种方法：

① 将缺陷显示处用锉刀或手提砂轮机薄薄地锉去或磨去一层，以露出新金属表面为限，然后进行探伤检查，看此时缺陷的显示是否更加清晰，如果显示清晰，便是缺陷；如果显示完全消失，则可能不是裂纹或本来就是裂纹。由于被锉去或磨去是很浅的一层，如果再次探伤没有缺陷显示，这等于将裂纹处理了，即裂纹消失，这对零件的机械强度没有什么影响。

② 沿显示方向用长150 mm、宽5 mm的扁铲铲去一层，厚度为0.3 mm左右，这时仔细观察铲屑是否分裂，如果分裂，则表示该处确有裂纹。

探求法除了用来确认缺陷外，通过磨削或铲削也可以确定缺陷的深度，而且也是处理表面裂纹的一种方法。锉削、铲削和磨削是处理零件表面微小裂纹的主要方法。

（2）腐蚀法

在缺陷显示处涂以某种具有腐蚀性的化学药品，通过药品对金属的腐蚀而使缺陷显得清晰，以辨别缺陷，称为腐蚀法。这种方法多用于表面裂纹的显示。

具体方法是：先将缺陷显示处及其周围擦拭干净，露出基本金属的新表面，然后用硬干油或油石灰（即油腻子）将缺陷显示处周围抹成一小圈，再在小圈内倒入 5%～10% 的硝酸酒精溶液，直到将整个显示处盖住，这时硝酸发生作用，使金属氧化生锈，并在缺陷显示处产生小气泡，请注意气泡产生较多的地方，约 10 min 后，金属表面出现薄薄一层锈迹，如果在锈迹中呈现一条较深的黄色锈线，这便说明此处存在裂纹（同时要注意产生黄色锈线的地方是否与产生气泡的地方相一致）。如果所用的硝酸为黄色则不容易看出黄色锈线，但可待 10～20 min 以后除去油堆的小圈，用清水将此处的硝酸酒精溶液清洗干净，再仔细观察锈迹。若将锈迹擦净再用电磁探伤器检查，就可以发现缺陷的显示要比原来清晰。

腐蚀法所用的化学药品除了上述的硝酸酒精溶液外，也可以用 38% 的盐酸、12% 的浓硫酸和 50% 的水的混合液。应注意这种溶液在混合时的先后顺序：必须先将浓硫酸缓缓地倒入水中，再将盐酸倒入，切勿用手触及。零件检查完后，应用清水将零件冲洗干净，以免金属继续被腐蚀或生锈。腐蚀法确认的时间较长，如果要加快反应速度，可以在零件煮洗加热后立即进行或者将硝酸酒精溶液用烧杯加热至 60°C～70°C 后进行，以加快其氧化反应速度。

通过以上的介绍可知，由于缺陷种类繁多，大小不一，形状各异，所以说磁痕分析是判断缺陷的重要手段，但不是唯一手段。磁粉探伤中有些非典型的缺陷，只靠磁痕来判断缺陷是困难的，在这种情况下，除了认真分析磁痕外，还要分析零件的材料性能及冷、热加工工艺，必要时还要借助其他探伤方法、实物解剖等辅助手段进行综合分析，才能得到正确的结论。

2.5 磁粉探伤在铁道车辆上的应用

铁道车辆是完成铁路运输任务的重要运输工具，轮对、车轴和滚动轴承等车辆配件是铁道车辆上极为重要的零部件，为保证车辆检修质量和行车安全，必须施行探伤检查，消除危及行车安全的一切隐患。

2.5.1 车辆磁粉探伤的设备

现用的电磁探伤器大体可分为手提式电磁探伤器、全磁探伤机和固定式探伤机三类。

1. 手提式电磁探伤器

手提式电磁探伤器一般小巧、轻便、结构简单，其输出电流不大，多用于检查零件表面的缺陷。最常用的有两种，即闭合环形电磁探伤器和开合马蹄形电磁探伤器，如图 2.21 和图 2.22 所示。

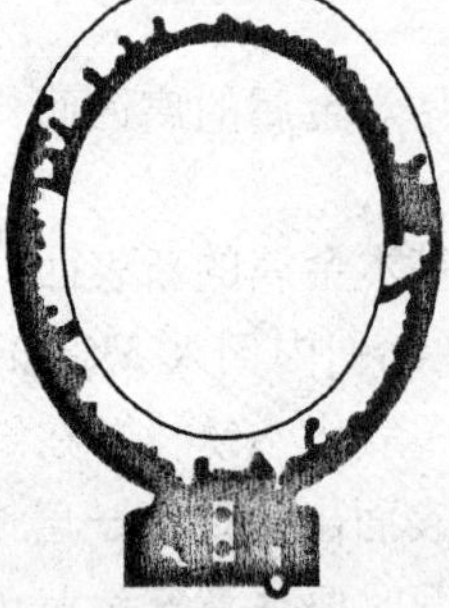

图 2-21 闭合环形电磁探伤器

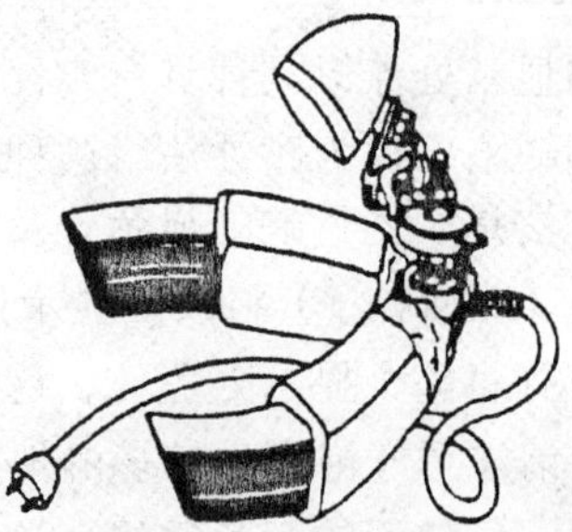

图 2-22 开合马蹄形电磁探伤器

（1）闭合环形电磁探伤器

这种探伤器的构造比较简单，是由直径 4 mm 的两根并排的裸铜线包以绝缘材料（白布带）绕成闭合状，再包白布带，浸以绝缘漆，然后烘干，装上一个手柄和两个接线铜螺丝而成。如图 2-21 所示。

闭合环形电磁探伤器可用直流电源，也可用交流电源。其输入电压为 4.5 V，电流为 150～160 A。

闭合环形电磁探伤器的特点是轻便，使用时在距离探伤器中心两侧 50 mm 范围以内的裂纹都可以清晰地显示出来。

闭合环形电磁探伤器专门用以检查车轴轴颈。这种探伤器由于采用纵向磁化法，故只能检查横裂纹。如要检查纵裂纹，则需要采用其他探伤器进行周向磁化法检查；也可在闭合环形探伤器沿车轴轴线移动时，将它绕竖轴摆动，使磁场方向与车轴轴线呈一定夹角，以便发现斜裂纹和纵裂纹。但对于车轴来说，纵裂纹对它造成的危害并不严重，因此，闭合环形探伤器应用较为广泛，例如，在车辆段和车辆厂，当车轴加工后，或将轮对安装到车辆上时，采用这种探伤器进行第二次复探，既简单又不会划伤轴颈。

（2）开合马蹄形电磁探伤器

这是车辆部门常用的一种多用电磁探伤器，如图 2-22 所示。这种探伤器的外形与卡钳相似，又与马蹄相似，它由两个圆弧形的铁臂组成，铁心断面为（20×30）mm^2，两臂上均绕有线圈，该线圈为 2.3 mm^2 的双纱包线绕 120 圈而成；臂的一端有一个支点（枢轴），臂头制成与铅垂线呈 32° 的斜坡，使臂头与被探测工件呈 58° 角。

开合马蹄形电磁探伤器可用直流电源，也可用交流电源，其电压为 24 V 或 36 V，电流约为 15 A，功率为 300 W。在有的开合马蹄形电磁探伤器上还装有 24 V 照明灯及电源开关。

开合马蹄形电磁探伤器可用于局部纵向磁化探伤，也可用于局部周向磁化探伤。过去常用它检查车轴、车轮、拱板等，现在主要用它检查车钩零件和客车转向架的摇枕吊、摇枕吊轴及吊销等。

2. 全磁探伤机

目前，轮对的探伤已全部使用 TYC-3000 型荧光磁粉探伤机。TYC-3000 型荧光磁粉探伤机是我国近几年采用的用于车辆轮对车轴表面探伤的新专用设备。它设置了纵向和横向联合磁化装置，采用磁悬液荧光磁粉显示，在操作机械化和提高探伤灵敏度等方面比较先进，并便于实现流水作业。其主要部分和工作原理介绍如下。

（1）磁化装置

磁化装置的主要结构示意图如图 2-23 所示，铁心 3 设置在轮对上部，下部与轴端对应处有探头 4，磁化时，探头与轴端夹紧，构成闭合磁路。在铁心上部绕有直流纵向磁化线圈 1，可使车轴纵向磁化。在铁心两侧设置了交流周向磁化变压器 2。铁心 3 和探头 4 既是直流纵向磁化的磁回路，也是周向磁化的电流回路，相当于交流周向磁化变压器 2 的次级线圈。当初级线圈接通交流电时，在铁心、探头和车轴组成的回路中产生强大的交流电流，使车轴表面得到周向磁化。另外，其直流和交流电源中均设置有退磁控制电路。

（2）显示装置

显示装置的主要结构示意图如图 2-24 所示。显示装置和磁化装置都安置在暗幕里面。输液泵 1 将磁悬液槽 8 中的磁悬液经过管路 3 输送至换向阀 7，再经管路到喷头 5，向车轴喷洒磁悬液，由车轴流下的磁悬液经轮对下部的回收装置 6 流回磁悬液槽。暂时不向车轴喷洒磁悬液时，可通过控制装置使换向阀 7 变换位置，使输液泵来的磁悬液直接流回贮液槽。在轮对上方安置有紫外线灯，在轮对下方还安置有运送轮对和使轮对定位回转的装置。

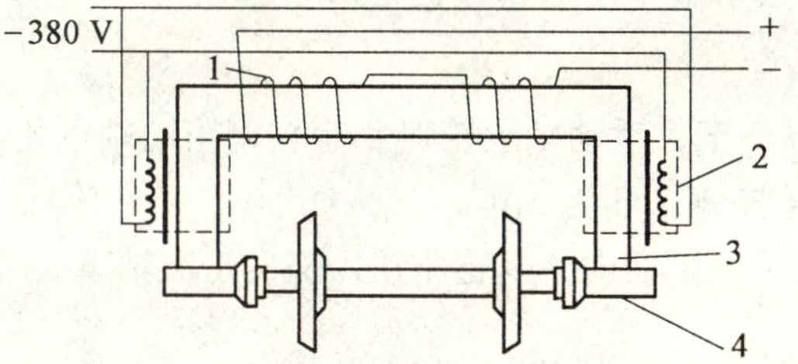

图 2-23　TYC-3000 型荧光磁粉探伤机的磁化机构

1—纵向磁化装置；2—周向磁化装置
3—铁心；4—探头

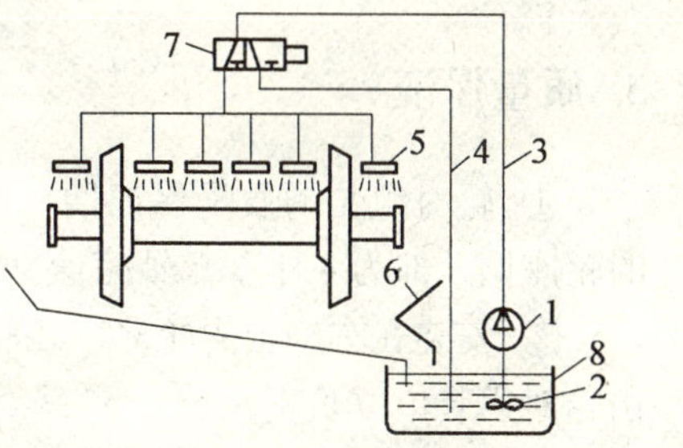

图 2-24　TYC-3000 型荧光磁粉探伤机的磁悬液喷洒、回收装置

1—液泵；2—搅拌机；3—输液管；4—输液管
5—喷头；6—回收槽；7—换向阀；8—贮液槽

（3）操作过程

当轮对进入暗幕后，操作可分为三个步骤：第一步，使轮对定位回转，同时喷洒磁悬液，使磁悬液均匀覆盖全轴；第二步，停止车轮回转，探头夹紧车轴通电磁化，这时如果车轴有裂纹等缺陷，产生的漏磁将把磁悬液中的磁粉吸引到缺陷的缝隙和表面，然后停止喷洒磁悬液，退磁，探头松开，这时磁粉仍吸附在缺陷处；第三步，轮对重新回转，紫外线灯照射车轴，操作者目视检查车轴表面的缺陷，检查完毕后将轮对送出暗幕。

3. 固定台式探伤机

固定台式探伤机的体积一般都比较大，通常是固定在一个有起重设备的地方进行作业。TC-5000Z 型探伤机就是固定台式机的一种，它是专为探伤检查滚动轴承的主要零件，如滚动轴承内、外圈和滚子而设计的。

2.5.2 轮对的磁粉探伤

1. 适用范围

① 适用于铁路车辆段、车轮厂（包括车轮车间）在从事车辆和轮对段修及以上修程时，对铁道车辆轮对车轴的磁粉探伤检查。

② 适用于车辆轮对车轴外露部位表面的磁粉探伤检查

2. 探测规定

对于轮对、车轴，必须对下列规定的部位进行表面磁粉探伤检查：

① 新制车轴的再加工部位。

② 轮对在施行段修及以上修程时，车轴的外露部位（滚动轴承轮对如不退轴承或轴承内圈时，防尘板座及轮座外侧的外露部位除外）。

③ 车辆颠覆或脱轨事故卸下的轮对，其车轴外露部位。

④ 轮对上的车轴经旋削或磨削后，其加工部位。

⑤ 轮对解体后，在加工前的车轴各部位；车轴经旋削或磨削后的加工部位。

3. 质量保证

① 轮对组装的质量保证期：在正常运用条件下，滑动轴承轮对和有轴箱滚动轴承轮对的轮座镶入部为 4 年，无轴箱滚动轴承轮对的轮座镶入部为 5 年。

② 安装在车辆上的轮对，在轮对组装的质量保证期内，其轮座镶入部发生断轴事故时，由轮对组装单位负责。

③ 经检修的轮对，其车轴外露部位的被探测部位经磁粉探伤检查后，在一个段修期内发生断轴事故时，由向车辆上安装的单位负责。

④ 滚动轴承轮对的轴颈卸荷槽发生断轴时，有轴箱滚动轴承的轮对第一组装不超过 4 年，无轴箱滚动轴承的轮对第一组装不超过 5 年者，由轮对组装单位负责；但轴承如经过退卸，由退卸轴承的单位负责。

4. 人员要求

① 从事车辆轮对车轴磁粉探伤的人员必须具有高中、技校或中专及以上学历，视力（包括矫正视力）达到 1.0 及以上，非色盲；熟悉车辆部门的工作性质和任务，了解车辆构造，掌握车辆轮对的基本知识，热爱本职工作。

②. 车辆轮轴磁粉探伤人员必须经过我国铁道部车辆系统无损检测人员鉴定考核委员会组织的磁粉探伤专门培训，并取得铁道部无损检测人员鉴定考核委员会颁发的Ⅱ级及以上级别的磁粉探伤技术资格证书；取得Ⅰ级磁粉探伤技术资格证书的人员必须经过一年以上时间的实际操作，方可独立上岗作业并在探伤记录上签章。

③ 车辆轮轴磁粉探伤人员必须熟练掌握并严格执行本工艺规程和各项规定，熟悉车辆

检修的有关规程及技术要求。

④ 各单位必须按照探伤任务工作量配齐探伤人员，并要有适当的预备人员；具有独立操作资格的轮轴磁粉探伤人员，必须按铁路局统一规定的式样刻制专用印章，并报铁路局车辆处备案。

⑤ 车辆轮轴磁粉探伤工作的技术性较强，责任重大，探伤人员必须保持相对稳定。Ⅰ级探伤人员的调动必须经过本单位主要领导批准，Ⅱ级探伤人员的调动必须经过铁路分局业务主管部门同意，Ⅲ级探伤人员的调动必须经过铁路局业务主管部门同意。

5. 环境要求

① 轮对磁粉探伤作业必须在室内进行，轮对探伤装备应设在轮对检修流水线上。

② 新制车轴、轮对解体后车轴的探伤，应在室内固定的探伤场地内作业。

③ 轮轴磁粉探伤作业的场地应远离翻砂、锻打、电焊、潮湿、粉尘场所，地面必须经硬化处理，室内环境温度应达到 5° 以上。

④ 探伤作业场地应整洁明亮，非荧光磁粉探伤时，观察磁痕显示的灯光照度不得低于 1 500 lx，采用荧光磁粉探伤时，必须在暗室内作业，观察磁痕显示处紫外线灯的辐照度不得低于 800 $\mu W/cm^2$。

⑤ 轮轴磁粉探伤所用的电源必须与大型机械、动力电源分开。

6. 探伤装备

（1）探伤设备

① 轮对、车轴磁粉探伤均应使用具有全轴复合磁化功能的连续法磁悬液探伤机。

② 环形、马蹄形探伤器用于轮对、车轴一次磁粉探伤时，只能作为临时补充备用。

③ 环形、马蹄形探伤器可用于轮对、车轴二次磁粉探伤（复探），但马蹄形探伤器不能用来探测加工后的轴颈和轮座。

（2）探伤辅助设备

① 轮对探伤必须配备轮对冲选除锈机；车轴探伤应配备专用除锈机。

② 轮对、车轴探伤使用局部磁化的干法探伤机时，必须配备具有自动六等分功能的轮对、车轴旋转机构。

③ 车轴探伤时必须配备起重吊运设备。

（3）探伤设备的主要技术条件

① 轮轴（荧光或非荧光）磁粉悬液探伤机：

· 必须具备全轴复合磁化和退磁功能，并有磁悬液搅拌装置。

· 周向磁化电流 0～3 000 A 连续可调，纵向磁化磁势 0～24 000（安匝）连续可调。

· 荧光磁粉悬液探伤机所用紫外灯的辐射光波长，必须符合(320～400) $\times 10^{-9}$ m(或 320～400 nm）范围的要求，在探测面测量时紫外线灯的辐照度≥800 $\mu W/cm^2$。

② 环形探伤器（开合式和闭合式）：

· 探伤车轴时负载磁化磁势≥1 500（安匝）。

· 探伤器的工作电压≤36 V（伏）。

③ 马蹄形探伤器：

· 探测车轴用马蹄形探伤器的极距在 100 mm 时，其提升力应符合下列要求：采用长方体试块，提升力≥49 N（5.0 kgf）；采用圆柱体试块，提升力≥34.3 N（3.5 kgf）。

· 探伤器的工作电压≤36 V。

④ 环形和马蹄形探伤器应配有电流表、电压表及稳压器。

（4）工具、备品

① 探伤工作间和探伤作业场地应配有工具柜、探伤记录存放柜及办公桌椅。

② 通用工具、量具及备品有：天平秤、游标卡尺、钢卷尺、裂纹深度尺、白光照度计、10 倍以上放大镜、钢丝钳、螺丝刀、活络板手、电笔、手电筒、钢丝刷、尖铲、手锤、角向磨光机、铅油盒、砂布、棉布、胶带纸、印台、印章及有关探伤记录簿等。

③ 专用工具及备品有：

· 干法探伤必须配有磁粉烘干箱、磁粉烘干托盘、洒粉器、铜网筛（100 目和 200 目）和残磁粉托盘。

· 湿法探伤必须配有梨形沉淀管、磁悬浮测定玻璃管、磁强计、紫外辐射照度计、铜网筛（320 目）。

· 荧光磁悬液探伤应配备紫外线防护眼镜。

（5）试块和试片

① 实物试块：使用马蹄形探伤器，必须配备 49 N（5 kgf）的长方体或 34.3 N（3.5 kgf）的圆柱体提升力试块。

· 长方体提升力试块的断面为 60 mm×60 mm，长度按重量截取。

· 圆柱体提升力试块的断面为 ϕ70 mm 的圆形，长度按重量截取。

② 标准试片：轮对和车轴试探必须配备 A 型标准试片，规格为 Ala 15/50。

7. 磁粉和磁悬液

（1）磁粉

① 磁粉的化学成分：可溶铁含量 68%～73.00%；化合碳含量小于 0.20%。

② 磁粉粒度（使用标准铜网筛检验）：

a. 干法探伤

· 用于车轴探伤的磁粉粒度为 100～200 目。

· 新购置的磁粉验收时，经 100 目和 200 目标准筛称样检验，大于 100 目和小于 200 目的磁粉重量，不得超过称样磁粉重量的 8%。

· 磁吸附：用本章附录 2 所述磁吸附检验方法进行测量，磁粉中的非导磁粉末不得超过称样重量的 2%。每批干法探伤用磁粉购入时必须检验磁粉的吸附性，并做好记录。

· 干法探伤用过的磁粉不得回收重复使用。

b. 湿法探伤

· 用于车轴探伤的磁粉粒度小于 320 目。

· 新购置的磁粉验收时，用 320 目标准筛称样检验，按重量计算必须有 98% 的磁粉通过 320 目标准筛。

· 用于车轴探伤的荧光磁粉，在紫外线灯辐照下，应能激发出肉眼可见的黄绿光。

注：紫外线灯照射的暗区，白光强度不应超过 20 lx。照射荧光磁粉的紫外线光波长范围应符合 320～400 mm，中心波长为 365 mm，照射到试件表面的紫外线光辐照度应不低于 800 $\mu W/cm^2$ 。

③ 轮轴磁粉探伤所用磁粉，必须是经过我国铁道部认证的专业磁粉生产厂家的产品，经检验合格者方可投入使用。

（2）磁悬液

用于车轴探伤的磁悬液是由荧光磁粉（或非荧光磁粉）与液体介质（水）配制而成的。

① 液体介质（水）的 pH 值为 7～9。

② 配制车轴荧光磁悬液时，应按规定比例添加乳化剂、消泡剂、防腐剂和防锈剂，推荐配制比例为：

· 乳化剂（JFC）5 g/L。

· 消泡剂（28 号）0.5～1.0 g/L。

· 亚硝酸钠 15 g/L。

· 三乙醇胺 5 g/L。

③ 使用非荧光磁粉时，磁粉颜色与试件颜色的陪衬度要好。

④ 悬浮液：用本章附录 1 所述的酒精沉淀法进行测量，酒精和磁粉明显分界处的磁粉柱高度应不低于 180 mm，不允许出现没有明显分界的情况。每批湿法探伤用磁粉购入时必须检验磁粉的悬液性，并做好记录。

⑤ 磁吸附：用本章附录 2 所述磁吸附检验方法进行测量，磁粉应能从载液中被吸附和除去，在容器底部不应有残留物。每批湿法探伤用磁粉购入时必须检验磁粉的吸附性，并做好记录。

⑥ 磁悬液浓度（采用体积浓度）推荐值：

· 荧光磁悬液为 0.1～0.6 mL/100 mL。

· 非荧光磁悬液为 1.2～2.4 mL/100 mL。

· 磁悬液体积浓度的测定方法见本章附录 3。

⑦ 磁悬液定期更换：根据探伤工作量、季节变化及磁悬液清洁程度，由各单位自行确定更换周期，但全部液体最长更换周期不得超过 3 个月。

8. 磁化规范

（1）周向磁化电流的选择

采用交 / 直流全轴复合磁化法或直接通电法时，周向磁化电流按下列公式计算：

$$I = \frac{H \times D}{320} = (8 \sim 10D)$$

式中 I——电流强度（A）；

H——磁场强度（A/m），一般 $H=(2.55\times10^3\sim3.18\times10^3)$ A/m；

D——车轴最大直径（mm）。

（2）纵向磁化磁势（电流）的选择

① 采用磁轭法时，纵向磁化磁势的选择范围为：

· 纵向磁化磁势 $U_m=NI=0\sim24\ 000$（安匝）。

· 纵向磁化电流 $I=2\sim4$ A（并与周向磁电流相匹配）。

② 采用线圈法时，纵向磁化磁势的选择按下列公式计算：

$$\text{纵向磁化磁势}\ U_m=NI=45\ 000\times\frac{D}{L}$$

式中 N——线圈匝数；

I——纵向磁化电流（A）；

D——车轴最大直径（mm）；

L——车轴长度（mm）。

其纵向磁化磁势的选择范围为 $U_m=NI=0\sim24\ 000$（安匝）。

注：轮对荧光磁粉探伤机的复合磁化剂利用周向磁化和纵向磁化装置同时对轮对的车轴磁化，交流与直流电流是相匹配的，确定周向磁化电流（一般周向磁化的交流电流值为700～1 500 A）后，必须针对实际探伤的车轴来选择纵向磁化电流（一般纵向磁化的直流电流值在2.0～4.0 A 范围内），以调整至贴在轴中央的 A 型试片显示清晰为准。

9. 性能校验

探伤设备性能校验分为日常探伤综合灵敏度校验（简称日常校验）和季度全面性能检查（简称季度检查）。

（1）日常校验

日常校验于每日开工前进行。由探伤工、探伤工长、质量检查员和验收员共同参加。日常校验要求如下：

① 常规检查：全面检查探伤设备各部件的技术状态，必须做到配件齐全，电器连接线无破损、折断、松动，电流、电压表检定不过期，灯光照度或辐照度符合规定标准，设备各部件动作性能良好、无故障。

② 综合灵敏度校验：

a. 粘贴试片

· 将 Ala15/50A 型标准试片粘贴在实物试验轮对或车轴的易发生裂纹或磁场强度较薄弱（轮对为车轴中央部位，光杆车轴应再加上轮座部位）的部位。

· 试片必须平整，无破损、折皱和锈蚀，使用前必须将试片表面擦拭干净。

· 对实物试验轮对或车轴粘贴试片的部位擦拭干净，无锈蚀、油污及灰尘露出基本金属面，并保持干燥。

· 粘贴试片时，试片带沟槽面必须与实物试验轮对或车轴表面密贴，带有“十”字形沟槽的试片，必须有一条“十”字形线与车轴线平行，并用胶带纸将试片四周封闭，粘贴应平整、牢固，胶带纸不得遮盖试片沟槽部位。

b. 磁粉及磁悬液检验

· 干法探伤时必须检查磁粉的干燥度，不得有潮湿现象，流动性要好，磁粉烘干时的温度不得超过 100°C。

· 湿法探伤时必须检查磁悬液的浓度，取样前必须面对磁悬液进行充分搅拌，用梨形沉淀管接取从喷嘴喷出的磁悬液 100 mL，进行沉淀试验，时间不得少于 30 min，然后观察梨形沉淀管中的磁粉，浓度不符合规定时必须重新调配（磁悬液浓度检查即可以在开工前做，也可以在工作中做，但每天必须检查一次）。

c. 磁化检验

· 使用马蹄形探伤器时应进行提升力试验，试验时磁轭项部必须洁净，两磁轭必须与提升力试块相接触，将提升力试块提起脱离地面，保持时间不得少于 3 s。

· 使用环形探伤器时，线圈内径面距试件表面的距离不大于 50 mm，负载情况下，观察二次电流表的电流值与线圈的匝数乘积不得小于 1 500 安匝。

· 采用湿法探伤时必须进行复合磁化，观察周向磁化和纵向磁化电流应符合磁化规范的要求。

d. 磁痕分析

在试件磁化的同时，应观察试片上磁痕的显示情况：

· 局部磁化时，与磁场垂直的圆形沟槽部位显示不封闭的两弧形“()”聚粉痕迹，“十”字形沟槽显示“－”形或“|”形聚粉痕迹，清晰者为合格。

· 全轴复合磁化时，A 型试片各沟槽均应显示清晰。

e. 退磁性能检查

实物轮对或车轴经退磁后，应使用磁强计检查其退磁效果，测量剩磁时，轮对或车轴与探伤机的距离不得小于 4 m，使用磁强计在车轴两段中心孔处测量。

· 滑动及退下轴承的滚动轮对剩磁不超过 560 A/m（7 Gs）者为合格。

· 带滚动轴承（或轴承内圈）的轮对剩磁不超过 800 A/m（10 Gs）者为合格。

· 剩磁检查除了在日常综合灵敏度校验时进行检查外，还应在探伤过程中进行随机抽查，抽查比例不得少于探伤工作量的四分之一。

f. 填写日常校验记录

探伤设备经日常探伤综合灵敏度校验合格后，由探伤工负责填写“磁粉探伤机（器）日常性能校验记录”（见本章附录 5），参加校验的人员必须在校验记录上签章。

（2）季度全面性能检查

季度全面性能检查每三个月进行一次，由主管检修（生产）的副段（厂）长或总工程师负责组织，轮轴专职人员、设备专职人员、验收员、质量检察员、探伤工长、探伤工和设备维修工共同参加。季度检查要求如下：

① 探伤机（器）及附属设备技术状态检查：要求探伤机（器）及附属设备各部件外观技术状态良好，配件齐全，电器连接线无破损、折断、松动；全面试验探伤设备，要求性能必须准确、可靠、无故障；非荧光磁粉探伤时探测工作面白光照度不得低于 1 500 lx，荧光

磁粉探伤时探测工作面紫外灯辐照度不得低于 800 μW/cm^2；

② 轮轴除锈设备运转正常，除锈效果符合探伤要求。

③ 磁粉和磁悬液检验应符合规定要求。

④ 综合灵敏度校验应符合日常校验的规定要求。

⑤ 填写探伤设备季度性能检查记录：探伤机设备经季度全面性能检查合格后，应详细填写“磁粉探伤机（器）季度检查记录”（见本章附录 6），凡参加季度全面性能检查的人员均须在季度检查记录上签章。

⑥ 新购置的或检查完毕第一次投入使用的探伤设备，使用前必须按季度全面性能检查的要求进行检查。

10. 探伤要求

① 轮对或车辆探伤作业时，必须严格按照探伤机使用说明书和设备操作规程的要求操作探伤设备。

② 轮对或车轴探伤时，车轴被探测部位表面必须露出基本金属面，除锈质量不符合探伤要求者，不得进行探伤作业。

③ 干法探伤：

· 探伤时，必须使用洒粉器向车轴表面均匀抛洒磁粉。

· 轮对和车轴必须实行六面探测，每一面均须由车轴的一端向另一端分段连续施探。

· 使用环形探伤器时，线圈内径面距车轴探测面的距离不大于 50 mm，探伤器的移动速度不大于 150 nm/s，分段探伤时每段探测长度不得超过 300 mm，并往复施探 2～3 次。

· 使用马蹄形探伤器时，探伤器的极距不大于 150 mm，探测时两磁轭必须与车轴表面接触探伤，不得悬探或单磁轭接触探伤，即必须以探伤器的一个磁轭为轴心，另一个磁轭作扇面形旋转接触探伤，每个扇形面间必须搭接，搭接宽度应不小于每个扇面半径的 1/5，不得漏探。

④ 湿法探伤：

· 全轴磁化前，必须对车轴被探测部位表面（不退轴承内圈时包括内圈表面）喷洒磁悬液进行充分湿润；严格控制磁悬液的喷洒压力和覆盖面，应做到缓流、均匀、全面覆盖。

· 夹紧轮对车轴时，磁轭与轴端面（或轴承前盖、密封座）接触必须严密。

· 磁化时，周向磁化电流的纵向磁化磁势应符合规定要求。

11. 质量标准

车轴出现缺陷磁痕的判断要求：

① 在探测过程中车轴出现缺陷磁痕时，必须用标记笔在车轴上划出缺陷磁痕出现位置的范围，详细记录缺陷磁痕位置、尺寸及形状。

② 抹除缺陷磁痕，重新磁化车轴（磁悬液探伤的车轴，先退磁，后磁化），进行重复确认，当缺陷磁痕再次显示，且其位置、尺寸和形状与第一次显示的磁痕相同时，方可判定为缺陷车轴。

③ 对车轴的缺陷磁痕定性时，必须根据本章附录 4 进行判定和处理。

④ 发现缺陷车轴时，必须由有关人员共同参加鉴定并签章。

12. 探伤记录的填写及保管

① 每个轮对或车轴的探测结束后,均须使用标记笔在车轮辐板内侧面或轴身上画出明显的磁粉探伤检查标记；发现车轴有缺陷时，必须使用白铅油作出标记，注明缺陷性质和位置。

② 每个轮对或车轴的探测结束后，探伤人员必须对不同探测部位按规定格式详细填写下列探伤记录：

· 轮对卡片（车统-51A、车统-51B 或车统-51C）：每个轮对或车轴均须按所探测部位分别签章。

· 车辆轮对（车轴）超声波（磁粉）探伤发现缺陷记录卡（车统-52A）：探伤过程中凡发现缺陷车轴，均须详细填写此卡片，注明车轴缺陷性质、缺陷程度、缺陷位置及发现手段，并做出分析，参加鉴定人员必须在卡片上签章。

· 车辆轮对（车轴）超声波（磁粉）探伤记录（车统-53A）：每个轮对或车轴经磁粉探伤检查后，均须详细填写探伤记录，不得漏项，探伤人员必须在责任者栏签章。

③ 上述卡片填写时必须做到字迹清晰、干净整齐、不涂不改、不错不漏，提倡采用仿宋体填写。

④ 车统-52A 必须按车、车统-53A 必须按月装订成册，由个人填写，统一保管，轮对组装单位保存期为 6 年，轮对检修单位保存期为两个修期。

2.5.3　车辆配件的磁粉探伤

1. 干法磁粉探伤

（1）探伤前的准备

① 每日开工前应对探伤设备、用具等进行检查、试验，确认其作用良好并填写记录。

② 检查被探测工件的外观，清除油污、锈皮及附着物，露出基本金属面。

③ 磁粉：

· 用于车辆配件探伤的磁粉粒度为 100～200 目。

· 新购置的磁粉验收时，经 100 目和 200 目标准筛称样检查，大于 100 目和小于 200 目的磁粉重量不得超过称样磁粉重量的 8%。

· 磁吸附：每批干法探伤用磁粉购入时，必须检验磁粉的吸附性，磁粉中的非导磁磁粉不得超过称样重量的 2%，检验方法参见铁辆［1994］114 号文件。

· 磁粉颜色应与被探测工件的颜色具有较大的对比度。

· 干法探伤用过的磁粉不得回收重复再用。

④ 探伤器的规定应符合如下要求：

· 环形探伤器的磁化强度：制动梁不小于 800 安匝，尾框不小于 1 500 安匝。

· 灵敏度试验：使用 15/50A 型试片校验，显示清晰。

（2）探伤作业

在探伤部位均匀敷撒一层磁粉，然后进行探伤。

① 按被探测工件的形状、尺寸有缺陷的种类和位置进行连续探伤检查。

② 环形探伤器用于检查工件横向裂纹时：

· 应分段探伤，每段长度不大于 300 mm，并往复施探 1～2 次。

· 工件直径在 100 mm 及以下施行三面探伤，每次探伤角度为 120°，并注意防止漏探；工件直径在 100 mm 以上者施行等分四面探伤。

· 探伤器内径距被探测工件表面的高度应小于 50 mm。

③ 用马蹄形探伤器检查配件的局部裂纹时：

· 磁力线应垂直于裂纹方向施行探伤。

· 应利用磁场中心检查裂纹部位。

· 施探时，应从一端向另一端连续进行。

· 工件直径在 10 mm 及以下者施行四面探伤，工件直径在 10 mm 以上者施行六面探伤。

④ 长工件探伤时，探伤器移动速度应不大于 0.15 m/s。

⑤ 多面体工件的探伤应逐面进行，并须注意棱角处的检查。

⑥ 形状较复杂的配件探伤时，先探测突出部，再探测凹入部，最后探测平面部。

⑦ 工件各圆柱、棱角、断面变化处或被孔、槽削弱处，以及其他应力集中的部位，应进行重点探伤，操作时探伤器的移动速度要较其他部位慢些。

⑧ 探伤过程中，电磁探伤器的线圈温度不得超过 70°C。

（3）判定

① 从外观上看有裂纹时，磁粉呈现密集清晰的锯齿状细纹；若有局部裂纹时，磁粉呈现中间较宽、两端逐渐狭窄的线状纹，如将探伤器的角度略加改变，则显示更加清晰，当移动探伤器时磁粉不易消散。

② 与施探件纵向中心线呈 45°C 以下的裂纹为纵裂纹。

③ 与施探件纵向中心线呈 45℃ 以上的裂纹为横裂纹。

④ 经探伤确认为有裂纹的配件，应立即用白漆在配件上划“×”标记。

2. 湿法磁粉探伤

（1）探伤前的准备

① 每日开工前应对探伤设备、用具等进行检查、试验，确认其作用良好，方可使用并填写记录。

② 清除被探测工件表面的灰尘、油污和氧化皮，露出基本金属。

③ 磁粉：

· 用于车辆配件探伤的磁粉粒度应小于 320 目。

· 新购置的磁粉验收时，用 320 目标准筛称样检验，按重量计算必须有 98% 的磁粉通过 320 目标准筛。

· 磁粉成分：化合碳含量小于 0.20%，可熔铁含量为 68.0%～73.0%。

· 磁粉颜色与被探测工件的对比度应明显，要有利于观察磁痕，应能清晰显示 15/50A 型标准试片。

④ 磁悬液：

· 磁悬液是由磁粉和液体介质配制而成的，用于车辆配件探伤的磁悬液采用油悬液或水磁悬液。

· 磁悬液浓度为 1.2～2.4 mL/100 mL 或 15～35 g/L 左右。

⑤ 探伤器：

· 探伤器上必须有工作照明灯。

· 探伤器必须有磁悬液自动循环搅拌装置，喷淋压力的大小可调。

(2) 探伤作业

① 接通探伤器电器。

② 调整好磁悬液流量，以满足探伤时的喷液要求。

③ 对工件的被探测部位浇注磁悬液，同时打开磁化开关。

④ 充磁 2～3 s，并继续浇磁悬液，不断地改变工件的磁化位置，让被探测部位完全得到检测。

⑤ 在充磁结束前 1 s 左右停止喷淋或移开磁悬液喷头。

⑥ 对需要检查的部位进行缺陷检查（在磁化中和磁化后均可检查工件是否有裂纹）。

⑦ 经探伤检查确认为有裂纹的配件，应立即在配件上划“×”标记。

思 考 题

1. 试述磁畴与居里点的物理意义。
2. 试述磁路的欧姆定律的物理意义。
3. 试述磁通（Φ）的物理意义。
4. 试述磁感应强度（B）、磁阻（R_m）与磁导率（μ）的物理意义。
5. 试述磁化曲线的物理意义。
6. 试述磁导率曲线的物理意义。
7. 试述磁滞回线的物理意义。
8. 试述磁通连续性原理的意义。
9. 试述安培环路定律的物理意义。
10. 试述漏磁场产生的原因。
11. 试述有关参量对漏磁场分布的影响。
12. 试述电磁探伤的原理。
13. 试述电磁探伤方法的种类。
14. 对于铸造零件来说，需要探伤检查的缺陷主要有哪些？
15. 对于锻造零件来说，需要探伤检查的缺陷主要有哪些？
16. 对于焊接结构的零件来说，需要探伤检查的缺陷主要有哪些？
17. 在加工过程产生的缺陷有哪些？
18. 对磁粉有哪些要求？

附录 1　酒精沉淀法检验湿法探伤用磁粉悬浮液的性能

每批湿法探伤用磁粉购入时必须检验磁粉的悬浮性，并做好记录。

1. 检验准备

将一根长 400 mm、内径为（10±1）mm 的玻璃管垂直固定在一个支架上，用夹子夹紧。管子上有两个刻度，一个刻度在下底端部水平线上，另一个刻度在距下底端部刻度 300 mm 处，两刻度之间以 10 mm 等分刻度。

2. 检验程序

① 用工业天平称出 3 g 未经磁化的磁粉试样。

② 往玻璃管内倒入无水乙醇至 150 mm 高度处。

③ 将称好的 3 g 磁粉试样倒入有无水乙醇的玻璃管内，然后用力摇晃直至均匀混合。

④ 再往玻璃管内注入无水乙醇至 300 mm 高度处。

⑤ 堵上塞子，反复倒置玻璃管，使磁粉与无水乙醇均匀混合。

⑥ 停止倒置后，迅速将玻璃管直立固定在夹子上，静置 3 min，读出明显分界处的磁粉柱高度。

⑦ 按上述步骤试验三次，每次更换新磁粉，然后取三次算术平均值为最终测试结果。

3. 合格标准

酒精和磁粉明显分界处的磁粉柱高度应不低于 180 mm，不允许出现没有明显分界的情况。

附录 2　磁吸附检验的方法

每批湿法探伤用磁粉购入时必须检验磁粉的磁吸附，并做好记录。

1. 检验准备

① 制备一只电磁铁，电磁铁的铁心为工业纯铁，直径为（7.8±0.8）mm，长度为（75±3）mm。在一端装上 50 mm 长的非磁性手柄，在铁心上用直径 2 mm 的漆包铜线绕 25 圈。

② 磁头工作电流为 16 A(DC)，磁头的磁场强度为 120 A/m。

3. 检验操作

将 100 mL 新配制并搅拌均匀的磁悬液（配制方法见注）倒进直径为 50 mm 的 150 mL 玻璃烧杯中，将上述电磁铁垂直降入磁悬液中吸起磁粉，然后小心从中移出，再切断电源，从电磁铁上取下磁粉。移至一个预先准备好的容器中。重复此操作，每次需将磁悬液沉淀 10 min，直至所有可吸起的磁粉都从载液中取出为止，然后使烧杯中的载液静置 30 min 以上，在白色衬底面板上检查烧杯底部有无残留物（检查面上的白光强度不应低于 1 000 lx）。

4. 质量标准

湿法探伤用磁粉应能从载液中被吸附和除去，在容器底部不应有残留物。

注：

① 试验用磁悬液的配制方法是：将一定量湿法用干磁粉加入到闪点（闭口）大于 94°C，黏度在 38°C 时低于 3.0×10^{-6} m^2/s，无荧光，总酸值小于 0.015 mKOH/g 的无味煤油中。对于荧光磁粉，在 100 mL 的磁悬液中，磁粉含量为 0.1～0.3 mL；对于非荧光磁粉，在 100 mL 的磁悬液中，磁粉含量为 1.2～1.5 mL。

② 磁悬液浓度的验证方法是：将磁悬液搅拌均匀，取 100 mL 注入带刻度的磁悬液测定管中，使管直立静放至少 30 min，以 0.1 mL 的精度读出 100 mL 磁悬液中沉积的磁粉体积。

附录 3　磁悬液体积浓度的测定方法

磁悬液浓度采用体积浓度，使用梨形沉淀管测量。测量前充分搅拌磁悬液，使用梨形沉淀管直接接取从喷管中喷出的磁悬液 100 mL，静止沉淀 30 min，读出沉淀在管底的磁粉的体积，即为磁悬液的体积浓度。

磁悬液体积浓度的推荐值如下：

① 荧光磁悬液为 0.1～0.6 mL/100 mL。

② 非荧光磁悬液为 1.2～2.4 mL/100 mL。

附录 4　磁痕分析、判伤标准和处理方法

1. 磁痕分析

（1）裂纹

裂纹一般是金属的加工工艺过程使金属的连续性被破坏而形成的缺陷。在磁粉探伤时，其磁痕特征一般为锯齿形，两端呈尖角状。磁粉聚集的图像不规则，且清晰、密集。

（2）发纹

发纹是由原材料中的微小气孔、针孔、金属和非金属夹杂物等，经锻轧而形成的原材料

缺陷。在磁粉探伤时，其磁痕特征呈直的或微弯的细线，磁粉聚集图像细长、平直。

（3）伪磁痕

在磁粉探伤时，伪磁痕的磁痕特征是绝大部分的磁粉聚集图像都比较散乱，再次磁化检查时，一般复现状况不好或完全不复现。

（4）横向裂纹或横向发纹

在磁粉探伤时，横向裂纹或横向发纹的磁痕延伸线与车轴轴线的夹角≥45°（<45° 者为纵向裂纹或纵向发纹）。

2. 判伤标准及处理方法

（1）新制车轴

① 成品车轴的各部位均不允许存在横向裂纹和横向发纹。

② 成品车轴的各部位不允许存在纵向裂纹。

③ 纵向发纹允许存在限度：

· 在防尘板座及轮座处（不包括由轮座后肩向轴端方向测量的 30 mm 内惯性疲劳裂纹发生区），单个发纹长度≤10 mm 或长度为 2～10 mm 的发纹，在长边≤152 mm 的 3 870 mm^2 的矩形面积内不得多于 10 条。

· 在轮座处 30 mm 惯性疲劳裂纹发生区，单个发纹长度≤5 mm 或长度为 2～5 mm 的发纹，在长边≤152 mm 的 3 870 mm^2 的矩形面积内不得多于 10 条。

· 轴颈和轴身：单个发纹长度≤30 mm 或长度为 5～30 mm 的发纹，在 2 500 mm^2 的矩形面积内不得多于 15 条。

· 上述部位在同一断面上的发纹不得超过 3 条。

· 车轴各圆弧处：单个发纹长度≤5 mm 或长度为 2～5 mm 的发纹不得多于 3 条，延伸到圆弧处的发纹，在圆弧范围内，按圆弧处发纹限度处理。

· 在同一纵向直线上，5 mm 以上的非连续发纹，其总长度应≤50 mm。

· 在车轴各部位上（除圆弧部位及上述有关规定外），纵向发纹的长度在 5 mm 以下、不连续成一行、不密集在一处者，可不予考虑。

· 连续成一行的发纹：散布在车轴表面上的纵向发纹形成一条线，且间隔距离在 2 mm 及以下者，仍认为是一条连续的发纹，并以连续的总长度为发纹长度。

（2）在役车轴

① 车轴各部位均不允许存在横向裂纹、横向发纹和纵向裂纹，发现时必须旋除。

② 车轴各圆弧部位上有纵向发纹均须旋除。

③ 轴颈、防尘板座及轮座上存在长度＜25 mm，且各部位均不超过 5 条或同一断面不超过 3 条的纵向发纹时，可不处理（对其长度不超过 4 mm 的纵向发纹可不计算在内）；如存在长度＞25 mm 的纵向发纹时，均须旋除。

④ 已有铲槽的车轴，再发现裂纹时一律报废。

⑤ 轴端已有“＋”标记的车轴，再发现裂纹时一律报废。

附录 5　磁粉探伤机（器）日常性能校验记录

段（厂）　　　　　　　　　　　　　　年　　月　　日

探伤设备	名称		磁粉类别		探伤工艺方法	湿法　干法　连续法　剩磁法		
	型号		磁粉粒度		周向磁化（A）		试片规格	
	编号		悬液浓度		纵向磁化（安匝）		试片显示	
被探测物			磁粉厂家		提升力（N）		剩磁强度	
探伤工			探伤工长		质量检查员		验收员	
备注								

附录 6　磁粉探伤机（器）季度性能检查记录

段（厂）　　　　　　　　　　　年　　月　　日

设备名称		设备型号		设备编号		制造单位		
1. 探伤机及其附属设备技术状态：								
2. 综合检查项目								
被探测物		磁悬浮性		探伤工艺方法	湿法　干法　连续法　剩磁法			
磁粉粒度		磁吸附性		周向磁化（A）		试片规格		
悬液浓度		悬液浓度		纵向磁化（安匝）		试片显示		
磁粉厂家		磁化方式		提升力（N）		剩磁强度		
检查人员签章	主管领导		轮轴专职		设备专职			
	验收员		质检员		探伤工长		探伤工	
备注								

第3章 超声波探伤

3.1 超声波探伤的基础知识

3.1.1 机械振动与波动

振动与波动是物质运动的基本形式之一。

机械振动是物体沿着直线或曲线在某一平衡位置附近做往复周期的运动。例如，超声波探头内压电晶片的振动、单摆的运动等，就属于机械振动。最简单的机械振动是简谐振动，其特点是：振动物体在其平衡位置附近做一维往复的周期性运动，振动的加速度和位移成正比但方向相反。如图 3-1 所示。

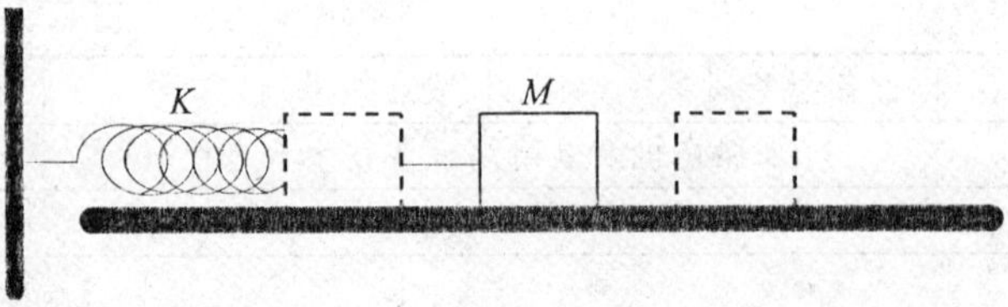

图 3-1 简谐振动

根据虎克定律和牛顿第二定律有：

$$F=-Kx \tag{3-1}$$

$$F=M\frac{d^2x}{dt^2} \tag{3-2}$$

合并两式得

$$\frac{d^2x}{dt^2}=-\omega^2x \tag{3-3}$$

式中 ω——振动的频率，$\omega=\sqrt{\frac{K}{M}}$。

由式（3-3）得：

$$x=A\cos(\omega t+\varphi) \tag{3-4}$$

式中 A——振幅；

φ——初始相位，是由初始条件所确定的常数。

由简谐振动方程式（3-4）说明，自由振动的位移 x 是时间 t 的函数，它描述物体在其平衡位置附近随时间做频率为ω的往复运动的规律。

振动频率 f 为:

$$f=\frac{\omega}{2\pi}=\frac{1}{2\pi}\sqrt{\frac{K}{M}}\quad (次/秒) \tag{3-5}$$

振动周期 T 为:

$$T=\frac{1}{f}=2\pi\sqrt{\frac{M}{K}}\quad (秒) \tag{3-6}$$

物体的振动速度 v 为:

$$v=\frac{\mathrm{d}x}{\mathrm{d}t}=-A\omega\sin(\omega t+\varphi) \tag{3-7}$$

物体的振动加速度 a 为:

$$a=\frac{\mathrm{d}^2x}{\mathrm{d}t^2}=-A\omega^2\sin(\omega t+\varphi) \tag{3-8}$$

上式中，若初始相位 $\varphi=0$，将 $x(t)$、$v(t)$ 和 $a(t)$ 绘成图 3-2，可知：振幅 A 为常数，即不随时间变化；简谐振动具有相同及恒定的周期；简谐振动的位移、速度和加速度的相位依次相差 $\pi/2$。

振动的传播过程称为波动，波动是物质的一种运动形式，振动是产生波动的根源。波动可分成两大类：一类是机械波，它是由于机械振动在弹性介质中引起的波动过程，例如水波、声波、超声波等；另一类是电磁波，它是由于电磁振荡所产生的变化电场和变化磁场在空间的传播过程，例如无线电波、红外线、可见光、紫外线、伦琴射线等。

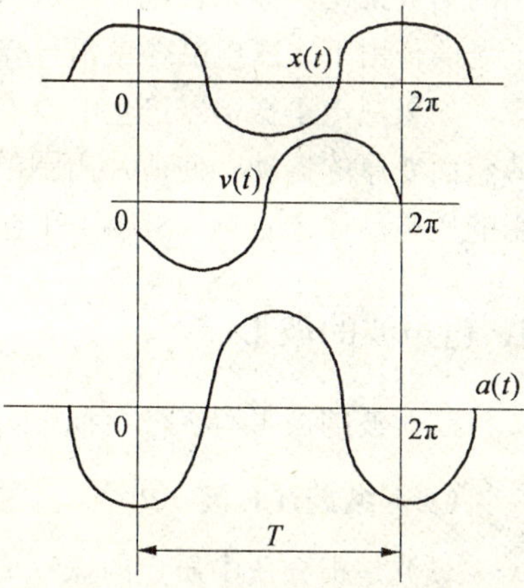

图 3-2　简谐振动的位移、速度、加速度之间的关系

在弹性介质中，任何一个质点做机械振动时，因为这个质点与其邻近的质点间有相互作用力，所以它的振动将传递给与之邻近的质点，使邻近的质点也同样地发生振动，然后振动又传递给下一个质点，这样以此类推，振动就由近及远向各个方向以一定的速度传播出去，从而形成了机械波。因此，机械波的产生，首先要有做机械振动的物体作为波（生）源，其次要有能够传播这种机械振动的介质。当振动在弹性介质（气体、液体、固体）中传播时，产生的波称为弹性波。声波和超声波均属于弹性波。

3.1.2　超声波概述

超声波是指振动频率在 20 kHz 以上的声波（机械波）。其特点是：能量高，振动频率高，波长短，穿透力强，方向性好，具有束射特性，即可以定向控制波束。超声波是利用材料本身的弹性力来传播超声波振动，可以将超声波在材料内部传播较远的距离。20～20 kHz 的波是人们日常所听到的各种声音，低于 20 Hz 的机械波称为次声波。超声波探伤所用的频率在 0.5～10 MHz 之间。

利用超声波进行探伤，若被探测的介质中有缺陷，利用超声波能从两种介质界面反射的性质，就可以其反射波束来确定介质内部有无缺陷及缺陷的大小和位置。例如，由于超声波在介质中传播时都有一定的速度，可以根据超声波被缺陷表面反射回来的时间长短来确定出缺陷的位置，并且还可以根据超声波在缺陷上反射的波形来判断缺陷的性质，因为缺陷的界面是两种介质的分界面，而缺陷本身的声阻抗与介质的声阻抗是不同的；又由于超声波具有绕射性质，可在探伤前根据要求选择出能在缺陷上面引起反射的超声波频率，由于超声波的指向性与超声波波长有关，可以在对其他条件影响不大的情况下，选择较高的频率，使超声波传播的方向性增强、能量增强集中，便于发现与确定缺陷的位置。

产生超声波有两种方法：一种是利用晶体的压电效应；另一种是利用磁的伸缩效应。目前铁路部门的超声波探伤采用的是前一种产生超声波的方法。

所谓压电效应，就是把某些晶体按一定方向割成薄片，于是这类晶体便出现这种特性：如果压缩它，它就伸长而变薄，而且在晶体上面产生正电荷，下面产生负电荷；如果上下用拉力拉它，它就缩短而变厚，而且晶体上面产生负电荷，下面产生正电荷。电荷的多少与施加的力成正比。如果在电场中放入压电晶体，并使电磁场的方向和压电轴的方向一致时，在电场的作用下，压电晶体就沿一定方向发生强烈的压缩与拉伸，晶体的这种效应就叫压电效应。如果把电子振荡器产生的具有几万赫兹的振荡电流加到晶体上，那么晶体就产生忽而变薄忽而变厚的振动，使薄片周围的物质也随着发生高频波动，这个波动就是超声波。经常使用的压电晶体是石英（SiO_2）和钛酸钡（$BaTiO_3$）。

1. 超声波的波形

超声波的波形有纵波、横波、表面波与板波四种。

（1）纵波（L 波）

纵波是指介质中质点的振动方向与超声波的传播方向相同的波。任何介质，当其体积发生交替变化时均产生纵波。由于纵波的产生和接收均较容易，常用来探测厚型板材、大型铸锻钢件和形状比较简单的工件。

（2）横波（S 或 T 波）

横波是指介质中质点的振动方向与超声波的传播方向相互垂直的波。当介质质点受到交变的剪切应力作用时，产生切变变形，从而形成横波。由于液体和气体介质不能承受剪切应力，故横波只能在固体介质中传播，而不能在液体与气体介质中传播。常利用横波来探测焊缝、管材及形状比较复杂的工件。

（3）表面波（R 波）

表面波是指当介质表面受到交变应力的作用时产生的沿介质表面传播的波。表面波是瑞利于 1887 年首先证实的，因此也称为瑞利波。表面波主要用来探测工件表面的裂纹和缺陷。

（4）板波（Lamb 波和 Love 波）

板波是板材特有的一种波型，它在板材厚度小于入射波波长时产生。在一个给定的板材中可以存在三种不同偏振的板波：一是纯横波，它的偏振方向与板表面平行；第二种是对称型的拉姆（Lamb）波，在板材中心面上的质点的偏振方向与传播方向平行，如同纵波的偏振，而其他位置的质点的偏振轨迹为椭圆；第三种为非对称型（或弯曲型）的拉姆（Lamb）波，板材中心面上质点的偏振方向与传播方向相垂直，其他位置的质点的偏振轨迹也为椭圆。

2. 超声场的特征参数

超声波存在的空间叫做超声场。超声场的参数主要有：声压、声阻抗、声强。

（1）声压 p

垂直作用在单位面积上的压力称为压强。任何静止介质不受外力作用时，介质所具有的压强称为静态压强。当介质中有超声波传播时，由于介质质点的振动，使介质中压强交替发生变化。超声场中某一点在某一瞬时所具有的压强 p_1 与没有超声波存在时同一点的静态压强 p_0 之差，称为该点的声压 p，即：

$$p = p_1 - p_0 \quad \text{(Pa)}$$

（2）声阻抗 Z_a

质点中某一点的声压 p 与该处质点振动速度 v 之比，称为声阻抗，用 Z_a 表示，单位为 $Pa \cdot s/m^3$。声阻抗 Z_a 描述了超声场中介质对质点振动的阻碍作用，其数值上等于介质的密度 ρ 与介质中声速 c 的乘积，即：

$$Z_a = \rho c$$

（3）声强 I

单位时间内垂直通过单位面积的声能，称为声强，用 I 表示，单位为 W/cm^2（瓦特每平方米）。

3. 超声波在传播中的衰减

超声波在弹性介质中传播时，会发生能量衰减，其产生的原因为：

① 由于波形的扩展而产生的能量损失。

② 超声波在介质中的散射而产生的能量损失，即散射损失。

③ 由于介质内耗所产生的吸收衰减。

3.2　超声波探伤的原理及方法

当超声波在被检测材料中传播时，材料的声学特性和内部组织的变化对超声波的传播产生一定的影响，通过对超声波受影响程度和状况的探测，来了解材料的性能和结构的变化，这种技术称为超声波检测。

利用超声波检测技术形成的超声波探伤方法，可分为直探法、斜探法、聚散焦探法、穿透法、脉冲反射法、共振法、串列法等。

直探法就是纵波探伤，主要用于探测与工件表面平行的缺陷。

斜探法就是横波探伤，主要用于探测与工件表面垂直或呈某一角度的缺陷。

聚散焦探法是通过聚散焦探头将超声波聚焦成点或线，以增强其功率和方向性，来配合浸液探伤以探测工件近表面的微小缺陷。

脉冲反射法探伤是利用由脉冲反射式的超声波探伤仪发射的超声波，在两种不同介质的表面上发生反射作用，并将反射回来的超声波接收放大，在荧光屏上以可见光的形式显示出来，来达到探伤的目的。

另外，还有水浸（喷水）法，利用此方法检测钢管、锻件的示意图如图 3-3 所示；单（双）探头检测焊缝的方法如图 3-4 所示。

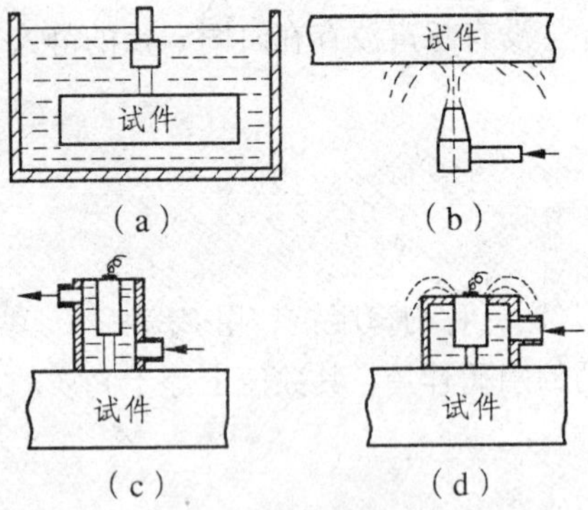

图 3-3　水浸（喷水）法检测钢管、锻件

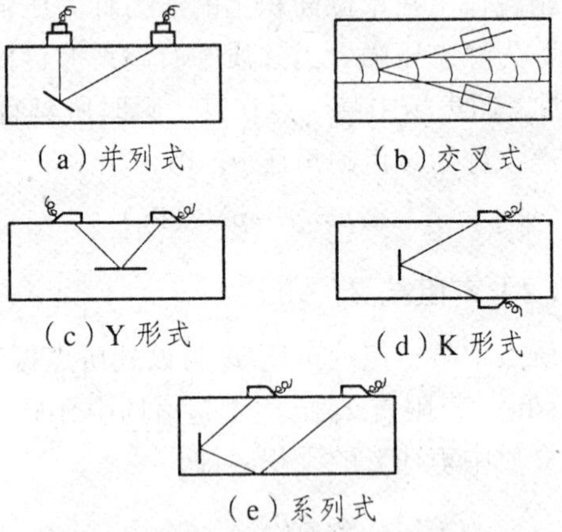

图 3-4　单（双）探头检测焊缝

根据超声波探伤的原理，常用的超声波探伤的方法可分为三种，即脉冲反射法、穿透法、共振法。

3.2.1　脉冲反射法

超声波以持续极短的时间发射脉冲到被检测工件内，根据反射波的情况来检测工件的方法，称为脉冲反射法。按照反射回波的性质，脉冲反射法还可以分为缺陷回波法、底面回波高度法和底面多次回波法。

1. 缺陷回波法

根据探伤波形进行判断的探伤，称为缺陷回波法（也称为二次回波法），该方法是脉冲反射法的基本方法。当工件完好时，超声波可以顺利传播到达工件底面，在工件底面光滑且与探伤平面平行的条件下，探伤波形中只有发射脉冲 T 及底面回波 B 两个信号。若工件中存在缺陷，在探伤波形中，底面回波前面会出现表示缺陷的回波 F，如图 3-5 所示。

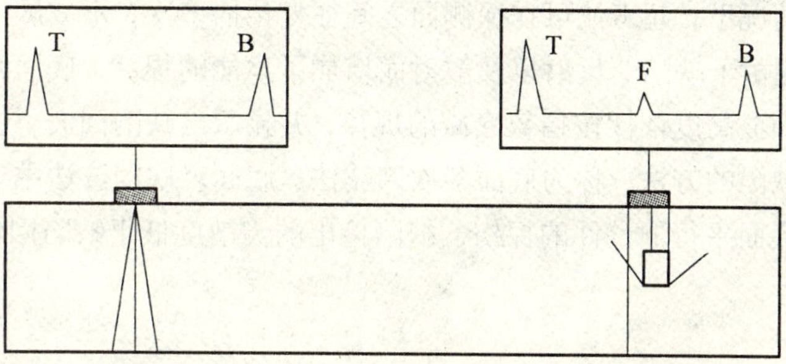

（a）　　　　（b）

图 3-5　缺陷回波探伤的基本原理

2. 底面回波高度法

根据底面回波的高度变化来判断工件缺陷情况的探伤法，称为底面回波高度法。图 3-6 是底面回波高度法的原理示意图。当工件的材质和厚度不变时，底面回波的高度应是基本不变的。如果工件内部有缺陷时，底面回波的高度会下降或消失。底面回波高度法的特点是：同样投影大小的缺陷可以得到同样的指示，而且不出现盲区；但要求被探测工件的探测面与底面平行，耦合条件一致。由于该方法检出缺陷的灵敏度较低。因此，使用中很少作为一种独立的探伤方法，而经常作为一种辅助手段，配合缺陷回波法发现某些倾斜的或小而密的缺陷。

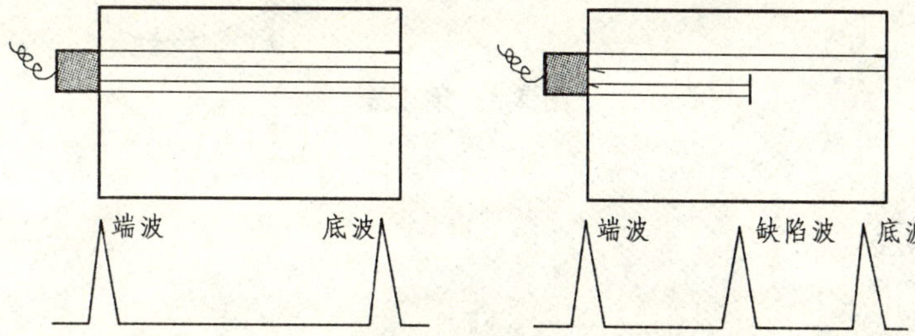

图 3-6　底面回波高度法的基本原理

3. 底面多次回波法

底面多次回波法的原理如图 3-7 所示，当透入试件的超声波能量较大，而且试件厚度较小时，

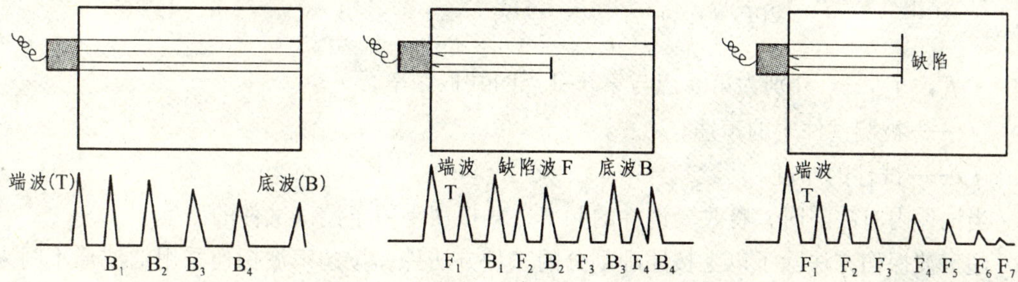

（a）无缺陷　　（b）小缺陷　　（c）大缺陷

图 3-7　底面多次回波法的基本原理

在试件完好无缺的情况下，超声波可在探测面之间往复传播多次，示波屏上出现多次底波。如果试件存在缺陷，则由于缺陷的反射以及散射而增加了声能的损耗，底面回波次数减少，同时也打乱了各次底面回波高度依次按指数衰减的规律，并显示出缺陷回波，这种依据底面回波次数来判断试件有无缺陷的方法，称为底面多次回波法。底面多次回波法主要用于形状简单、厚度不大、探测面与底面平行的试件的探伤，缺陷检出的灵敏度低于缺陷回波法。

3.2.2 穿透法

穿透法是依据脉冲或连续波穿透试件之后的能量变化来判断缺陷情况的一种方法。穿透法常采用两个探头，一个作为发射用，另一个作为接收用，分别放置在试件的两侧，如图 3-8 所示。

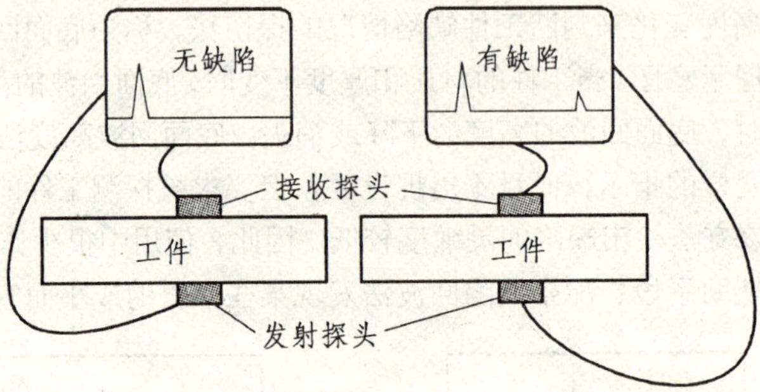

图 3-8 穿透法

3.2.3 共振法

根据试件的共振特性来判断缺陷的方法，称为共振法。其工作原理是：声波在被探测试件内传播的过程中，当试件的厚度为超声波的半波长或半波长的整数倍数时，由于入射波和反射波的相位相同，引起共振，因而仪器可显示出共振频率点，利用相邻的两个共振频率之差，通过以下公式可计算出试件厚度：

$$\delta = \frac{c}{2(f_n - f_{n-1})} \tag{3-9}$$

式中 f_n、f_{n-1}——分别为第 n 点与第 $n-1$ 点的共振频率；

c——被测试件中的声速；

δ——试件的厚度。

当试件内有缺陷时，将改变试件的频率，共振法常用于测试试件的厚度。

超声波探伤方法除了以上按原理划分的三种方法外，按超声波探伤采用的波形不同来划分，还可分为纵波法、横波法、表面波法和板波法；按探头的数目来划分，可分为单探头法、双探头法和多探头法；按探头的接触方式来划分，可分为直接接触法与液浸法。

3.3 超声波探伤的设备

3.3.1 超声波探伤仪的组成及工作流程

超声波探伤器（仪）是超声波探伤的重要设备，虽其型号不一，但其基本结构均包括高频脉冲发生器、换能器（探头）、接收放大器和指示器四部分。

超声波探伤仪是超声波探伤的主要设备。它的作用是产生电振荡并加于探头（或称为换能器），激励探头发射超声波，同时将探头送回的电信号进行放大，通过一定方式显示出来，从而得到被探测工件内有无缺陷及缺陷位置和大小等信息。

目前，超声波探伤中广泛使用的超声波探伤仪大多是A型显示脉冲反射式超声波探伤仪，A型显示即波型显示，探伤仪显示荧光屏的横坐标代表声波的传播时间或距离，纵坐标代表反射波的幅度。由反射波的位置可以确定缺陷位置，由反射波的幅度可以估算缺陷的大小。A型显示脉冲反射式超声波探伤仪的型号有：CTS-8C型、CTS-21型、CTS-22型、JTS-5型、CTS-3型等。

超声波探伤仪由同步电路、扫描电路、发射电路、接收电路、显示电路、电源等组成，如图3-9所示。

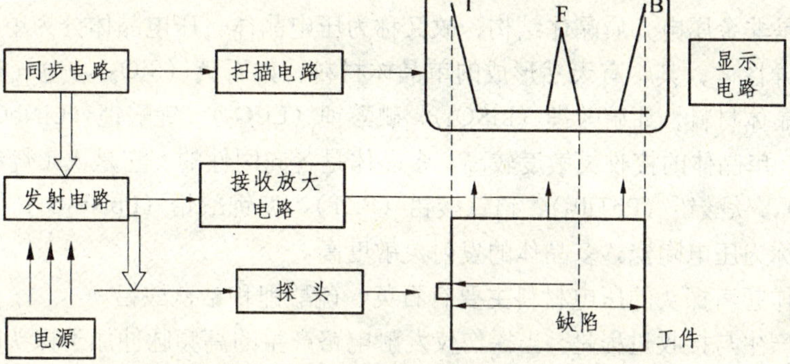

图3-9 超声波探伤仪的组成框图

同步电路又称为触发器，它每秒钟产生十至数千个触发脉冲，用来触发探伤仪的扫描电路和发射电路等，使之步调一致、有条不紊地工作。因此，同步电路是整个探伤仪的“中枢”。

扫描电路又称为时基电路，用来产生锯齿波扫描电压，加于示波管水平偏转板上，使示波管荧光屏上的点沿水平方向做等速移动，产生一条水平扫描线（即时基线）。

在发射电路中，利用闸流管或可控硅的开关特性，产生几百伏或几千伏的电脉冲，并加于发射头上，激发压电晶体片振动，使之发射超声波。

接收电路由衰减器、射频放大器、检波器和视频放大器等组成。它将来自探头的电信号进行放大、检波，最后加至示波管的垂直偏转板上，并在荧光屏上显示。

显示电路主要由示波管及外围电路组成，用来显示探伤图形。

电源的作用是给探伤仪各部分电路提供适当的电能，使整机电路工作。

由图3-5可知，A型显示脉冲反射式超声波探伤仪的工作流程是：同步电路产生的触发脉冲同时加至扫描电路和发射电路，扫描电路受触发开始工作，产生锯齿波扫描电压，加至示波管水平偏转板上，使电子束发生水平偏转，在荧光屏上产生一条水平扫描线，与此同时，发射电路受触发将高频窄脉冲加至探头上，激励压电晶片振动产生超声波；超声波在工件中传播，遇缺陷或底面发生反射，超声波返回探头时，又被压电晶片转换为电信号，经接收电路放大和检波，加至示波管垂直偏转板上，使电子束发生垂直偏转，在水平扫描线的相应位置上产生缺陷波 F 和底波 B（T 为发射脉冲），根据缺陷波的位置可以确定缺陷埋藏的深度，根据缺陷波的幅度可以估算出缺陷的当量大小。

3.3.2 超声波探伤仪的探头

1. 探头的作用

在超声波探伤中，超声波的发射和接收是通过探头来实现的。探头的作用就是将电能转换为超声能（产生超声波）或将超声波转换成电能。将能量从一种形式转换为另一种形式的器件称为换能器，探头是一种电/声能量转换器件，因此，探头也称为超声换能器或电声换能器。

探头的核心元件是薄片状压电晶体。压电晶体在受到拉伸或压缩时产生变形，在晶体的界面上出现电荷的现象称为正压电效应。而在电场的作用下，晶体发生变形的现象，称为逆压电效应。正压电效应和逆压电效应统称为压电效应。能够产生压电效应的材料称为压电材料。由于压电材料多是非金属电介质晶体结构，故又称为压电晶体。压电晶体分为单晶体和多晶体。单晶体是各向异性体，其中有天然形成的单晶体材料，如石英（SiO_2）、电气石等；有人工培养拉制成的单晶体材料，如硫酸锂（$LiSO_4$）、碘酸锂（$LiIO_3$）、铌酸锂（$LiNbO_3$）和酒石酸钾钠（KNT）等。单晶体的接收灵敏度较高。多晶体是各向同性的，它是人工烧制而成的，如钛酸钡（$BaTiO_3$）、钛酸铅（$PbTi0_3$）、锆钛酸铅（PZT）、偏铌酸铅（$PbNb_2O_2$）等，这些人工烧制的多晶体统称为压电陶瓷。多晶体的发射灵敏度高。

常用于制作超声探头的压电材料主要有石英、硫酸锂和锆钛酸铅。

超声波的产生与接收过程是：当探伤仪发射电路产生的高频脉冲加于探头时，激励压电晶片发生高频振动，产生超声波；相反，当超声波传至探头而使晶片发生高频振动时，晶片就产生高频电振荡，送至探伤仪接收电路，经放大与检波，在示波管上显示出波形，因此，探头是利用压电晶片的逆压电效应产生超声波，同时利用压电晶片的正压电效应接收超声波的。

2. 探头的种类

（1）直探头

波束垂直于被探测工件表面入射的探头称为直探头。它用来发射和接收纵波，一般用于手工操作接触法探伤，这种探头即适合于单探头反射法，也适合于双探头穿透法。它由压电晶片、阻尼块、保护膜、壳体及高频接头、地线（电缆线）等基本元件组成，见图 3-10。

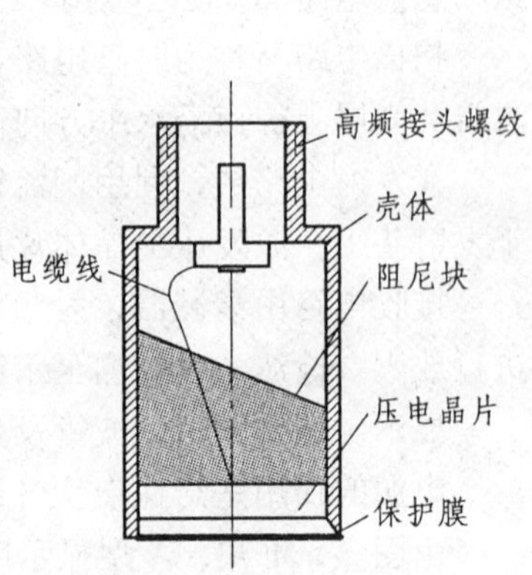

图 3-10 直探头的结构

压电晶片是探头的核心元件，用来发射与接收超声波。

阻尼块伏贴在压电晶片后面，以吸收晶片的惯性振动与背面辐射声能。

保护膜用来保护压电晶片与电极，以防止其磨损与碰坏。

壳体一般由金属或塑料制成。

（2）斜探头

利用透声楔块使声束倾斜于工件表面射入工件的探头，称为斜探头。以射入角的不同，可在工件中产生纵波、横波和表面波，也可在薄板中产生板薄。通常所说的斜探头是指横波斜探头，斜探头主要由压电晶片、透声斜楔块、吸声材料、接头和壳体等组成，见图 3-11。

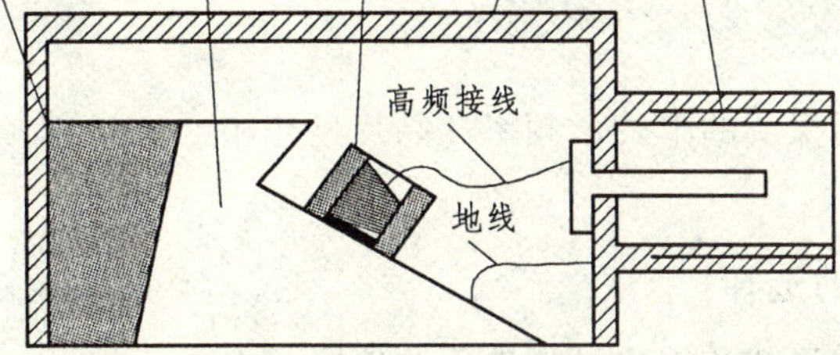

图 3-11　斜探头的结构

透声斜楔块材料常采用有机玻璃，它的衰减系数适宜，加工方便。透声斜楔块的形状对杂波占宽影响较大，透声斜楔块前部和上部常开有消声槽，使声波漫散射，以减少杂波幅度。

斜探头根据声束入射角的不同，会在工件中产生折射角不同的横波。横波斜探头的标称方式有三种：

① 以纵波入射角作为标称，有 30°、45°、50° 和 55°。

② 以钢中的横波折射角作为标称，有 40°、45°、50°、60° 和 70° 等。

③ 以钢中的折射角正切值（*K*）作为标称，常用探头的（*K*）值有 1、1.5、2、2.5 和 3。

有机玻璃斜探头的入射角与在钢中的横波折射角的关系见表 3-1，*K* 值与折射角的关系见表 3-2。

表 3-1　有机玻璃斜探头的入射角与在钢中的横波折射角的关系

入射角	30°	45°	50°	55°
折射角	36°	57°	65°	76°

表 3-2　*K* 值与钢中的横波折射角的关系

K	1	1.5	2	2.5	3
折射角	45°	56°	63°	68°	72°

（3）表面波探头

表面波探头是斜探头的一个特例。

当斜探头入射角等于第二临界角时，由波形转换器得到沿被探测材料表面传播的表面波，这种斜探头称为表面波探头。（注：当第二介质中的横波波速大于第一介质中的纵波波速时，才会出现第二临界角）

（4）双晶探头

双晶探头又称为联合双探头或分割式TR探头。它有两个压电晶片，装在同一个壳体内。一个晶片发射，另一个晶片接收，两个晶片之间用隔声层隔开。防止发射声波直接传入接收晶片。晶片前面带有有机玻璃延迟块，使声波延迟一段时间进入工件。由于发射和接收分开，并且使用了延迟块，所以大大减少了盲区，利于近表面缺陷的探测。典型双晶探头的结构如图3-12所示。

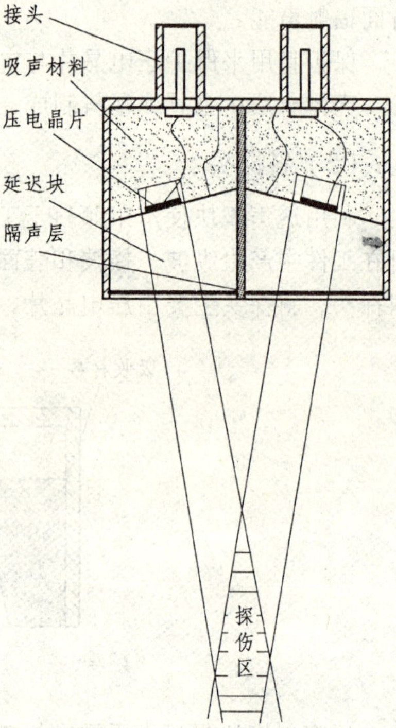

图3-12 双晶探头的结构

3. 探头的选择

探头的选择包括探头的形式、频率、晶片尺寸和斜探头 K 值的选择。

（1）探头形式的选择

根据被测工件的形状和缺陷可能出现的位置、方向等条件来选择探头的种类，使声束轴线尽量与缺陷相垂直。

直探头只能发射和接收纵波，波束轴线垂直于探测面，主要用于探测与探测面平行的缺陷，如锻件、钢板中的夹层、折叠等缺陷。

斜探头是通过波形转换来实现横波探伤的，主要用于探测与探测平面垂直或呈一定角度的缺陷，如焊缝中的未焊透、夹渣和未熔合等缺陷。

表面探头用于探测工件表面的缺陷，双晶探头用于探测工件近表面的缺陷。

（2）探头频率的选择

探头频率的高低对探伤影响较大。超声波探头的频率一般选择在0.5～10 MHz之间。探头频率高，则指向性好、灵敏度和分辨率高，对探伤有利。但探头频率太高，会增大近场区长度（波源轴线上最后一个声压极大值至波源的距离称为近场区长度），衰减也大，对探伤不利。一般来说，在保证探伤灵敏度的前提下，尽可能选择较低的频率。

对于晶粒较细的锻件、轧制件和焊件等，一般选用较高的探头频率，常采用2.5～5.0 MHz的频率。对于晶粒较粗大的铸件、奥氏体钢等，一般选用较低的探头频率，常采用0.5～2.5 MHz的频率。如果探头频率过高，会引起严重衰减，示波屏上会出现“林状回波”，信噪比下降，甚至无法探伤。

（3）探头晶片尺寸的选择

探头晶片的尺寸大小对声束指向性、近场区长度、近距离和远距离扫描范围、缺陷查出能力有较大的影响。实际探伤中，当探测探伤面积范围大的工件时，为了提高探伤效率，宜选择大晶片探头；当探测探伤厚度较大的工件时，为了有效地发现远距离的缺陷，也宜使用大晶片探头。当探测小型工件时，为了提高缺陷定位定量精度，宜选用小晶片探头。当探测探伤表面不太平整、曲率较大的工件时，为了减少耦合损失，宜选用小晶片探头。

（4）横波斜探头 K 值的选择

在横波斜探伤中，探头的 K 值对探伤的灵敏度、声束轴线的方向、一次波的声程（入射点至底面反射点的距离）有较大的影响。在实际探伤中，当工件厚度较小时，应选择较大的 K 值，以便增加一次波的声程，避免近场区探伤；当工件厚度较大时，应选择较小的 K 值，以减小声程过大引起的衰减，便于发现较深处的缺陷。在焊缝探伤中，还要保证主声束能扫查整个焊缝截面。对于单面焊接根部未焊透，还要考虑端角反射问题，应使 K 值=0.7～0.5，因为当 $K<0.7$ 或 $K>1.5$，端角反射率很低，容易引起漏检。

3.3.3 常用超声波探伤仪介绍

目前国内外探伤仪的种类很多，性能各异，下面介绍常用的几种超声波探伤仪。

1. AS-4 型超声波探伤仪

AS-4 型超声波探伤仪是新一代小型化便携式探伤仪，引进了国外先进技术，该探伤仪的特点是：

① 采用高亮度、内刻度矩形示波管，具有频带宽、灵敏度高、交直流两用、功耗低、体积小、重量轻、结构合理、操作方便等优点。

② 该仪器性能稳定、工作可靠，适合于各种钢板、焊缝及锻件的探伤，对于流动性大的野外及高空作业较为方便。

AS-4 型超声波探伤仪的技术参数为：

① 工作频率为 0.5～10 MHz。

② 灵敏度余量>46 dB。

③ 分辨率>30 dB。

④ 水平线性误差<1%。

⑤ 垂直线性误差<5%。

⑥ 动态范围>30 dB。

⑦ 衰减量为 0～80 dB，每 12 dB 误差不大于±1 dB。

⑧ 扫描范围为 10～2 500 mm。

⑨ 电源为直流 9.6 V±10%（镉镍蓄电池）。

⑩ 交流 220 V±15%，50 Hz。

⑪ 外形尺寸为 280 mm×190 mm×86 mm。

⑫ 重量为 3.6 kg。

2. ZBL-U520 型超声波检测仪

ZBL-U520 型超声波检测仪尤其适合于检测已经预埋声测管的混凝土灌注桩桩身的完整性。ZBL-U520 型超声波检测仪的特点是：

① 安装方便，适应性较好，工作进度加快；提升速度快（0.6 m/s），在换能器（探头）

移动的过程中，测桩系统可以按照用户预定好的测点间距自动记录各测点声参量及波形，测试速度与其他超声波检测仪相比有了成倍的提高，并且以前需要 3 个人才能完成的测试工作采用 ZBL-U520 型检测仪只需要 1～2 人就可以完成。

② 测桩系统附带的深度记录装置，可轻松地移动和定位声测管内的换能器（探头）。在测试过程中，实时存储所有测点的声参量、波形等相关采集信息，采样波形可回放；可以随时通过屏幕显示的曲线看到整个剖面的测试结果，指导测试进程。

③ 存储空间大，可保存近 200 根桩的信息；对每个剖面可存储 2 048 个测点，可用于 CT 分析，一个 5 cm 的点可探测 100 m；操作简单，易学易用，可随意复测。

④ 体积小，重量轻（主机含电池约 2 kg）；人性化设计，方便现场检测。

⑤ 提升过程中，波形稳定，不失真，判读数据准确，重复性、一致性好。

⑥ 内置锂电池，可连续工作 7 小时，现场使用更加方便。

⑦ 随时存储数据，任何情况下保证数据安全，系统稳定；文件管理方式切合实际，一个工地的所有桩的信息保存在一个文件夹下，一根桩的所有剖面保存在一个文件中，用户可以方便地管理。

⑧ 测试完成后，可以看到每根桩的分析处理结果，处理过程完全依照《建筑基桩检测技术规范 JGJ 106—2003》。可以通过本测桩系统的并口在现场将测试结果打印出来；可以将仪器内的检测数据传输至计算机或笔记本电脑，然后使用随机提供的 Windows 平台下的分析软件，进一步对数据进行处理、打印输出、生成检测报告初稿。

ZBL-U520 型超声波检测仪的技术指标如下：

① 体积为 252 mm×185 mm×58 mm。

② 重量约 2 kg（含内置电池）。

③ 工作温度为 0°C～+40°C。

④ 供电方式为 AC（220±10%），内置锂电池供电。

⑤ 声时测读精度为±0.1 μs。

⑥ 放大增益为 82 dB。

⑦ 放大器带宽为 10～250 kHz。

⑧ 采样周期为 0.05～6.4 μs，八档。

⑨ 发射电压为 65～1 000 V，五档。

⑩ 通道数为 2。

⑪ 显示方式为 640×480，TFT 彩显。

⑫ 通用接口为 USB，并口。

⑬ 声时测读范围为 0～19 999.9 μs。

⑭ 幅度分辨率为 3.9‰。

⑮ 接收灵敏度≤30 μV。

⑯ 最大采样长度为 32 KB。

⑰ 发射脉宽为 20 μs～20 ms。

⑱ 信号采集方式为连续。

⑲ 数据存储空间为 32 MB/s（3.5 万波形＋数据）。

⑳ 支持 HP 系列打印机及其兼容激光打印机。

ZBL-U520 的测桩系统由主机系统、机械滑轮装置、带信号线的径向换能器、AC-DC 电源等组成（请参见测桩系统标准配置表）。

3. TS-2008L 型超声波探伤仪

TS-2008L 型超声波探伤仪的特点是:

① 采用工控型 CPU 系统，双 CPU 协同工作，仪器控制部分与数据处理独立工作。

② 中文触摸式键盘。

③ 自动测定仪器和探头性能，仪器校准自动化，可测量材料厚度和材料声速。

④ 日历时钟，仪器能自动记录工作日期和时间。

⑤ 10 个独立探伤频道（可扩展至 500 个频道），多种探伤工艺和探伤标准自动生成，可设置探伤工艺标准，无需带试块。

⑥ 回波抑制 1%～90%，任意可调，不影响仪器增益和线性。

⑦ DAC、AVG 曲线自动生成并能分段制作，取样点不受限制，并可进行补偿与修正。

⑧ DAC 曲线随增益自动浮动，随声程自动扩展。

⑨ 可实现指定回波的距离波幅补偿，缺陷回波参数（距离、水平、垂直、波幅、dB 当量、孔径 φ 值）实时显示。

⑩ 具有峰值记忆、回波包络、波形冻结等功能，进波报警功能，门位、门宽、门高可调。

⑪ 500 组探伤工艺和数据存储，FLASH RAM 存储器技术（同黑匣子），离电永久保存。

⑫ 数据处理能力强，可按日期和序号进行检索和处理，可与计算机实现数据通信，可打印。

⑬ 鲤电池供电，可连续工作 5 小时。

⑭ 低电压工作报警和自动保护关机。

⑮ 抗电磁场干扰，能够适宜高空作业和移动性大的场合。

4. AR841 型超声波测距仪

AR841 型超声波测距仪的特点和技术指标如下:

① 测量范围为 0.5～20 m。

② 测量精确度为±0.5%。

③ 公英制转换。

④ 工作环境为 0～30°C，30%～70%RH。

⑤ 激光定位。

⑥ 低电显示功能。

⑦ 计算面积和体积。

⑧ 计算长度累加。

⑨ 自动/手动关机。

⑩ LCD 背光显示。

⑪ 响应时间为 2 s。

⑫ 测量基准设置。

⑬ 工作频率为 40 kHz。

⑭ 具备按键声提示、出错声音提示以及确认声音提示。

⑮ 由 9 V 碱性电池供电。

⑯ LCD 尺寸为 56 mm×28.3 mm。

⑰ 产品颜色为深灰＋黄。

⑱ 产品净重为 205 g。

⑲ 产品尺寸为 150 mm×75 mm×46 mm。

3.4 超声波探伤零件的缺陷显示分析

3.4.1 缺陷位置的测定

1. 纵波检测的定位

如果按 1：n 调节仪器的纵波扫描速度（即示波屏上水平刻度 1 mm 表示实际声程 n mm），缺陷波沿所对应的水平刻度值为 τ_f 处出现，则缺陷至探头的距离 x_f 为：

$$x_f = n \cdot \tau_f \tag{3-10}$$

若探头波束轴线不偏离，则缺陷正位于探头中心轴线上。

例如，仪器按 1：2 调节纵波扫描速度，缺陷波沿所对应的水平刻度值为 70 mm，则缺陷至探头的距离 x_f 为：

$$x_f = n \cdot \tau_f = 2\times70 = 140 \text{ (mm)}$$

2. 横波检测的定位

横波斜探头探伤工件平面时，波束轴在探测面处发生折射，折射角随探头的 K 值（或入射角）而变化。工件中缺陷的位置由探头的折射角和声程来确定或由缺陷的水平和垂直的投影来确定。由于横波扫描速度可按声程、水平、深度来调节，因此缺陷的定位也不一样。例如，按声程调节扫描速度时，仪器按声程 1：n 调节横波扫描速度，缺陷波对应的水平刻度值为 τ_f，则：

① 一次波探伤时，如图 3-13（a）所示，缺陷至入射角的声程 $x_f = n \cdot \tau_f$，则缺陷在工件中的水平距离 l_f 和深度 d_f 为：

$$l_f = x_f \sin\beta = n \cdot \tau_f \sin\beta \tag{3-11}$$

$$d_f = x_f \cos\beta = n \cdot \tau_f \cos\beta \tag{3-12}$$

③ 二次波探伤时，如图 3-13（b）所示，缺陷至入射角的声程 $x_f = n \cdot \tau_f$，则缺陷在工件中的水平距离 l_f 和深度 d_f 为：

$$l_f = x_f \sin\beta = n \cdot \tau_f \sin\beta \tag{3-13}$$

$$d_f = 2T - x_f \cos\beta = 2T - n \cdot \tau_f \cos\beta \tag{3-14}$$

式中 T——工件厚度；

β——探头横波折射角。

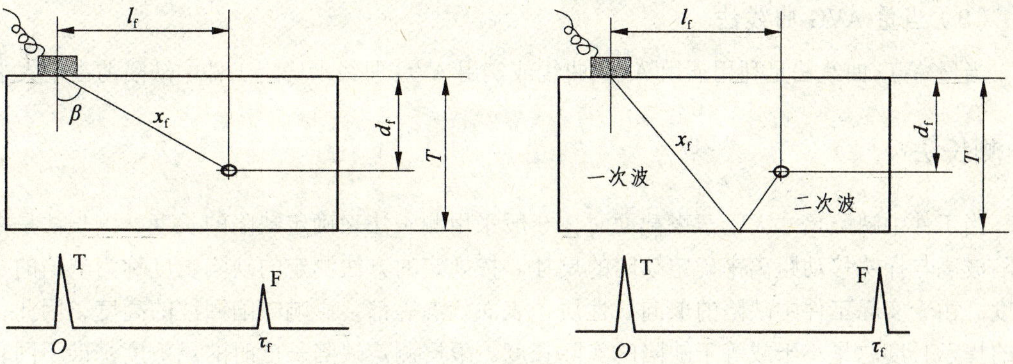

（a）一次波　　（b）二次波

图 3-13　横波探伤缺陷的定位

3. 表面波检测的定位

表面波探伤时，缺陷位置的确定方法基本同纵波，只是缺陷位于工件的表面，并正对探头中心轴线。例如，用表面波探伤一个工件，仪器按 1 : 1 调节表面波扫描速度，探伤中在示波屏水平刻度值 60 处出现一缺陷，则此缺陷至探头前沿距离 x_f 为：

$$x_f = n \cdot \tau_f = 1 \times 60 = 60 \quad (\text{mm})$$

3.4.2　缺陷大小的测定

在超声波探伤中，确定工件中缺陷的大小和数量，称为缺陷定量。而缺陷的大小则包括缺陷的面积和长度。目前，对缺陷定量的方法很多，但均有一定的局限性。常用的定量方法有当量法、测长法和底波法。

1. 当量法

当缺陷尺寸小于声束截面时，一般采用当量法来确定缺陷的大小。采用当量法确定的缺陷尺寸是缺陷的当量尺寸。缺陷的当量尺寸总是小于或等于实际缺陷的大小尺寸。常用的当量法有三种：当量试块比较法、当量计算法、当量 AVG 曲线法。

（1）当量试块比较法

当量试块比较法是将缺陷回波与试块上人工缺陷进行比较来对缺陷定量的方法。当量试块比较法目前应用不多，仅在全波测试源的距离小于三倍的近场区长度（即 $x<3N$= 的情况下或对特别重要零件的精确定量时才应用。

（2）当量计算法

当 $x \geqslant 3N$ 时，规则反射体的回波声压变化规律基本符合理论回波声压公式。当量计算法就是利用各种规则反射体的理论回波声压来计算确定当量尺寸的方法。利用当量计算法对缺陷进行定量不需要专门加工试块，是目前应用较广的一种定量方法。

（3）当量 AVG 曲线法

当量 AVG 曲线法是利用通用 AVG 曲线或实用 AVG 曲线来确定工件中缺陷的当量大小。

2. 测长法

当工件中缺陷尺寸大于声束截面时，一般采用测长法来确定缺陷的长度。测长法是根据缺陷波高与探头移动距离来确定缺陷的尺寸。按规定的方法测定的缺陷长度称为缺陷的指示长度。由于实际工件中缺陷的取向、性质、表面状态等都会影响缺陷回波的高度，因此，缺陷的指示长度总是小于或等于缺陷的实际长度。根据测定缺陷长度时的灵敏度基准不同，将测长法分为相对灵敏度测长法与绝对灵敏度测长法。

（1）相对灵敏度测长法

相对灵敏度测长法是以缺陷最高回波为相对基准，沿缺陷的长度方向移动探头，降低一定的 dB 值来测定缺陷的长度。降低的分贝值为：3 dB、6 dB、10 dB、12 dB 和 20 dB 等几种。常用的是 6 dB 法（半波高度法）和端点 6 dB 法（端点半波高度法）。

① 6 dB 法（半波高度法）。由于波高降低 6 dB 后恰好是原来的一半，因此，6 dB 法又称为半波高度法。半波高度法的具体做法是：移动探头找出缺陷的最大反射波（不能达到饱和时）后，调节衰减器，使缺陷波高降至基准波高，然后将仪器灵敏度提高 6 dB，沿缺陷方向左右移动探头，当缺陷波高降至基准波高时，探头中心线之间的距离就是缺陷的指示长度，如图 3-14 所示。半波高度法是一种较常用的缺陷探测方法。

② 端点 6 dB 法（端点半波高度法）。当缺陷各部分反射波有很大变化时，测定缺陷的长度可采用端点 6 dB 法。端点 6 dB 法的具体作法是：当发现缺陷后，沿缺陷方向左右移动探头，找出缺陷两端的最大反射波，分别以这两个缺陷的反射波高为基准，继续沿缺陷方向左右移动探头，当缺陷反射波高降低一半时，探头中心线之间的距离即为缺陷的端点指示长度，如图 3-15 所示。

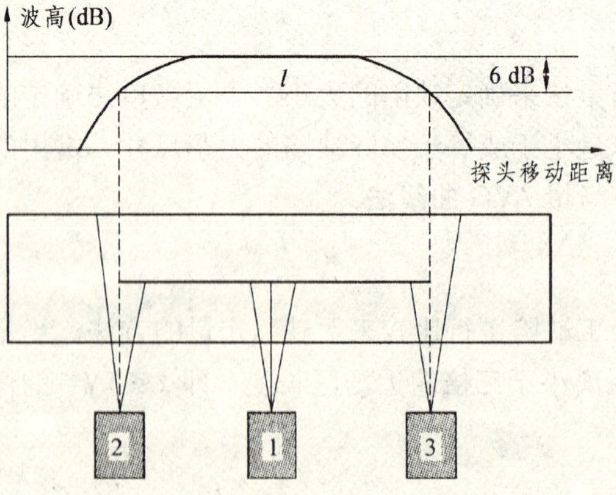

图 3-14 半波高度法

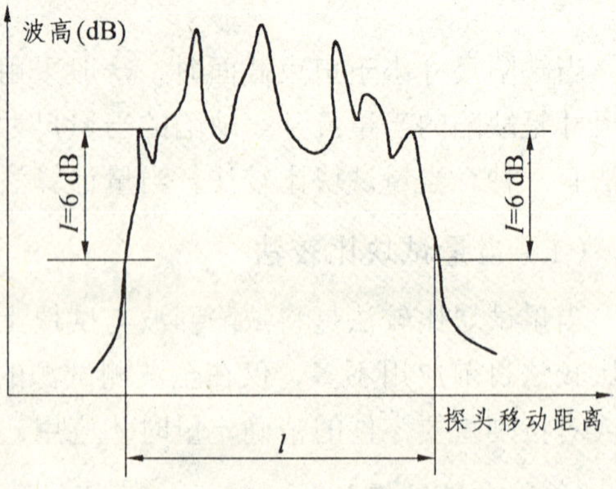

图 3-15 端点 6 dB 法

6 dB 法与端点 6 dB 法都属于相对灵敏度测长法，因此，它们是利用被测工件缺陷本身的最大反射波或以缺陷本身两端的最大反射波为基准来测定缺陷的长度。

（2）绝对灵敏度测长法

绝对灵敏度测长法是在仪器灵敏度一定的条件下，探头沿缺陷长度方向平行移动，当缺陷波高至规定位置时，探头移动的距离即为缺陷的指示长度，如图 3-16 所示。

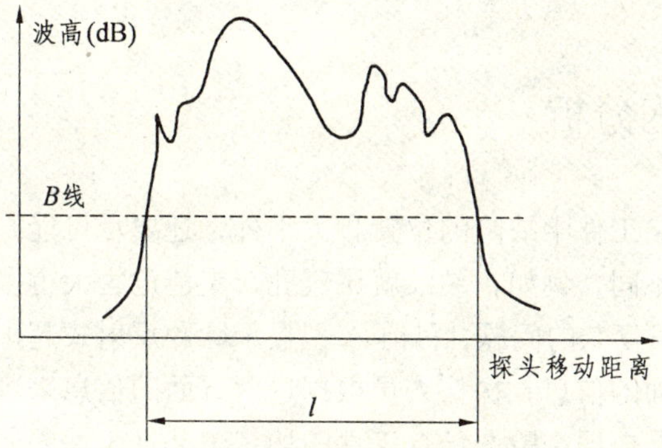

图 3-16　绝对灵敏度测长法

3. 底波高度法

底波高度法是利用缺陷波与底波之比来衡量缺陷的相对大小。当工件存在缺陷时，由于缺陷反射，使工件底波下降。缺陷越大，缺陷波越高，底波就越低，缺陷波高与底波高之比就越大。常用的底波高度法有 F/B 法和 F/B_G 法。

（1）F/B 法

F/B 法是在一定的灵敏度的条件下，以缺陷波高 F 与缺陷底波高 B 之比来衡量缺陷的相对大小的方法，如图 3-17（a）所示。

（2）F/B_G 法

F/B_G 法是在一定的灵敏度的条件下，以缺陷波高 F 与缺陷底波高 B_G（此高度为全屏的底波高）之比来衡量缺陷的相对大小的方法，如图 3-17（b）所示。

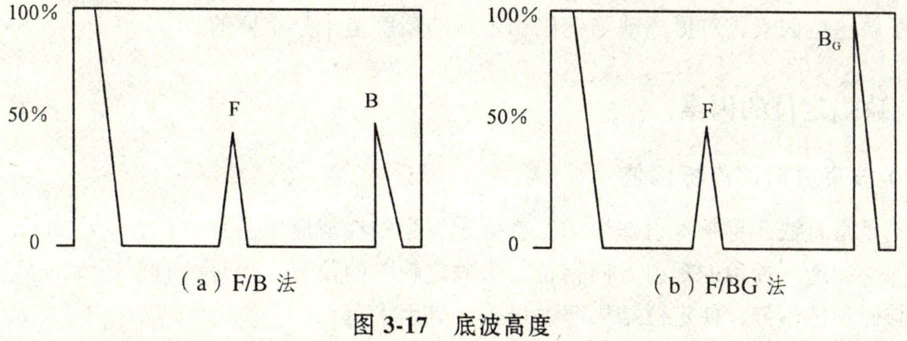

图 3-17　底波高度

底波高度法不用试块，可以直接利用底波调节灵敏度和缺陷的相对大小，操作方便；但不能给出缺陷的当量尺寸，同样大小的缺陷，距离不同，F/B 不同。距离小时，F/B 大；反之，距离大时，F/B 小。

因此，F/B 相同的缺陷，当量尺寸并不一定相同。底波高度法只适合于检测具有平行底面的工件，可测定缺陷的相对大小、密集程度、材质晶粒度和石磨化程度等。对于较小的缺陷，一次底波（B）往往饱和；对于密集缺陷，往往缺陷波不明显，这时，底波高度法就不适用了，但可以借助底波的次数来判断缺陷的相对大小和缺陷的密集程度，底波次数少，缺陷尺寸就大或密度大。

3.4.3 缺陷性质的分析

超声波探伤除了确定工件中缺陷的位置和大小外，还要尽可能判断出缺陷的性质。不同性质的缺陷，危害程度不同，例如，裂纹就比气孔、夹渣危害大得多。因此，缺陷定性十分重要。缺陷定性是一个很复杂的问题，目前 A 型显示脉冲反射式超声波探伤仪只能提供缺陷回波的时间和幅度两方面的信息，探伤人员根据这两方面的信息来判断缺陷的性质是有困难的。实际探伤中，常常是根据经验并结合工件的加工工艺（工件内所形成的各种缺陷与加工工艺有密切关系）、缺陷特征（缺陷的形状、大小和密度）、缺陷波形和底波情况来分析估计缺陷的性质。

① 根据缺陷波形来分析缺陷的性质。缺陷波形可分为静态波形与动态波形两大类。静态波形是指探头不动时缺陷波的高度、形状和密集程度。动态波形是指探头在探测面上移动的过程中，缺陷波的变化情况。

② 根据底波情况来分析缺陷的性质。工件内部存在缺陷时，超声波被缺陷反射，使射达底面的声能减少，底波高度降低，甚至消失。不同性质的缺陷，反射面不同，底波高度也不一样。因此，在某些情况下可以利用底波情况来分析估计缺陷的性质。

3.4.4 影响超声波探伤结果的因素

利用 A 型显示脉冲反射式超声波探伤仪来评价被检测试件中缺陷的深度和大小时，主要是根据荧光屏上的缺陷回波的位置和高度，而影响缺陷回波出现的位置和高度的因素是多方面的，了解这些因素，对提高缺陷定位和定量的精度是十分重要的。

1. 影响缺陷定位的因素

（1）波束方向偏离标称值

不论是垂直法还是斜入射法探伤，都假定波束轴线与压电晶片对称，中心重合，而且其方向与探头制造厂标称的辐射方向相符，来确定缺陷的位置。但是，有些因素的影响可使波束方向与标称值不符，使定位结果产生误差。其因素有：

① 探头的质量。

② 试件的状况，如表面粗糙度、形状、材质、制造内应力与试件边界条件等。

③ 工作温度。

④ 斜楔底面磨损程度。

（2）缺陷测距读数不准

缺陷定位的依据是通过仪器时基线测定缺陷的声程、水平距离或垂直距离。如果测距本身存在误差时，缺陷定位也存在误差。视差是测距读数不准的主要原因。读数时要求视线与缺陷波前沿垂直，以减少读数误差。

（3）仪器性能不良

仪器性能不良主要体现在以下方面：

① 仪器水平线性不佳。

② 时基刻度校准不当，使用形状或材质不适当的试块。

③ 零件未作调节或校准不精确，刻度未校正确。

（4）探头指向性与缺陷取向的影响

探头指向性与缺陷取向对缺陷定位有较大的影响。探头指向性好时，缺陷定位误差小；反之，缺陷定位误差大。例如，缺陷倾斜时，扩散波束入射至缺陷时回波高，而对缺陷定位时误认为缺陷在轴线上，从而导致缺陷定位不准。

（5）周向探测圆柱曲面时定位不当

横波斜探头轴向探测圆柱曲面时，缺陷定位与平板工件不同。如果仍按平板工件处理，那么定位误差将会增加，特别是当缺陷深度较大时，对缺陷定位误差会更大。

2. 影响缺陷定量的因素

（1）仪器与探头性能的影响

仪器与探头性能的优越对探头定量精度影响很大。仪器的垂直线性、衰减器精度、频率、探头类型、晶片尺寸、折射角大小等都直接影响缺陷回波高度。

（2）耦合与衰减的影响

耦合器的声阻抗和耦合层厚度对缺陷回波高度有较大的影响；实际工件还存在介质衰减。

（3）试件的几何形状和尺寸的影响

试件底面形状不同，回波高度就不一样。凸曲面使反射波发散，回波高度降低；凹曲面使反射波聚焦，回波高度升高。对于圆柱体而言，外圆径向探测实心圆柱体时，入射点处的回波声压理论上与平底试件相同，但实际上由于圆柱面耦合不及平面，因而其回波低于平底面。实际探伤中，应综合考虑试件的几何形状对缺陷定量的影响；否则会使缺陷的定量误差增加。试件底面与探测面的粗糙度、平行度以及干净程度都会对缺陷定量有较大的影响。

（4）缺陷的影响

缺陷的影响包括：缺陷形状的影响；缺陷方位的影响；缺陷波指向的影响；缺陷表面粗糙度的影响以及缺陷性质的影响。

3.5 超声波探伤在铁道车辆上的应用

本节简要介绍车辆轮对的超声波探伤工艺。

对轮对进行超声波探伤的目的，主要是为了发现轮座被轮毂包围部分的裂纹、轮座与车轮轮毂孔接触不良及车轴透声不良等故障，另外还为了检查不退轴承或轴承内圈时滚动轴承车轴轴颈卸荷槽部位有无裂纹。

3.5.1 对轮座的探测方式

① 对轮座镶入部用大角度斜探头从轴颈探测或从车轮内侧轴身上探测，如图 3-18 所示。这种方法采用横波探伤，易于发现小的缺陷，也易于确定缺陷的位置。

② 对轮座镶入部用小角度斜探头从轴端面探测。这种方法比较简单，而且轮对未从车辆上分解下来时也可探测；但这种方法是采用纵波探测，对于同频率的超声波，因纵波速度大于横波速度，且纵波波长也大于横波波长，因此纵波探测发现小缺陷的能力低于横波探测，而且小角度斜探头对缺陷的位置和大小判断不如大角度斜探头准确。《铁道车辆轮轴探伤工艺规程》中规定：对于滑动轴承轮对，探测轮座镶入部外侧时可使用小角度纵波探头；对于滚动轴承车轴，不退轴承或轴承内圈时应使用小角度纵波探头由轴端面检查轴颈卸荷槽。

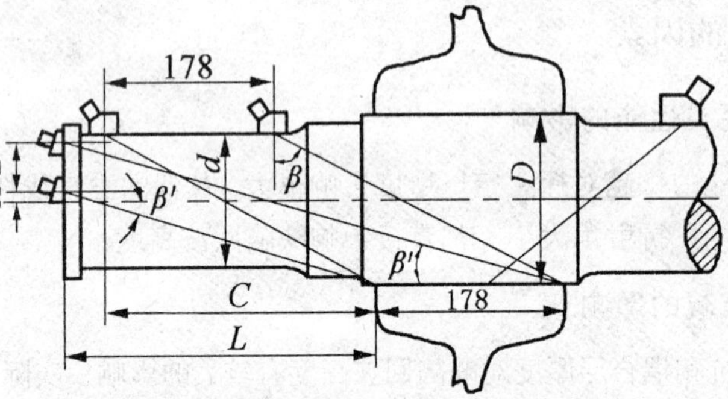

图 3-18 超声波探测轮座时探头的位置

③ 用直探头从轴端面对车轴进行穿透检查，以确定车轴是否透声良好。《铁道车辆轮轴探伤工艺规程》中规定：直探头晶片直径应为 20 mm。

3.5.2 超声波探伤轮对的主要过程

1. 校验仪器性能

每日开工前应检查探伤仪的技术状态：

① 接通电源打开仪器后，首先连接好探头和探头连接线。

② 调节仪器的水平旋钮和垂直旋钮，使时间基线与水平刻度线重合，始波前沿对准刻度 0。

③ 调节辉度旋钮，使荧光屏亮度适中。

④ 调节聚焦旋钮和辅助聚焦旋钮，使时间基线清晰。

⑤ 将仪器其他各部位的旋钮置于适当位置。

⑥ 使用标准试块标定测距，确定探伤灵敏度，并在半轴实物试块上进行当量对比检验。

2. 对轮对进行外观检查

外观检查轮对有无故障迹象，钢印是否符合超声波探伤条件。

3. 估计探头在车轴上放置的位置并涂耦合剂

① 采用小角度纵波探头时，探头置于轴端面，应在顶针孔与轴端外圈之间涂耦合剂。

② 采用大角度横波探头时，探头在轴颈或轮座内侧沿轴向移动。其计算方法如下：

以 40° 斜探头为例，超声波在车轴内的折射角 β 约为 50°，由下式计算出：

$$\sin\beta=\frac{\text{钢内横波速度}}{\text{有机玻璃内纵波速度}}\times\sin 40°=\frac{3\ 230}{2\ 700}\times 0.642\ 8=0.769$$

如图 3-18 所示，探头置于轴颈表面，轮座部分的缺陷位置在轮座表面，轴颈表面至相对侧轮座表面的垂直距离为 $d/2+D/2$。要探测轮座上靠轮毂外侧处的缺陷，探头与轮毂外侧面的水平距离 C 应为 $(d/2+D/2)\times\tan\beta$，设 $d=140$ mm，D=180 mm，则 C=192 mm；而要探测轮座上靠近轮毂内侧处的缺陷，探头与轮毂外侧面的水平距离应为 $C-178$（mm）。如果在轴颈上无法探测到轮座上靠近轮毂内侧面处的缺陷，应将探头置于车轮内侧的轴身上，探头位置也是参照上述方法估算。

按给出的移动范围在轴颈或轴身上涂耦合剂。耦合剂一般使用机油。

当用直探头和小角度斜探头置于轴端面进行检查时，滑动轴承轮对及退下轴承或轴承内圈的滚动轴承轮对使用机油等耦合剂，不退滚动轴承的轮对使用铁道车辆Ⅱ型滚动轴承脂作耦合剂。

4. 探伤操作

在轴端面用小角度探头或直探头探伤时，探头应沿轴端面半径方向往复运动，同时轮对缓慢转动。探头在轴端移动的轨迹按轴型分别参照图 3-19（a）、（b）、（c）所示的 3 种情况。

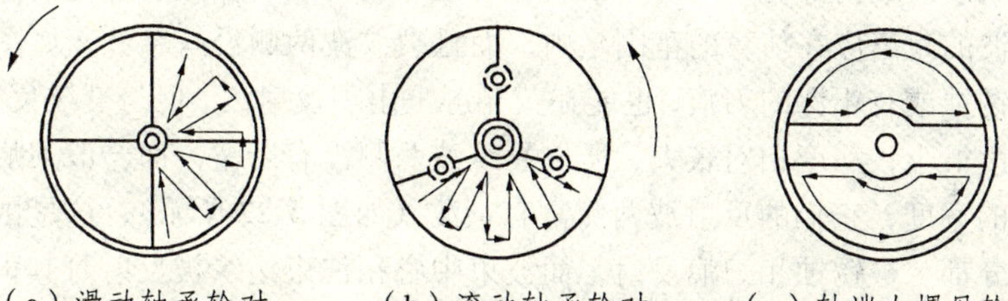

（a）滑动轴承轮对　　（b）滚动轴承轮对　　（c）轴端大螺母轮对

图 3-19　各型轮对探伤检查时探头在轴端移动的轨迹示意图

用大角度探头探伤时，探头应沿轴颈或轴身表面母线往复运动，同时轮对缓慢转动。探头移动的区域按轴型参照图 3-20（a）、（b）所示的两种情况。

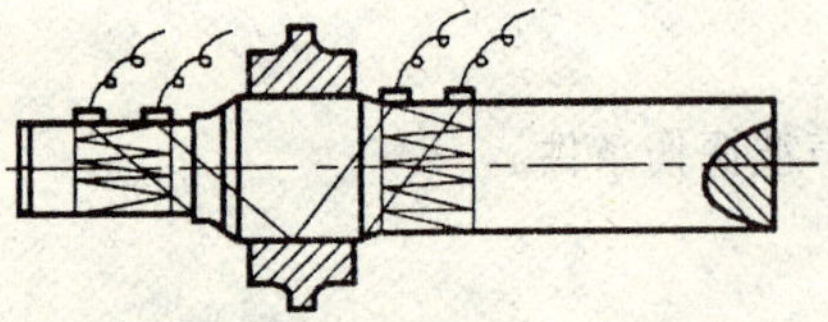

（a）滑动及退下轴承（或内圈）的滚动轴承轮对斜探头移动区域及轨迹

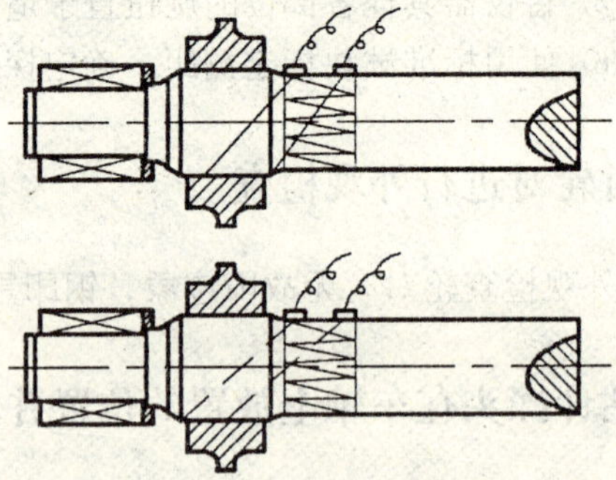

（b）不退轴承（或内圈）的滚动轴承轮对斜探头移动区域及轨迹

图 3-20 探伤检查时探头沿轴颈或轴身表面往复移动轨迹

对滑动轴承轮对及退下轴承或轴承内圈的滚动轴承轮对轮座镶入部用斜探头探伤时，轮座内侧在轴身上进行，轮座外侧在轴颈上进行。探头的移动区域必须保证在两侧探测的区域之和大于轮座全长，即必须保证探头主声束扫查轮座全长。

在探测时，探头应与车轴表面密贴，互相之间应有 1.96～4.9 N 的均匀压力，探头移动速度为 20～50 m/s。

探头移动时，应密切注意荧光屏上的图象，发现疑点时应反复探测，或改变探测方式和探头角度来判断故障。

5. 判断故障波形

（1）透声不良波形的判断

用直探头在轴端面检查，如发现底波高度达不到满幅的 30%，其面积占轴端探测面积（滑动轮对不含轴颈部分）1/16 以上时，可判为透声不良。

用斜探头检查，如在探伤过程中发现没有轮毂反射波出现，且始波后面有林状波及杂波出现（或提高灵敏度后有林状波及杂波出现），影响正常探伤时，则应判断该车轴局部有透声不良。

（2）裂纹波形的判断

轮座表面有裂纹或内部有缺陷时，在荧光屏上出现的反射波应在预定的探测深度之内，即裂纹波与始波的距离应在估算的范围之内，而且裂纹波两侧没有杂波，如图 3-21 所示。

轮座上有锈蚀或有粗深的刀痕，也能在荧光屏上出现反射波，但与裂纹反射波有所不同，裂纹的开口宽度很小，深度相对较大，所以裂纹波两侧没有杂波。而一般刀痕不只有一圈，锈蚀也有一定的宽度，它们的反射波两侧常有杂波（如图 3-22 所示），这是由于超声波波束中心和边缘部分都会被锈蚀和刀痕反射，而波束中心和波束边缘被反射时其声程略有差别，波束中心能量大，边缘能量小，因而锈蚀、刀痕反射波中间波幅较高，两侧有波幅较低的杂波。当把探头在轴颈上稍微前后移动时，裂纹波波幅会逐渐减小，位置也稍有移动（这是因

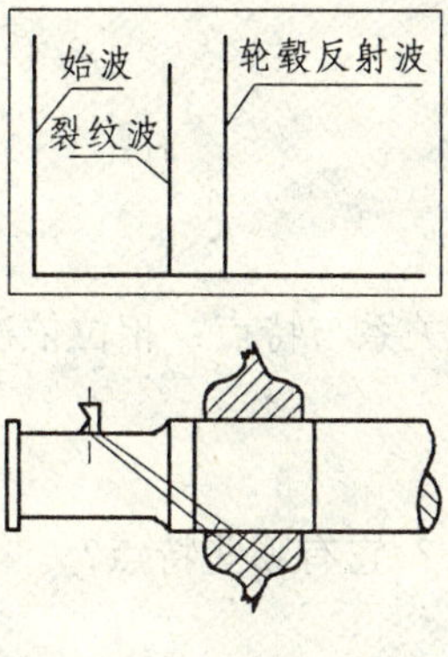

图 3-21　裂纹波形图

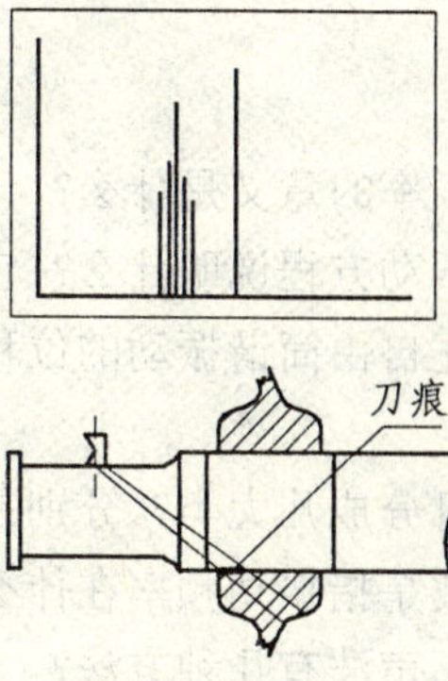

图 3-22　锈蚀、刀痕反射波示意图

为原来裂纹反射波束的中心部分移动后变为反射波束的边缘部分)，而锈蚀和刀痕反射波的波幅和位置的变化都较小（这是因为锈蚀和刀痕的宽度较大，探头移动时，波束的中心部分仍会被锈蚀和刀痕的其他部分反射)。

在车轴轮座镶入部进行横波探伤或小角度纵波探伤发现裂纹后，需要重新对探伤灵敏度进行确认，并用多种探测方式进行复查。只有在规定的探伤灵敏度的基础上，所发现的裂纹波高度达到或超过荧光屏满幅的 80%，才能判定该条轮对存在裂纹缺陷。

（3）接触不良波形的判断

用斜探头沿轴颈轴向移动时，荧光屏上应有轮毂反射波出现，如开始没有轮毂反射波，以后又出现反射波，说明车轮与车轴接触不良。接触不良一般出现在轮座的外端，这是因为轮座加工时造成的锥度口允许外端直径小；另外，还有车轴、车轮压装过程中轮座外端受的研磨作用较大的缘故。车轮与车轴接触不良长度的测量方法见图 3-23，探头在轴颈上由轴端向内移动，当出现轮毂反射波时，测量探头至轮毂外端面的距离为 S'，车轮与车轴接触不良长度 S 由下式得出：

$$S=\frac{D+d}{2}\cdot\tan\beta-S'$$

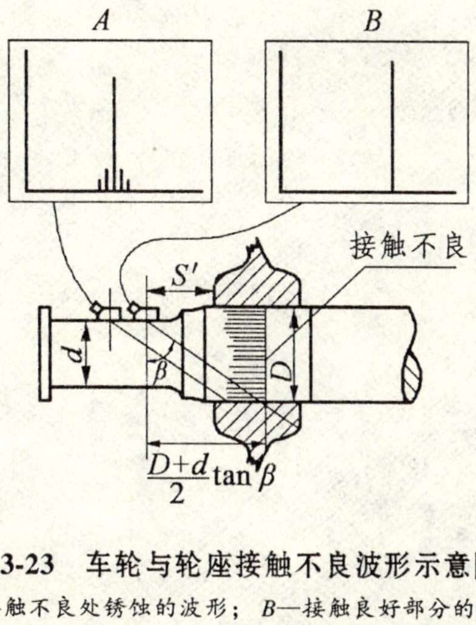

图 3-23　车轮与轮座接触不良波形示意图

A—接触不良处锈蚀的波形；B—接触良好部分的波形

思 考 题

1. 振动频率的意义是什么?

2. 简谐振动方程说明什么？它在描述什么规律?

3. 请表述自由简谐振动的位移、速度和加速度之间的关系与特点？相位依次相差多少?画图说明。

4. 波动可分成几大类？分别是什么?

5. 超声波是指振动频率在什么范围的声波（机械波）？它有哪些特点?

6. 产生超声波有几种方法?

7. 超声波的波形有哪几种?

8. 超声场的特征参数有哪些?

9. 常用的超声波探伤方法有哪些?

10. 目前，超声波探伤中广泛使用的超声波探伤仪有哪几种?

11. 超声波探伤仪是由哪些部件与电路组成的。

第二部分

地面安全监测系统

第 4 章　5T 系统概述

5T 系统是我国铁路车辆部门为适应我国铁路跨越式发展的需求、提升我国铁路技术装备现代化水平而建立的一整套车辆安全防范系统，即地对车车辆运行安全监控体系。5T 系统是我国铁路六大干线提速安全标准线建设的“十全”重点之一。5T 系统采用智能化、网络化、信息化技术，实现地面设备对客、货车辆运行安全状态的动态检测、数据集中、联网运行、远程监控、信息共享，提高了铁路的运输安全防范能力。

5T 系统主要由五大系统组成，它们是：

THDS——红外线轴温探测系统（Trace Hotbox Detection System）。

TPDS——货车运行状态地面安全监测系统（Trace Performance Detection System）。

TADS——货车滚动轴承早期故障轨边声学诊断系统（Trackside Acoustic Detection System）。

TFDS——货车运行故障动态图像检测系统（Trouble of moving Freightcar Detection System）。

TCDS——客车运行状态安全监测系统（Train Coach Running Safety Diagnosis System）。

其中，货车的 4T 就好比老中医的“望、闻、问、切”，这里对应的是“望、闻、温（问）、切”，即：

望——看（货车主要部件的）图像（TFDS，货车运行故障动态图像检测系统）。

闻——听（货车轴承的）声音（TADS，货车滚动轴承早期故障轨边声学诊断系统）。

温——测（货车轴承的）温度（THDS，红外线轴温探测系统）。

切——按（货车运行状态的）脉搏（TPDS，货车运行状态地面安全监测系统）。

客车运行状态安全监测系统 TCDS 则是全面监测客车的运行状态。

4.1　THDS（红外线轴温探测系统）

THDS（见图 4-1）利用轨边红外线探头，对通过车辆的每个轴承温度实时检测，并将检测信息实时上传到路局车辆安全监测中心，进行实时报警。通过配套故障智能跟踪装置，实现车次、车号跟踪和热轴货车车号的精确预报，重点探测车辆轴承温度，对热轴车辆进行跟踪报警，重点防范热切轴事故。THDS 实现了联网运行，对每个探测站的过往车辆和轴温探测信息直观显示，实现跟踪报警。

轴承作为货车走行部的关键部件，轴承的状态直接影响行车安全。为了预防轴承故障引发的事故，从 20 世纪 80 年代起，我国铁路开始运用红外线技术探测列车轴温，防止机车车

图 4-1 THDS 的应用

辆发生热轴事故。哈尔滨铁路局哈尔滨科研所、北京康拓公司、广汉科峰公司先后投入大量的人力、物力、财力进行红外线轴温探测系统的研究。经过 20 多年的发展，红外线轴温探测系统先后经历了一代机、一代半机、二代机时代，直到近年来为适应我国铁路的提速要求而安装了提速探头设备，红外线轴温探测系统也从单独的探测站设备发展到全路三级联网，形成了网络监控能力。

红外线轴温探测系统在防止车辆发生燃切轴事故方面发挥了十分重要的作用。1991 年至 1995 年的 5 年中，我国全路共发生热切轴事故 42 件（其中重大事故 8 件）。1996 年至 2000 年的 5 年中，仅发生此类事故 25 件（其中重大事故 4 件），下降 40.5%。在安装有红外线轴温探测设备的线路上，因车辆燃切轴造成的事故呈明显下降趋势，这与红外线轴温探测系统的推广使用密不可分。

虽然一直以来我国铁路红外线轴温探测技术（主要是温度探测元件）进步很快，适应了我国铁路提速的需要。然而，影响热轴预报准确率和兑现率的技术难题——热轴定位和热轴跟踪——过去一直没有实现质的突破，影响了该系统整体性能的提高。我国铁道部于近两年大力推进车号工程建设，解决了红外线轴温探测系统的热轴跟踪和热轴定位难题，通过为红外线轴温探测设备配套车号智能跟踪装置，增加车号/车次识别功能，可以实时取得车辆电子标签内的车号数据信息，这些信息为红外线轴温探测设备解决热轴定位、热轴跟踪、车辆识别提供了全新的手段，最终大大提高了热轴预报准确率，确保了铁路车辆行车安全。2005 年，我国铁路六大干线共完成红外线轴温探测系统配套车号智能跟踪装置 1004 套。

4.2 TPDS（货车运行状态地面安全监测系统）

TPDS 利用安装在铁路正线直线段上的轨道测试平台，对货车车辆的安全指标进行动态检测，重点检测货车运行安全指标脱轨系数、轮重减载率等动力学参数，并检测车轮踏面擦伤、剥离以及货物超载、偏载等危及行车安全的情况；重点防范货车脱轨事故，防范车轮踏面擦伤、剥离以及货物超载、偏载等安全隐患，加大了货车运行安全监控力度，实现了货车运行安全质量互控以及对货车运行状态的分级评判。

多年以来，利用道旁的监测设备对铁道车辆等移动设备的运行安全进行监控，是现代化行车安全管理的一个重要措施，因此，国内外铁路管理部门都投入了大量人力和物力进行相关设备的研究。面对我国铁路提速范围越来越广、列车速度越来越高、列车重载越来越多、客货混跑及列车密度高居世界第一的现状和铁路跨越式发展的更高要求，特别是针对我国铁路干线提速后空载货车直线脱轨事故频繁发生的现象，铁道科学研究院历经近 10 年的探索与试验，研制出新一代多功能全自动的实时车辆运行状态地面安全监测装置——TPDS。它通过对走行车辆在轨道上产生的轮轨力或轮对运动状态的测量，可对车辆和转向架的运动稳定性进行有效监测，从而识别运行状态不良的车辆，进而进行相应的车辆检修，保障行车安全。TPDS 装置的投入使用，为货车脱轨事故的防范和预警起到重要作用，具有十分重要的意义。

我国铁道部于 1999 年在沪宁线的安亭和镇江分别安装了 2 套 TPDS 设备，以进行全面的试验考核和验证。2003 年，根据我国铁道部的推广计划，在京沪线部署安装了 8 套 TPDS（其中上海铁路局 3 套，济南铁路局 4 套，北京铁路局 1 套），并进行了联网建设和联网业务应用系统的开发实施，建成了京沪线货车运行状态地面安全监测信息传输网络，建设了 6 个原铁路局监测中心、3 个铁路局监控中心和 1 个铁道部查询中心，安装了 16 个相关列检复示终端和 12 个各级安全监控中心复示监控终端，实施了近 50 个节点的联网，实现了京沪沿线货车运行状态地面安全监测信息的自动收集和集中管理，提供了京沪线货车运行状态的实时监控、综合查询和不良车辆的跟踪等信息服务。2003 年 10 月，联网业务应用系统投入运用后，TPDS 在货车安全监测的系统化、网络化和信息化方面取得了较好的成绩。通过京沪线 TPDS 的应用，各级车辆管理部门运用 TPDS 的监测信息，可以加大对货车运行安全的监控力度，有效地防范货车脱轨事故，防范货车车辆发生踏面擦伤、剥离以及货车超载、偏载等行车安全隐患，实现了货车运行安全质量互控。

截止到 2005 年，我国铁路六大干线共安装完成 TPDS 设备 34 套，加上京沪线已安装的 8 套、大秦线的 2 套、青藏线的 3 套，目前我国全路共安装 47 套 TPDS。

4.3　TADS（货车滚动轴承早期故障轨边声学诊断系统）

TADS（见图 4-2）采用声学技术及计算机技术，利用轨边噪声采集阵列，实时采集运行货车的滚动轴承的噪声，通过数据分析，及早发现轴承的早期故障；重点检测货车滚动轴承内外圈滚道、滚子等故障，使安全防范关口前移，在发生热轴故障之前对轴承故障进行早期预报；与红外线轴温探测系统互补，进一步防止切轴事故发生，以确保行车安全。

随着我国铁路列车运行速度的提高和站停时间的缩短，列车提速的安全要求与车辆运行安全监测水平之间存在着较大的差距，列车提速后，有关部件的故障率有增大的趋势，而其中的轴承故障是列车运行中的主要故障之一。为了预防由轴承故障引发的事故，我国铁路从

图 4-2 TADS 的应用

20 世纪 80 年代起，逐步在各大干线上安装了大量的红外线轴温探测系统，并已形成了全路探测网络。应用红外线技术探测车辆轴温，对发现热轴故障、防止燃轴和热切事故、减轻列检工人的劳动强度、提高铁路运输效率发挥了重要作用。目前，我国铁路运营里程为 7 万多公里，货车近 60 万辆，干线运行的几乎都是滚动轴承车辆。滚动轴承车辆从出现故障到轴承发热有一个过程，但从轴承发热到发生热切轴故障却非常快。红外线轴温探测系统采用的是红外线辐射原理，只有轴承发热才能探测到，所以，对滚动轴承来说，红外线温度检测显得有些滞后，防范关口偏弱，安全性不能得到充分保障。

随着信号分析技术和计算机技术的进步，20 世纪 60 年代以来，机械故障诊断技术得到了迅速的发展。目前，滚动轴承早期故障的诊断主要采用振动或声学的方法。前苏联全苏铁科院、美国 TTCI 公司、中国铁科院及中航 608 所等分别开发了面向检修基地应用的轮对轴承诊断系统，由试验台和诊断仪器等组成，安装在机务段或车辆段的轮轴检修流水线上，该轮对轴承诊断系统通过对轴承振动信号的测量和分析，来判别轴承的状态，以发现早期故障，为检修提供决策依据，并决定轴承是否需要进行分解检修，从而保障列车行车安全。这些轮对轴承诊断装置目前仍在使用，但对于我国货车的运营管理体系来说，货车一年只能入段检测一次，而在长达一年左右的运营周期中，货车轴承的状态还是要依靠红外线探测及列检中的人工检查，早期故障仍然难以及时发现和处理。

声学诊断方法具有早期发现故障、非接触测量等优点，特别适合于通过车辆的在线监测和诊断，因此很快受到铁路部门的重视；但由于其技术复杂，开发周期和成本大，迄今只有美国的 TTCI 公司和澳大利亚的 VIPAC 公司在铁路轴承声学诊断领域里进行了商业性开发并形成了产品。

2004 年，我国铁道部分别在大秦线下庄站（安装的是美国 TTCI 公司的 TADS）、卢龙北（安装的是澳大利亚 VIPAC 公司的 TADS）安装了 2 套 TADS 试用。从 2004 年 2 月 16 日到 2004 年 4 月 2 日，这些 TADS 共预报了 5 次以上的轴承故障，共计发现了 100 个故障轴承，其中有 6 辆车入段检修。通过对预报故障的 6 套轴承分解处理，确认与预报结果完全吻合，这 6 套轴承均出现了严重的滚道剥离，发现轴承故障的兑现率较高。运行结果表明，TADS 对发现货车滚动轴承早期故障、消除安全隐患、保证列车运行安全，确实起到了很好的作用。

截止到 2005 年，我国铁路六大干线共安装完成货车滚动轴承早期故障轨边声学诊断系统 26 套。

4.4　TFDS（货车运行故障动态图像检测系统）

TFDS（见图 4-3）是辅助列检作业的在线图像检测系统。利用轨边高速摄像头，对运行货车进行动态检测，及时发现货车运行故障，重点检测货车走行部、制动梁、悬吊件、枕簧、大部件、钩缓等安全关键部位，重点防范制动梁脱落事故，防范摇枕、侧架、钩缓大部件裂损、折断，防范枕簧丢失和窜出等危及行车安全的隐患。

图 4-3　TFDS 的应用

长期以来，我国铁路货车的运用维修手段陈旧，技术落后，列检作业基本靠检车员“手摸、锤敲、眼看、耳听、鼻闻”的人工检车作业方式，列检作业的质量受到检车员的业务素质、责任心、心理状态、外部环境等因素的影响，不仅效率低，而且无法保证作业质量，容易为行车安全带来隐患。随着我国国民经济持续快速的发展和铁路运输的深化改革，我国铁路向高速、重载、大密度、大编组、长交路跨越式发展，势必造成列检所日常检修任务的增加、列检工人劳动强度的加重，例如：

① 隐蔽故障明显增多。以货车心盘螺栓为例，提速后货车心盘螺栓松动、折断的问题车约占运用车的 20%，这个位置隐蔽性强，需要列检作业人员钻入车底进行仰面检查，其作业质量主要取决于列检作业人员的责任心和技术水平，这种传统的以人为主的作业方式，已经不能适应当前我国铁路大提速形势的需要，容易出现漏检，造成行车隐患。

② 列检作业时间相对密集。我国铁路新的运行图实施后，由于直达特快和朝发夕至列车的大量开行，客、货列车的运行向密集化方向发展，各主要枢纽编组站货物列车密集始发、密集到达的新形势，给列检作业带来了新的问题。时间集中、作业集中，如果不采取先进、高效的检测技术，作业质量将难以保证，对行车安全造成严重威胁。

③ 传统列检作业方式质量控制难度大。传统列检作业是在露天环境下进行的，车辆检修质量直接受自然环境因素（如白天与夜间、晴天与雨雪天、高温与低温天气等）的影响，同时也受检车员身体状况、心理因素、精神状态、业务水平、责任心等主客观因素的影响，完全处于“人控”状态，因此易出现漏检漏修情况，使列车检修质量在很大程度上处于不可控状态。

④ 货车新技术、新结构的采用使得检车员检车难度增大。货车车辆技术的飞速发展，新技术、新工艺的不断采用，例如，P65 型行包快运车、XLK 型集装箱快运车、转 8G 转向架、转 K2 转向架、转 K4 转向架等一些新车型、新技术的投入使用，有些故障单靠人工检查难以达到要求，例如交叉杆、转 K4 转向架的弹簧托板等，因距轨面距离短，检车员无法检查到位，易留下故障隐患。

⑤ 我国铁路跨越式发展对生产力布局调整有了新的要求。随着我国铁路跨越式发展的推进，对货车列检所布局和列检所作业方式的调整都提出了全新的要求，货车列检所必须适应大运输格局的需求，必须满足高速、重载和货物列车长交路的运输组织新秩序，新的运输生产秩序带来列检所保证区段的不断延长，列检所安全责任更重，要求更高，要确保列车运输安全，就必须实现列检作业方式革命性的变革，实现由人检向机检、人机结合的方式转变。

⑥ 传统列检方式使得故障责任难以明确。传统的列检作业方式，其作业质量难以得到充分保证，而且当列车行使到下一个列检所前发生故障时，是中途发生车辆配件故障还是本列检所漏检漏修导致的故障难以明确，当追究责任时，无法追溯原始作业情况，造成不能有效、准确地定责，难以追究责任方的责任。

⑦ 传统列检作业方式投入的人力较大。按照“运装货车[2004]92 号”文件的要求，到达、始发的直通货物列车的列检作业人员按每人单侧检查不超过 10 辆标准配置，以郑州局武昌南车辆段武南一场列检所为例，按每组 10 人配置，4 个检车工班 8 个作业组，需配置现场检车员 80 人，投入的人力较大。

虽然传统列检作业方式在我国过去的计划经济中发挥了重要作用，但随着我国铁路跨越式发展战略的实施，它越来越难适应新形势发展的需要，在一定程度上制约着铁路的发展，因此，有必要对列检所进行变革，使其采用先进的科技装备和检测手段。

进入 21 世纪以来，武汉铁路局武昌南车辆段（武汉华目公司）、哈尔滨铁路局哈尔滨科研所、北京天威公司等国内厂家经过潜心研究，针对列检作业检查出现的时间紧、任务重、职工劳动强度大等情况，开发研制出一种辅助列检所作业的在线图像监测系统，它以高速连续数字照相技术、大容量图像数据实时处理技术和精确定位技术为核心，充分利用智能化、网络化和信息化技术，能够对通过的车辆自动抓拍走行部、制动梁、悬吊件、枕簧、大部件、钩缓等部位的全部图像，并经过数字化处理，传送到室内信息终端计算机，通过人机结合的方式进行故障判别，并及时通知室外检车人员进行处理，可实现对车辆底架、转向架、车钩等关键部位的自动检测和监控，可代替检车人员对部分车辆部件的检查，减轻了检车员的劳动强度，可防范制动梁脱落事故，防范摇枕、侧架、钩缓大部件裂损、折断，防范枕簧丢失和窜出等危及行车安全的隐患。

2001 年，货车运行故障动态图像检测系统（TFDS）首次在郑州铁路局武昌南车辆段武南到达列检所安装试用。2004 年，我国铁道部在大秦线茶坞上行、下行到达列检所安装了 2

套试用。通过近 3 年的实际运用，TPDS 发现了大量典型的故障，有效地保证了货车运行安全，实现了列检作业从人控向机控、由室外向室内、由静态检测向动态检测的重大变革，降低了列检作业强度，提高了列检作业效率。

截止到 2005 年，我国铁路六大干线共安装完成货车运行故障动态图像检测系统 46 套。

4.5　TCDS（客车运行状态安全监测系统）

车载 TCDS 系统针对客车运行关键部件进行实时监测和诊断，通过无线、有线网络，将监控信息向地面传输、汇总，形成实时的客车安全监控运行图，使各级车辆管理部门及时掌控客车运行及安全情况，重点检测时速 160 km/h 及以上客车的轴温、制动系统、转向架安全指标、火灾报警、客车供电、电器及空调系统运行安全状况，防范客车热轴事故和火灾事故，防范走行部、制动部、供电、电器及空调出现故障。

从 2007 年 4 月 18 日零时起，我国铁路实施了第六次大面积提速，几大干线的部分地段线路设计时速已达 200 km/h，提速网络总里程达到 16 500 km；同时，我国还首次开行“D”字头的几十对动车组、开行“Z”字头的几十对“点对点”直达特快旅客列车。列车提速，对铁路通信与运输安全提出了更高的要求。随着我国旅客列车提速的范围越来越大，运行速度越来越高，途中停靠站越来越少，确保旅客列车运行安全的任务变得十分艰巨。在运行中及时发现和防止故障的发生和扩大，并采用相应信息化的检修作业，成为目前保证旅客列车运行安全的重要问题。

车辆运行中，基础制动系统的作用是否良好，车辆转向架性能是否恶化，车辆供电系统是否处于安全状态，防滑器工作状态是否正常，运行中有无车轮擦伤，空气弹簧工作状态如何，轴承温度是否超限报警，配电室等重点防火部位有无火灾险情等，这些涉及列车运行的安全问题都必须在运行状态下及时发现并采取相应对策,才能使旅客列车运行安全得到保证。因此，需要采用新技术、新装备，来提高客车车辆的智能化、网络化、信息化水平。利用设备联网通信功能，实现车对地的数据传输和地对车的实时监测，促进客车标准化、系列化、模块化、信息化的发展。

车载客车运行状态安全监测系统（TCDS）对客车热轴事故、火灾事故，供电、车门、车下电源、空调故障、基础制动系统故障和车下走行部故障等危及旅客列车运行安全的主要因素进行实时监测诊断、记录和存储，集中显示和报警，便于车上检车人员及时发现和排除故障；客车在运行中，车载监测诊断系统通过无线通信装置与地面数据管理与专家系统双向通信并和局域网联网，实现地面人员对车载设备的远程监控；自动实现车载过程数据下载，地面数据库专家系统自动将数据入库存储，并进行数据统计，分析车辆各系统性能，定位故障，指导维修，消除安全隐患，从而实现客车运用状态的信息化监控和运用状态的动态检修与管理，逐步实现车辆技术的整体优化与发展，提高铁路运输安全与管理水平。

2005 年，我国铁路部门率先在北京铁路局北京西段、上海局合肥段、西安局西安段安装 TCDS 进行试点。通过近一年的试点运行，客车配属段可以随时掌握客车的运行轨迹，及时发现客车运行中的实时故障，通过地面专家系统对客车运行过程中的数据分析，有效地指导故障维修，对保证客车运行安全确实起到了安全监控、保驾护航的作用。

截止到2005年，我国铁路六大干线共安装完成客车运行安全监控系统 636 组。目前我国铁路 TCDS 的建设情况见表 4-1。

表 4-1 我国铁路 TCDS 的建设情况

路局 \ TCDS（套）\ 安装位置	客车段	客技站	客列检	25T 车	25K/G
哈尔滨	1	1	1	3	22
沈阳	3	5	4	7	79
北京	4	4	4	13	90
济南	2	2	2	0	36
上海	4	7	7	9	108
南昌	1	2	2	0	34
郑州	1	3	3	0	48
武汉	1	3	3	9	37
西安	1	1	2	3	31
广州	2	4	5	3	41
兰州	1	1	3	0	25
乌鲁木齐	1	1	2	0	38

4.6 5T 系统的网络信息系统建设

4.6.1 5T 系统的网络信息系统建设的必要性

5T 系统中，THDS、TPDS、TADS 检测设备均安装在铁路正线上，TFDS 检测设备安装在列检所附近，TCDS 检测设备安装在提速客车上。只有通过联网，才能把车辆运行中出现的故障信息实时传递给列检所等基层的现场作业人员和调度指挥人员，以便快速反应，及时维修处理。同时，单点的检测信息难以对车辆的状态做最终的判断，分散、孤立的安全监测设备需要网络的支持才能充分发挥其作用，才能实现多点信息的综合判断与利用，减少误判或漏判，才能对路网上车辆的运行状态进行全面的实时监控与全程跟踪。此外，5T 系统监测数据还需要逐级上传给铁路局和铁道部，实现远程集中监控，加强安全管理，这对 THDS、TPDS、TADS 来讲尤为重要。

因此，在安装车辆运行安全检测技术装备的同时，必须同步建设覆盖全路的货车运行安全监控网络，实现计算机技术、网络技术、通信技术、传感器技术、控制技术、数据处理技术以及专家系统、数据挖掘等高科技的集成，充分发挥信息网络的作用，实现地面安全检测设备对移动设备的动态检测、数据集中、联网运行、远程监控、信息共享，集监测控制、安全管理、维修支持、决策分析为一体，着力构筑防范措施直接有效、设备布局点线成网、数据共享上下交互、监控跟踪覆盖全程的全路车辆运行安全防范与预警系统，形成系统化、网络化、信息化程度较高的车辆运行安全保障体系，最终促进车辆运行安全防范手段由传统向现代跨进，由人控向机控，由粗放管理向集约管理跨越。

通过联网和开发管理信息系统，将最大限度地提高安全监控和列检作业的质量和效率，及时消除故障隐患，保证车辆的行车安全；能够全面提升车辆运行安全监测数据的综合利用价值，为车辆状态修提供信息支持，使各级部门共享信息成为可能。通过使用系统提供的电子化安全监控信息服务平台，各级管理人员能够及时获得车辆运行状态的动态监测信息，加强对车辆运行状态的监控和管理，跟踪不良车辆处理的全过程，提高对安全问题的响应速度，增强处理事故隐患的能力，能够更有效地行使安全监督管理职能。我国铁路已经推广的车辆红外线轴温探测全路联网系统和京沪线货车运行状态地面安全监测网络信息系统，都是这方面成功的案例，显示出建设网络信息系统对车辆运行安全防范与预警的重要作用。

4.6.2　5T 网络信息系统的基本数据传输与处理流程

5T 系统的各子系统的安全技术装备的检测对象和内容不同，各子系统的作用及工作流程也不同，但就其网络信息系统的总体数据传输和处理流程来讲，有其共同之处，见图 4-4。

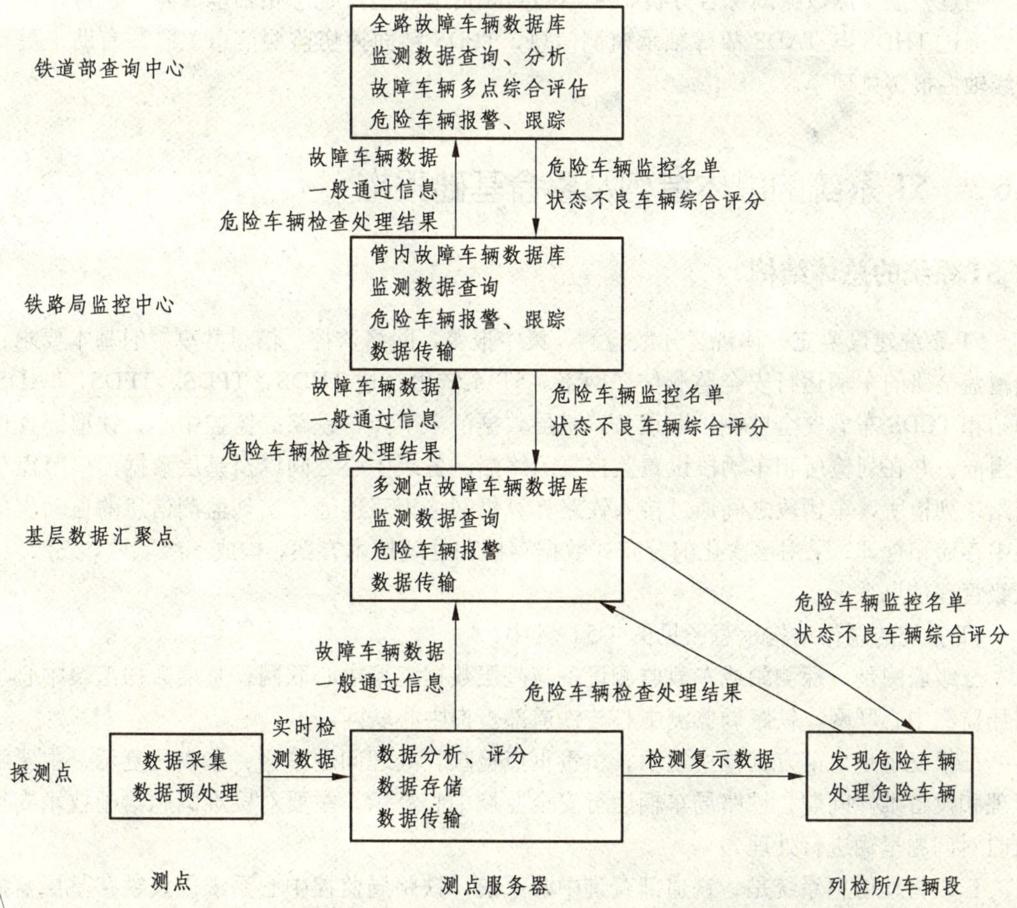

图 4-4　地对车安全监测网络信息数据的传输处理流程

一般情况下，各探测站包括测点设备和测点服务器两部分。地面安全监测数据由测点设备采集后传给测点服务器处理，对于检测设备安装在列检所附近的 TFDS，测点服务器直接将分析评判结果提供给列检所复示；对于检测设备安装在正线的 THDS、TPDS、TADS，通过基层数据汇聚节点给前方列检所提供复示信息。列检所依据复示终端显示的预警信息，对故障车辆进行重点检查和处理。对于发现的故障车辆数据将传输至基层数据汇聚节点以逐级上报；同时，也将一般通过信息，即每列车的车次、测点、通过时间、车号、车种车型、速度、天气等数据传输至基层数据汇聚节点。

各级中心接收下级系统上报的货车运行安全监测数据，建立管辖范围内的多测点货车监测数据库，对管辖范围内货车进行实时监控和多测点综合评判、危险车辆自动报警，对检测到的危险车辆和各类故障车辆进行跟踪监控，提供监测信息查询和统计分析功能；同时将危险车辆监控名单和状态不良车辆的综合评判值等信息逐级下达给下级中心，直至车辆段和列检所等有关部门具体执行。

5T 系统的每个子系统均需依靠信息网络和各级监控管理中心来实现对故障车辆的掌握，了解故障车辆在路网上的轨迹，监督故障车辆的处理，其中 THDS、TPDS、TADS 三个系统对信息网络的依赖性较大，尤其是 TPDS、TADS 更需要在故障车辆数据库和分析模型的支持下，通过多点监测数据的综合分析，来准确判断货车的运行状态和轴承故障，进行预警。例如，通过 THDS 与 TADS 故障轴承监测信息、TPDS 踏面擦伤监测信息关联，有助于提高红外线轴温报警兑现率。

4.6.3 5T 系统的总体结构及整合基础架构

1. 5T 系统的总体结构

5T 系统建设要充分体现“分散检测、集中报警、网络监控、信息共享”的基本要求，建成覆盖全路的车辆运行安全监测信息网络。5T 系统由轨边 THDS、TPDS、TFDS、TADS 探测站和 TCDS 车载安全监测诊断设备、基层数据汇聚节点、铁路局监控中心、铁道部查询中心组成，并在列检所和车辆段设置监控复示终端。各级中心之间以及基层数据汇聚节点与探测站、列检所、车辆段之间通过接入铁路计算机网络相互连通，实现监测信息的自动收集、集中存储和管理，采用层次化的分布式数据存储和处理技术方案，构成三级联网、三级复示、三级管理信息系统。

5T 系统的总体结构示意图见图 4-5。其中：

三级联网是：探测站或车载监测设备与基层数据汇聚中心联网，基层数据汇聚中心与铁路局监测中心联网、铁路局监测中心与铁道部查询中心联网。

三级复示是：前方列检所复示，负责重点检查，处理问题车辆；车辆段复示，主要解决管理和设备维修问题；铁路局车辆运行安全监控中心复示，主要对疑难问题给予技术支持，及时对问题车辆进行处理。

三级管理信息系统是：铁道部查询中心系统、铁路局监控中心系统以及铁路基层监控系统，各层系统建立不同粒度的监测信息集成存储数据库，实现与其他相关信息系统的数据交换和共享，提供面向不同用户需求的应用功能。

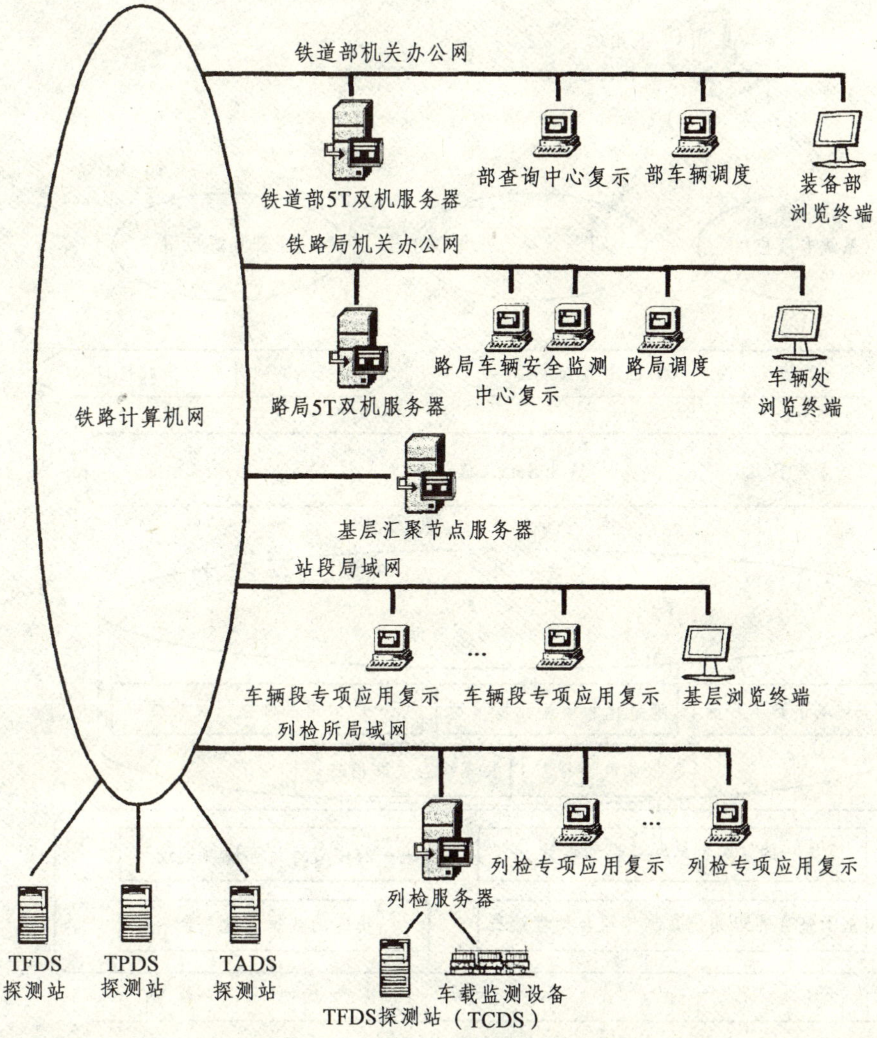

图 4-5　5T 系统的总体结构示意图

2. 5T 系统整合的基础架构

针对 5T 系统的应用现状和整合目标，提出一个支持 5T 系统全面整合的基础架构，整体上大体划分为 5 层，见图 4-6。

最底层为设备层，设备层的整合主要有三个方面的内容：一是制定测点设备的统一部署规划，二是统一 5T 系统监测设备的制式，三是制定联网的数据接口标准。设备接口适配器按数据接口要求完成监测数据的抽取和打包，并将接口数据文件放入接口目录，或是调用传输平台 API 向传输队列输出监测数据消息报文。

信息基础设施层的整合建立在对 5T 系统的数据传输与处理流程整合的基础上，实现了监测信息网络的整合、监测中心运行环境的整合和数据传输平台的整合。

数据层的整合目的在于建立集中数据存储，包括统一规划的数据存储、数据库设计规范、公用基础数据、规范化的监测数据模型、共享关联信息表等内容，为应用提供一个构成简洁、

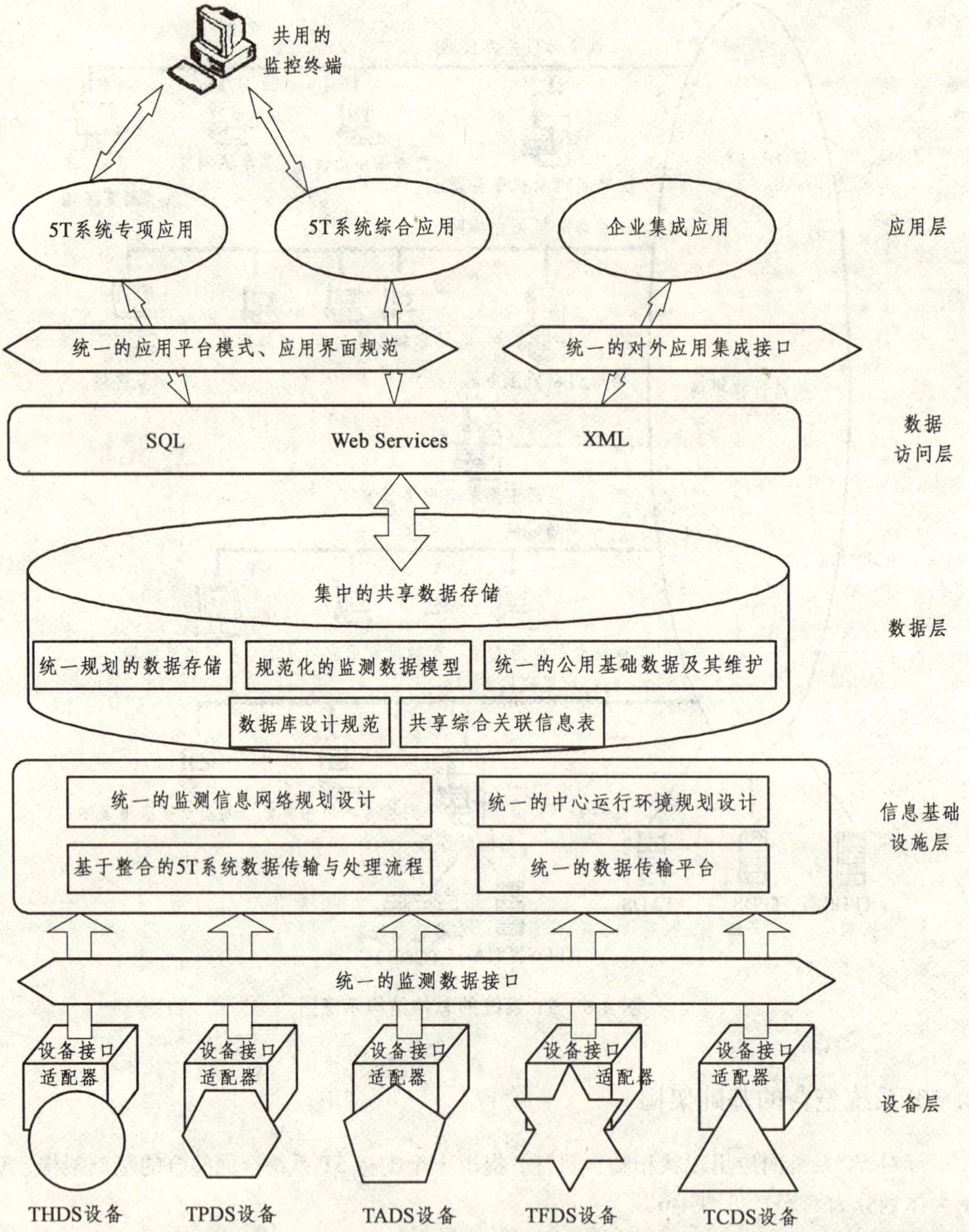

图 4-6 5T 系统整合的基础架构示意图

有利于高效访问、能以集成方式查看数据的数据环境，在统一数据层的基础上简化业务功能合并，以便在满足可用性、实时性等性能要求的同时，减轻应用开发人员管理复杂数据的负担，满足多种多样的数据访问需求，并使得未来的各类应用可以在一个更为集成的系统上运行。

数据访问层的整合目的在于为应用层提供标准的数据访问接口方式，即 SQL、WebServices 和 XML。

应用层的整合分为 5T 系统专项应用、5T 系统综合应用和企业集成应用三类。前两类应用的整合是 5T 系统内部应用的整合，其实现基于统一的应用平台模式和统一的应用界面规范。企业集成应用是 5T 系统与其他应用系统整合后提供的跨系统综合应用，通过统一的对外应用集成接口来实现。

3. 5T 系统整合的应用

轨边 THDS、TPDS、TADS、TFDS 探测站实时检测通过列车车辆的状态，TCDS 车载监测诊断设备在线实时监测客车主要关键部件的运行状态；各级中心收集所辖下级系统的监测数据，执行监控、追踪、查询、管理、分析、评判等功能；列检所、车辆段实时监视探测站测点过车检测情况，接收上级下达的危险车监控名单及综合评判结果，并负责车辆检查和处理任务的具体执行。

5T 系统建成后，将作为各级车辆管理决策、现场作业、维修及调度指挥部门的电子化车辆运行安全监控与管理信息综合服务平台，使他们能够利用系统提供的各种应用软件工具，实现监控和管理信息的采集、传递、交换、发布、自动化处理及统计分析，访问完成各自任务所需的信息和数据处理服务，构筑集监测控制、安全管理、维修支持、决策分析为一体的地对车车辆运行安全监控网络信息系统。

图 4-7 所示为 5T 系统整合的应用示意图。

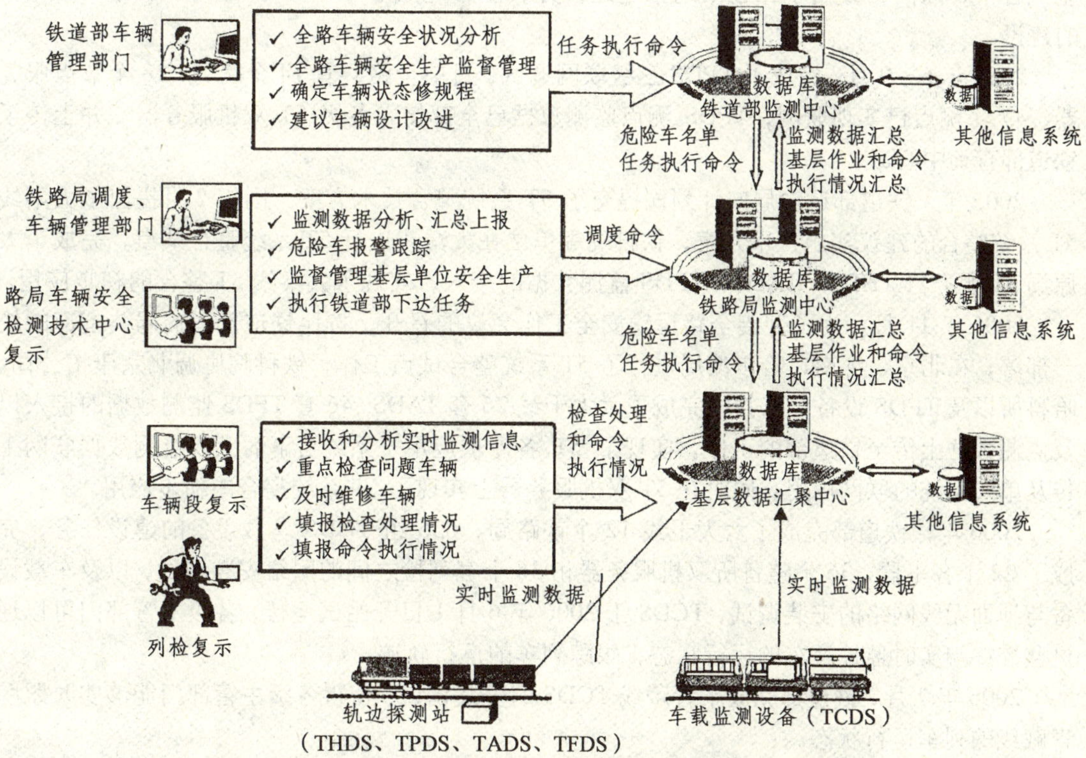

图 4-7　电子化车辆运行安全监控与管理信息综合服务平台

4.7 我国5T系统的整合建设情况

我国铁路5T系统的建设情况见表4-2。

表4-2 我国铁路5T系统的建设情况

安装数目（套）/线路/系统	京哈线	京沪线	京广线	京九线	浙赣线	陇海、兰新线	大秦线	青藏线格拉段	总台数
THDS	176	131	242	183	42	228	61	84	1147
THDS	4	10	9	11	4	10	2	3	53
TADS	4	4	6	4	2	6	2	2	30
TFDS	6	8	8	10	4	10	2	3	51

2004年，我国铁路六大干线5T建设可行性报告通过了鉴定中心组织的专家评审，5T建设列入“六大干线提速安全标准线建线的十全标准”，得到了我国铁道部计划司批复。

2004年底，根据5T系统整合计算机设备方案，由我国铁道部运输局对六大干线汇聚节点以上的服务器进行了统一的招标采购，IBM 445微机服务器+Exp SCSI磁盘阵列构成了5T系统双机群集系统服务器。

2005年，在我国铁道部运输局装备部的统一指挥下，各生产厂家在六大干线铁路局的鼎立配合下，除浙赣线由于工程改造推迟建设外，基本完成了THDS、TPDS、TADS、TFDS的建设。

2005年6～9月，完成了TPDS三级联网调试，目前全路共有14个路局、18个节点服务器、47个测点已实现联网，TPDS测点监测数据已全部接入各级5T双机服务器，并上传至铁道部查询中心。

2005年，铁道部运输局向计划司提交了5T系统整合技术方案。同年7月提出了大秦线5T系统整合的建议实施技术方案，铁科院等单位在大秦线进行5T系统整合试点，完成了太原局5T服务器THDS、TADS、TPDS监测数据的接入，实现了大秦线5T整合的初步应用。

2005年11月，为了迎接全路运输安全工作会议的召开，按照铁道部运输局装备部的统一部署，在北京、济南、哈尔滨局进行了5T系统整合试点工作，铁科院协调北京康拓公司、哈科所以及TFDS设备厂家共同完成了六大干线26套TADS、46套TFDS监测数据的接入以及监测数据上传至铁道部的工作，实现了5T各专项应用子系统自下而上的监测数据联网上传及单一系统的联网应用，同时在5T双机服务器上实现了5T系统整合的初步应用。

2006年，铁道部完成了六大干线12个铁路局、636组TCDS车载设备的建设任务，完成了22个客车段、36个整备所双机服务器和36个客列检之间的网络安装调试，以及车载设备与地面无线网络的安装调试，TCDS于2006年6月1日开始试运行，各级主管部门可以通过监控终端实时监控客车的运行状态，跟踪列车的运行轨迹。

2006年7月，铁道部完成了青藏线TCDS的安装调试，使得各级主管部门能够实时跟踪青藏线的列车运行状态。

我国铁路5T系统的建立，实现了运输安全防范的三个转变：① 由传统向现代转变；② 由人控向机控转变；③ 由粗放管理向集约管理转变。

5T 系统的应用做到了 5 个确保：

① 确保提速安全。

② 确保运输秩序和效率提高。

③ 确保生产力布局革命性调整。

④ 确保车辆修制改革稳步推进。

⑤ 确保铁路跨越式发展。

目前，我国铁路 5T 系统保证运输安全的作用已经显现：

① 通过对 5T 系统的信息整合，搭建了车辆运行安全综合监控网络平台，实现了网络及计算机软硬件平台共用、信息共享和综合报警，实现了全路局间互控、报警跟踪。

② 5T 系统的建立与应用，是生产力布局调整之后，充分发挥科技保安全的又一创新典范。

③ 通过系统的不断完善，各项功能的深入挖掘，5T 系统的信息整合、综合预报，必将改变传统的单一系统、独立运行的监测模式，充分发挥整体安全监测的优势，实现车辆运行安全监控手段的重大突破，确保运输安全畅通，使全路车辆安全运行监控水平迈上一个新台阶。

就 5T 系统而言，IT 技术整合是指对技术上支撑 5T 系统整合构想的所有 IT 技术实现方案和手段的有机结合，核心思想是统一标准和规范化；人员组织的整合是指与 5T 系统运用相关的车辆运行安全防范、预警的组织机构重组、岗位设置和人员配置。目前 5T 系统整合的工作才刚刚起步，主要集中在 IT 技术整合中的基础性工作，主要实现了基础设施平台的整合、集成框架的确立、信息的共享和初步集成，以及低层面上的应用整合。

思考题

1. 什么是 5T？5T 的意义是什么？
2. 5T 系统的建立实现了运输安全防范的哪三个转变？
3. 5T 系统的应用做到了哪 5 个确保？
4. 5T 系统整合的基础架构是怎样的？
5. 为什么要进行 5T 的整合？其意义是什么？

第5章 红外线轴温探测系统（THDS）

车辆在运行时，承重轴承由于摩擦而产生热量，轴承正常运转时，它所产生的热量会使其表面的温度趋于稳定值。

当轴承内部出现故障时，便会使它的摩擦加剧，温度突升，达到一定程度时，便形成热轴，严重时导致切轴，使运行中的车辆颠覆，给行车带来重大财产损失。

红外线轴温探测系统（THDS）由红外线轴温监测设备和计算机系统组成。它可按照用户要求，按一定间距设置由红外线轴温探测器组成的计算机局域网和远程网，包括与交换数据网的接口。监测系统应用方便，为用户提供了灵活的使用环境，如远程文件访问、数据资源共享、网络终端等功能，用户可以方便地访问网络；配置灵活，在小区域内可建局域网，如局检测中心。在跨度较大的区域内可建成远程网，还可以通过网络通信协议与其他网格互联。因此，红外线轴温探测系统可视为一个独立的、专用的、数据可交换的计算机信息网络。

5.1 有关THDS的基础知识

5.1.1 什么叫红外线

可见光的波长是在0.4～0.75 μm之间，紫外光线是比0.4 μm波长还短的光波，红外光线是比0.75 μm波长还长（可达1 000 μm）的光波，即红外光线的波长范围是0.75～1 000 μm。通常将红外光线分为四类：近红外线，波长为0.75～3 μm；中红外线，波长为3～6 μm；远红外线，波长为6～15 μm；超远红外线，波长为15～1 000 μm。红外光线是一种看不见的辐射线，而且具有热效应，人们习惯称之为红外线。它不像紫外线、X射线那样，它是一种很常见的辐射线，在自然界中，只要不是低于绝对零点温度以下的物体，就会辐射红外线。

5.1.2 红外线辐射

构成物质的原子、分子都在热运动，并且不时地改变其能量状态。当能量状态由高级向低级跃迁时就辐射出电磁波，以光子的形式将能量带走。在日常生活中，我们遇到各种不同类型的辐射，如太阳光线、热辐射、无线电波及 X 射线等，虽然它们形式不同，但自然本质是相同的，统称为电磁辐射。所有的辐射都遵守同样的反射、折射、衍射和偏振定律，传播速度也一样，称为“光速”，彼此的差别只是频率不同。红外线的产生有几种方式，最常见的是通过物质分子热运动而产生的，这就是热辐射。

人们利用红外线辐射的特性，研制出了许多有利于人们生活的产品，比如红外线防盗报警器、红外线测温仪等。

1. 有关红外线辐射的三个基本定律

（1）基尔霍夫定律

基尔霍夫定律的意义是：同一温度下，物体的辐射本领正比于它的吸收本领。也就是说：一个物体，它的辐射本领越强，其吸收本领也越强；反之，两者都弱。

（2）斯特藩—玻尔兹曼定律

为了度量和描述各种物体的辐射或吸收本领，人们确定了一个理想概念——黑体。黑体是指辐射本领最大的物体；辐射本领不及黑体的物体则称为灰体。灰体的辐射本领和黑体的辐射本领的比较通过辐射度来反映。

假设黑体在一定温度下的总辐射度为 $M(T)$ 随温度的增高而迅速增加，经实验确定，$M(T)$ 和黑体自身的绝对温度 T 的关系为：

$$M(T)=\sigma T^4$$

式中　σ——斯特藩常量，$\sigma=5.67\times10^{-8}\ \mathrm{W/(m^2\cdot K^4)}$。

上述结果称为斯特藩—玻尔兹曼定律。

绝对黑体（能够完全吸收入射辐射，并具有最大辐射能力的物体）是物理学的抽象概念，自然界中绝对黑体是没有的，而客观的一切物体都称为非黑体或灰体。而灰体的辐射能力是用辐射密度或辐射系数 ε 来表示，灰体的辐射密度比绝对黑体的辐射密度小若干倍，对于所有灰体，$\varepsilon<1$。辐射系数无度量单位，它与材质、温度和辐射表面状态有关。

对于客观物体，斯特藩—玻耳兹曼公式可表示为：

$$M(T)=\varepsilon\sigma T^4$$

上述热辐射的基本理论公式都与运行列车的轴箱热辐射特征计算有关。

（3）维恩位移定律

物体的辐射波长峰值与物体自身的绝对温度成反比，即当物体的温度升高时，物体的辐射波长峰值就要减小，人们把这种关系叫做维恩位移定律，用公式表示为：

$$\lambda_{\mathrm{m}}T=b$$

式中　λ_{m}——物体辐射能谱曲线峰值所对应的波长；

T——物体的绝对温度；

b——维恩常数，$b=2.897\times10^{-3}\ \mathrm{m\cdot K}$。

从式中可以看出，物体温度越高，辐射光谱密度越大，物体的辐射波长峰值随着物体温度的升高而减小。

2. 轴箱的红外线辐射特征

（1）轴箱的辐射强度及光谱范围

根据斯特藩—玻尔兹曼公式 $M(T)=\varepsilon\sigma T^4$ 计算的辐射强度是轴箱辐射的主要参数之一，因为它是用轴箱受热温度表示的。轴箱释放的全部能量并不是都能被探测器所接收。红外线接收器虽然可以随意定向置于辐射物体旁，但它们的灵敏度通常总是受到某种光谱范围限制。列车轴箱的工作环境温度为 −50°C～+60°C，轴箱表面温度大约在 −30°C～+120°C 左右，列车轴箱的红外线辐射光谱范围可由维恩位移定律推导：

$$\lambda_m(-30°C)=\frac{2\,897}{T}=\frac{2\,897}{273-30}=12 \quad (\mu m)$$

$$\lambda_m(+120°C)=\frac{2\,897}{T}=\frac{2\,897}{273+120}=7 \quad (\mu m)$$

从而得出列车轴箱的红外线辐射光谱范围为 7～12 μm。

（2）辐射系数 ε

前面已提到，辐射系数 ε 随辐射波长和材料温度而变化。轴箱的红外线辐射能力与其辐射系数成正比。在实际运用中，红外线接收装置的光学系统所探测到的轴箱外部情况，有的生锈，有的表面附着轴油、灰尘、结冰、积雪等，同时，由于机车车辆正在运行，使运输的货物、灰尘也成了被测部件，显然这种情况下的轴箱系数是变化的。

表 5-1 列出了某些材料和物质的辐射系数 ε。

表 5-1　部分材料和物质的辐射系数 ε

材　质	温　度/°C	辐射系数 ε	材　质	温　度/°C	辐射系数 ε
铸　铁	50	0.81	白　灰	25	0.3～0.4
未加工的铸铁	100	0.87～0.95	煤粉灰	25	0.7～0.95
表面生锈的铁	100	0.61～0.85	煤　烟	20～100	0.95～0.98
表面粗糙的铁	50	0.95～0.98	黑上光漆	40～100	0.87
表面生锈的钢	50	0.69～0.85	无光黑漆	40～100	0.96～0.98
石棉灰	20	0.4～0.6	金属上的炎膜	20	0.98

综合分析可以得出这样的结论：对于运用中的轴箱，其大部分情况下的辐射系数 ε 在 0.85～0.95 之间。另外，红外线辐射在大气中传播也要受到损失，主要原因是水蒸气的吸收，这种吸收也与辐射波长有关，一般对透射的波段称为“大气窗口”，一般为：0.95～1.05 μm；1.15～1.35 μm；1.5～1.85 μm；2.1～2.4 μm；3.3～4.2 μm；4.5～5.1 μm；8～13 μm。

5.1.3　红外线探测器

红外线是一种看不见的电磁波，它不像可见光那样容易被人们发现。为了能够探测红外线的存在而制成的探测装置便是红外线探测器。

红外线探测器按其作用原理一般可以分为两大类，即热探测器和光子探测器。红外线探测器能够吸收红外线，它通过某种形式将红外线辐射转换为其他形式的能量，让人们间接地感知红外线的存在，并测出红外线的波长和强度，这就是红外线探测器的作用。

5.2　THPS 的基本组成和发展概况

5.2.1　THPS 的组成和各部分功能

红外线轴温探测系统的基本组成及各部分的功能如图 5-1 所示。

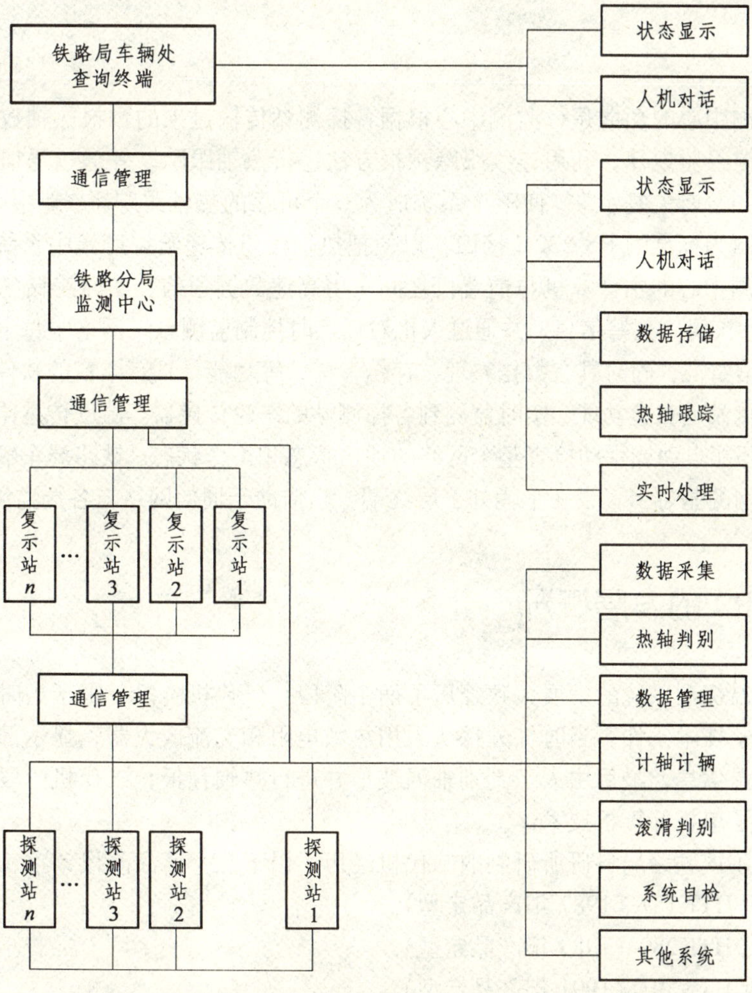

图 5-1　红外线轴温探测系统的基本构成框图及各部分功能

1. 探测站

红外线轴温探测站负责采集各项数据，探测站是整个系统的基础。

2. 复示站

复示站可根据需要设置，一般设置在列检所或通信线路条件较差的区段。复示站管理若干个探测站。

复示站的功能是：在日常状态下，负责各探测站与监测中心之间通信通道的汇集和分配，接受和处理所管辖的探测站传输来的数据，并具有打印和报警的功能；一旦远程话路通信中断时，它自动承担起对探测站的控制任务，与探测站构成一个独立的子系统，使轴温监测工作不中断。待通信恢复后，又可以将复示站所缓存的数据重新发往局监测中心。

复示站的设备包括：计算机终端、打印机、红外线调度电话、不间断电源及电源防雷设备、红外线监测中心。其中计算机应设置两台，以保障系统能不间断地工作，一台计算机作为冷备份或热备份。

3. 监测中心

红外线监测中心的功能是：监测中心根据各探测站传输过来的预报热轴数据，参照列车运行规律和轴温经验规律，利用连续跟踪预报方法进行热轴跟踪，并通过通信网络把所有可疑轴的情况通知给有关复示站，使整个系统成为一个可靠的热轴跟踪系统。中心留有与 CTC 的接口，该接口为标准的 RS-232C 接口，以便把热轴信息传递给调度集中系统。

红外线监测中心的主计算机与前置机之间采用高速数据通信，实时存储各通过列车的轴温、热轴波形、滚滑序列等信息，并通过人机对话实时控制监测系统网络中每个节点的工作状态和接车、通信情况，同时具有数据整理、存档、统计等功能，具有丰富的软件支持。监测中心能根据各监测站的自检功能，实时监测到各探测站的车轮传感器、温度传感器和红外探测器的状态，同时还能自动或手动检查整个网络的通信状态和工作状态。铁路局车辆处查询终端是在各局分别联网的基础上，设在车辆处上层终端，它借助于通信网络与各局监测中心连接。

5.2.2 THPS 的发展概况

红外线轴温探测系统的发展大致经历了两个阶段：一代机阶段，限于当时国内红外元件质量和其他电子技术条件，当时红外探头采用热敏电阻和交流放大器，显示部分采用描笔直接记录每个轴温信息，最后由人工判别轴温波形并进行热轴预报；二代机阶段，是在一代机的基础上融入了单板计算机技术。

其中，哈尔滨铁路局科研所研制的二代机经历了以下几个产品阶段：

① 一型机 HTK187（1987 年产品定型）。

② 二型机 HTK289（1989 年产品定型）。

③ 三型机 HTK391（1991 年产品定型）。

④ 四型机 HTK499（1999 年产品定型）。

随着计算机技术的飞越发展，二代机红外线轴温探测系统也经历了多次更新，功能和探测的数据也逐渐趋于准确完善。目前，我国使用的 THPS 有 HTK-391^{+}型、HTK-499 型、WCO-Ⅱ型、HBDS-Ⅱ型、HZT-Ⅱ9012 型等一代机和二代机。其中，我国铁路全面推广的是 HTK499 型红外线轴温探测系统，它是为了适应我国铁路提速需求而研制的新一代探测设备。

5.3　THPS 的工作原理及数据传输

5.3.1　THPS 的工作原理

THPS 运用了红外线探测器测温的工作原理，其原理示意框图如图 5-2 所示。

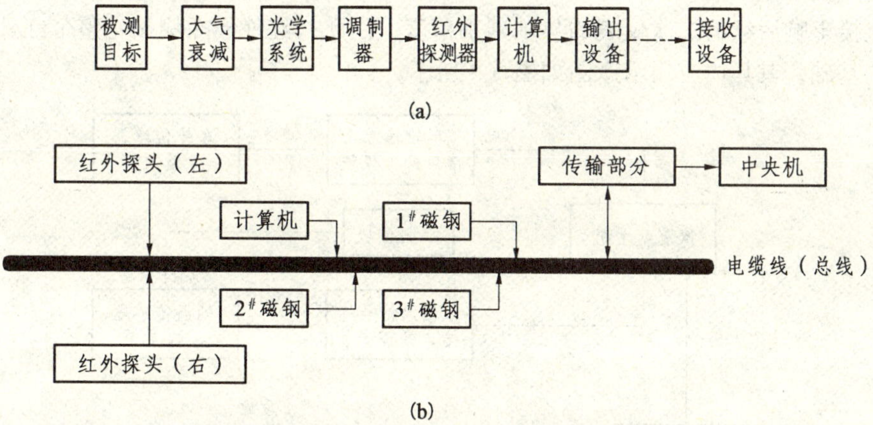

图 5-2　THPS 的工作原理示意图

5.3.2　THDS 的数据传输

THDS 的数据传输有各种联网方式，有星型网络结构、多级分布式网络结构、总线网络结构、路局查询终端结构以及混合结构。这里仅就一般情况进行说明。

THDS 的数据、信息的采集和存储，数据、信息的处理和传递以及命令的下达，均由监测中心来管理。

红外线轴温探测系统的热轴预报全过程如下：当列车通过探测点时，探测点的室外各传导器开始工作，除了监测轴温信号外，还通过车轮传感器获得相关信息，这些信息数据送到探测站的计算机进行数据处理，包括客货判别、滚滑判别、上下行判别、列车运行速度、计轴计辆等，探测站计算机将监测与处理后的数据通过网络送到复示站及监测中心，监测中心进行热轴跟踪判别后，打印出处理结果，同时把跟踪信息传送给 CTC 调度集中系统、路局车辆处查询终端、车辆复示终端、有关列检所管理终端，如果监测中心发现区间有热轴，计算机立即自动报警，经监测中心红外线值班员确认后，通过红外线调度电话通知辆调，经辆调与行调联系后，由行调向有关车站下达停车命令，由辆调对有关列检所下达处理车辆故障命令，如果这时列车已进入区间运行，则通过无线列调通知司机进行应急处理。如列车通过探测点时没有发现热轴，则监测中心及各复示站终端均打印列车正常通过报告。当列车通过应停车作业的列检探测站时，热轴预报可由列检所独立预报，也可以按照上述过程预报。

由上述可知，红外线轴温探测系统整个热轴预报准确实时，从而保证了行车安全。正线上的红外线探测站间距一般相距 25～35 km，支线为 50～70 km。另外，特殊情况按具体情况设置，并且局之间的交接口列检所处是重点监测处。

5.4 红外线探测站

红外线轴温探测站负责采集各项数据，同时对数据进行实时处理，并将处理数据和轴温数据传输给复示站和局监测中心。红外线探测站的工作原理如图 5-3 所示。探测站采集的数据质量直接影响后续的二次仪表的热轴判别精度，因此，红外线探测站是整个红外线轴温探测系统的基础，其具体应用示意图如图 5-4 所示。

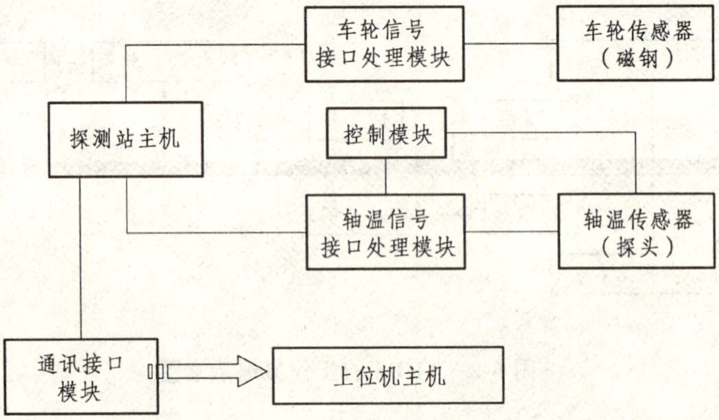

图 5-3　红外线探测站的工作原理示意图

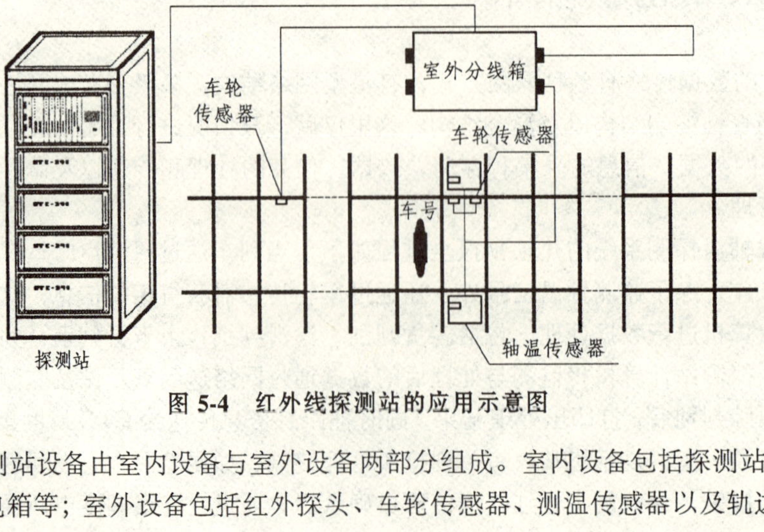

图 5-4　红外线探测站的应用示意图

红外线探测站设备由室内设备与室外设备两部分组成。室内设备包括探测站主机、防雷箱、电源与配电箱等；室外设备包括红外探头、车轮传感器、测温传感器以及轨边配电箱等。

5.4.1　红外线探测站的主要设备

目前我国安装使用的红外线轴温探测站，其构造形式虽不尽相同，但大体上都是由红外探头、控制部分、记录部分和传输部分组成。

1. 红外探头

红外探头由光学系统、热敏元件和前置放大器等部分组成。其结构如图 5-5 所示。

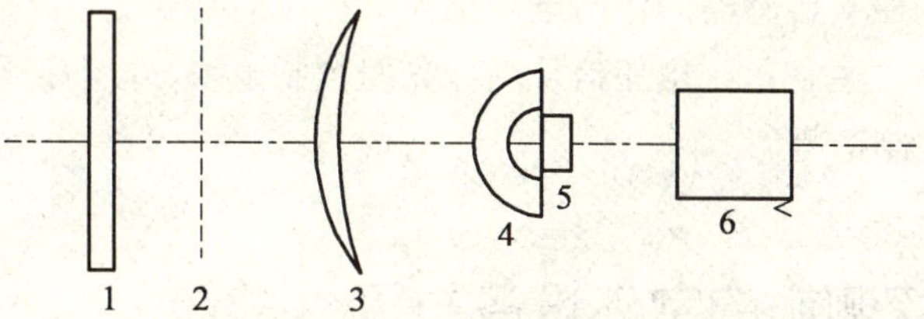

图 5-5　红外探头的结构示意图

1—保护窗口；2—光栅；3—主透镜；4—浸没透镜；5—热敏片；6—前置放大器

2. 控制部分

控制部分是红外线轴温探测站的指挥系统。当列车到达时，它能自动开机，接通仪器电源，为红外线组件提供调制信号，控制探头输出信号的传送和记录等动作。

控制部分一般包括：磁头产生电信号、光栅调制控制电路，电子门控制电路，记录自动开关电路，电源控制电路，计算机控制与运算传送系统。

磁头传感器是一块圆柱形磁钢，充上强磁场后，套上线圈安装在钢轨内侧，与钢轨共同构成磁回路，如图 5-6 所示。

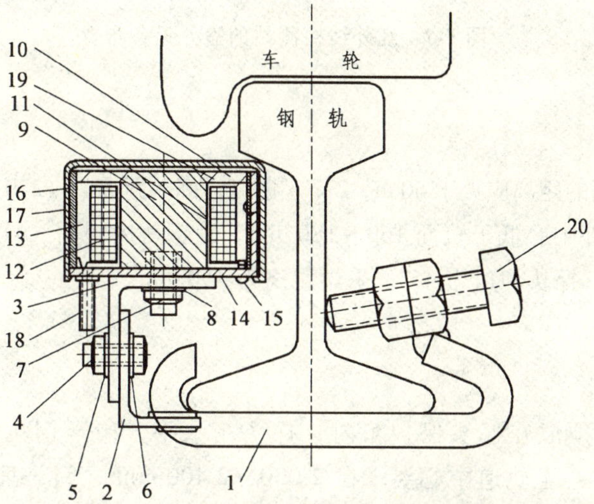

图 5-6　磁头传感器的结构及安装示意图

1—安装座；2—底架；3—支架；4—螺栓及帽；5—弹簧垫圈；6—垫圈；7—螺栓及帽；8—垫圈；9—磁钢；10—固定螺丝；11—线圈架；12—线圈；13—绝缘漆；14—底板；15—铆钉；16—铝内框；17—铝外罩；18—电线管；19—压盖；20—紧固螺栓

当磁头固定在钢轨上时，磁钢的磁力线通过铁支架与钢轨构成磁路。在没有车轮通过时，钢轨顶端与磁头传感器定面磁路间隙较大，即磁路的磁阻较大，故磁通较小；当车轮通过时，钢轨顶端与磁头传感器定面磁路间隙减小，即磁路的磁阻较小，故磁通增大，这就引起通过磁头线圈的磁通量发生变化，线圈上就产生一感应电动势。

磁头传感器输出电压信号的大小与磁钢磁性的强弱、线圈匝数的多少（也与线径大小）、列车速度的快慢以及磁头安装的位置有关。每当一个车轮通过传感器时，磁通量变化一次，传感器就产生一个电压信号。电压信号的极性情况与线圈的绕向有关，在连接控制电路时必须用仪表加以判别。磁头传感器的输出电压幅值：空载时一般为 3～10 V，接入线路后明显衰减，约为 1.5～3 V 左右。这个电压信号用作光栅控制电路、自动记录电信号、车辆计数及电源自动开关等的控制信号源。

5.4.2 红外线探测站的室外设备布置

红外线探测站的室外设备布置（以 HTK-391⁺型红外线轴温探测系统为例）如图 5-7 所示。

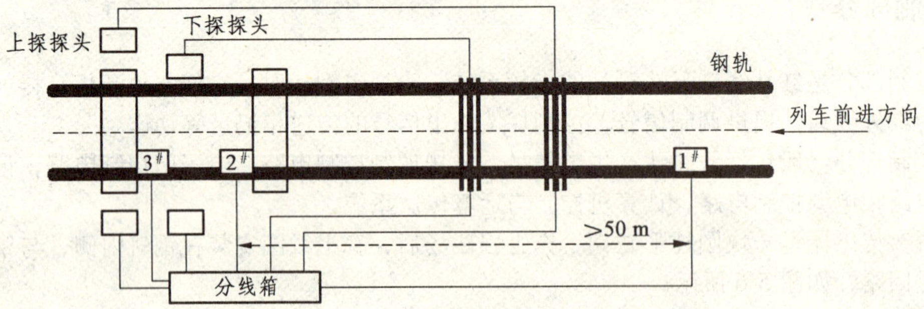

图 5-7 红外线探测站的室外设备布置

1. 下探方式

1#、2#磁钢之间的距离应大于 50 m，2#、3#磁钢之间的距离为（270±2）mm。探头位于探头箱体内，探头元件中心低于轨面 160～180 mm，距钢轨内侧面（415±5）mm，与钢轨内侧面夹角为 6°～8°，探头仰角为 45°，采集距离为 450 mm。

2. 上探方式

上探式探头必须放在探头保护箱内，探头箱水平方向至钢轨中心最近距离应大于 1 875 mm，元件中心至轨道中心要求在 2 000～2 400 mm 之间，垂直方向距轨面最大高度应小于 1 100 mm，探头元件中心距轨顶面应大于 850 mm，两线距离较小时，应兼顾基础与上下行的距离。探头俯角大于 14°，两探头元件中心连接线应与钢轨垂直，如图 5-8 所示。

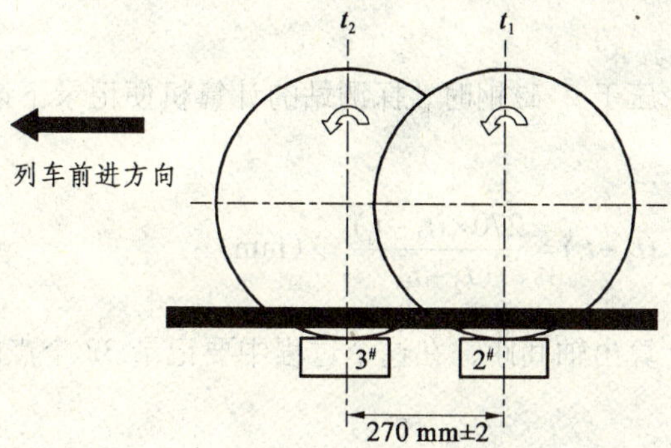

图 5-8　上探方式

5.4.3　红外线探测站的工作原理

1. 等待接车时

在列车到达前，红外线探测站系统进行自检，当上一级微机（即复示中心、监测中心）有信息查询报文时，则红外线探测站中断自检，向上一级微机回送应答报文，然后继续进行自检。

2. 列车压至 1# 磁钢时

当车轮压 1# 磁钢时，红外线探测站信息处理计算机首先判断是车轮信号还是干扰信号，当 1#磁钢有效信号大于 3 次时，默认为来车信号，此时，红外线探测站信息处理计算机系统复位，即系统停止自检并与上位机通信联络，红外线探测站系统准备接车，处理来车的各种信息，为轴温采集做好准备工作。

3. 列车压至 2#、3# 磁钢时

当列车通过 2#、3# 磁钢时，2#、3# 磁钢分别记录通过的时间 t_1、t_2（见图 5-8），并送入计算机，为计算速度与距离提供数据。

（1）测速

当第一个车辆的车轮压于 2# 磁钢时，探测站的计算机已记录下该时刻 t_1，该轮压至 3# 磁钢时，探测站的计算机已记录下该时刻 t_2，所以，当同一车轮从 2#→3# 磁钢时，所需的时间为：$\Delta t = t_2 - t_1$。又由于 2#～3# 磁钢之间的距离是已经设定了的，且为 $s = 270$ mm，因此，该车轮通过 2#、3# 磁钢时的速度为：

$$v = \frac{s}{t} = \frac{270}{(t_2 - t_1)} \quad (\text{mm/s})$$

这样就测出了该车轮通过探测点时的速度，系统显示和记录通过列车的最低速度和最高速度，即显示和记录通过列车全列车轴中的最低速度和最高速度。测出列车速度以后，就可以进一步测量与计算出轮与轮之间的距离。

（2）测距

当第二个车辆的车轮压于 $2^{\#}$ 磁钢时，探测站的计算机便记录下该时刻 t_3，即可算出车轮与车轮之间的距离 L：

$$L = v\times(t_3 - t_1) = \frac{270\times(t_3 - t_1)}{t_2 - t_1} \quad (\text{mm})$$

也就是说，可由计算机计算出轴间距，在这个过程中要记录 32 个点的轴温。

（3）轴温采集

① 下探的采集。当列车车轮压到 $3^{\#}$磁钢时，固定延时 11 个点（约等于 150 mm）开始采集，采集距离为 450 mm。共采集 32 个点。

② 上探的采集。当列车车轮压到 $3^{\#}$ 磁钢时，固定延时 16 个点（约等于 150 mm）开始采集，采集距离为 225 mm。共采集 16 个点。

③ 客探的采集。当列车车轮压到 $3^{\#}$ 磁钢时，固定延时 59 个点，即下探采完 32 个点后固定延时 16 个点开始采集，共采集 16 点。

采样所需时间 $$T = \frac{s}{v} = \frac{450}{v} = 450\times\frac{(t_2 - t_1)}{270} \quad (\text{s})$$

采样间隔时间 $$\Delta t = \frac{T}{32} = \frac{450\times(t_2 - t_1)}{270\times 32} \quad (\text{s})$$

采样频率 $$f = \frac{32}{T} = \frac{270\times 32}{450\times(t_2 - t_1)} \quad (\text{Hz})$$

可以看出，不论车速快慢，探测器在轴箱上扫描的尺寸是一定的，扫描的频率随车速快慢的变化而变化。

（4）判断车辆是否通过

计算机通过磁钢信号来判断车辆是否通过，因为计算机计算的轴间距在进行处理时为一个字节，最大为 FF（16 进制），换算为 25.5 m，即计算机通过判断两次磁钢信号间的时间间隔是否大于时间 $t = \dfrac{25.5}{v}$ 来判断列车是否通过。若时间大于 t，说明至少两个轮子之间的距离大于 25.5 m，则判断为车辆已通过；若时间小于 t，即两个轮子之间的距离小于 25.5 m，则表明列车还没过完。

4. 列车全部通过

当列车全部通过时，红外线探测站向接收计算机口送数据信息，如果接收计算机收到数据，就能收到刚通过列车的信息。若自动通信时，中央机查询到此探测点，此探测点将此次列车所采集的数据处理完后，生成的列车报文送往前置机（或复示中心），然后经前置机（或复示中心）送到监测中心的计算机，监测中心（或复示中心）确认后，通过前置机向探测站发送确认信息报文。

5.4.4　计轴计辆

计算机根据采集的轴距形成轴距表，这里采用“前后看齐，丢轴补位”的方法。在计轴计辆之前，首先要弄清各种机车车辆的轴距特征和连接条件，然后根据不同的特征值（见表 5-1）在计算机的记录中进行比较，其步骤如下：

① 判别机车。在计算机中记录了 40 余种机车的轴距特征，根据这些特征值与轴距表的符合条件情况，来判别机车的个数、位置和轴数。

② 初判客车、货车和守车。根据表 5-2 判别。对判为正常车辆的车还需要对称判别；在匹配不上或不对称之处标出丢轴标志，待进一步处理。

表 5-2　客车、货车和守车的轴距特征值

车型 \ 轴距特征值 \ 轴距特征	台车距	中档距
客车	21 ~ 29	130 ~ 160
货车	10 ~ 20	45 ~ 140
守车	10 ~ 20	25 ~ 39

③ 判别连接条件。对已判出的车辆，再根据表 5-3 所示的各种车的连接条件进行连接判别。若判别正确，则填写车辆报表；否则标出丢轴标志，待进一步处理。

表 5-3　车辆的连接条件

车型 \ 连接条件 \ 车型	客车	货车	S_{23}	S_{11}、S_{12}
客车	40 ~ 53	31 ~ 44	40 ~ 47	34 ~ 42
货车	31 ~ 44	21 ~ 35	29 ~ 38	24 ~ 32
S_{23}	40 ~ 47	29 ~ 38	38 ~ 40	33 ~ 35
S_{11}、S_{12}	34 ~ 42	24 ~ 32	33 ~ 35	27 ~ 30
蒸汽（正）	34 ~ 43	24 ~ 34	32 ~ 38	28 ~ 33
蒸汽（反）	40 ~ 56	30 ~ 47	32 ~ 36	27 ~ 31
内燃	39 ~ 62	29 ~ 52	0 ~ 0	0 ~ 0
电力	47 ~ 55	36 ~ 46	0 ~ 0	0 ~ 0

④ 丢轴处理。处理丢轴是保证计轴计辆准确性的重要手段。若丢轴标志不为零，则表明有丢轴现象，程序将对丢轴处的前后轴距进行分析，从而正确补位，再填写车辆报表。

5.4.5 轴温的采集与处理

1. 探测器扫描位置和轴箱热分布波形分析

由于我国铁路车辆车型比较复杂，很难找到一致性较好的角度，为了兼顾滚动与滑动轴承和客车，我们采用远轨时下探探测器，其红外热敏元件中心距钢轨内测 410～420 mm，距轨面平面为 180 mm（50 kg 轨）和 160 mm（60 kg 轨），与钢轨的水平夹角为 6°，仰角为 45°。因此，计算机对采集的轴温热分布波形有一定要求，只有满足这一要求，才能使得计算机判别更加准确，以保证系统判别的准确性。

红外线探测器的扫描位置正确与否，直接影响列车热轴预报的准确性，也是衡量系统设备正常与否的关键指标。因此，必须时刻保证红外线探测器的最佳位置。

（1）滚动轴承的扫描位置

探测器扫描滚动轴承，首先扫描车底架 5～6 个点，扫描轴承 15～16 个点，接着扫描车底架 9～13 个点，扫描轨迹见图 5-9，根据扫描位置，分析出滚动轴承的轴温波形。

（2）滑动轴承的扫描位置

同样，探测器扫描滑动轴承，首先扫描车底架 3～4 个点，扫描轴承 9～10 个点，接着扫描轴箱后侧壁 15～16 个点，最后扫描车底架 1～2 个点，扫描轨迹见图 5-10，根据扫描位置，分析出滑动轴承的轴温波形。

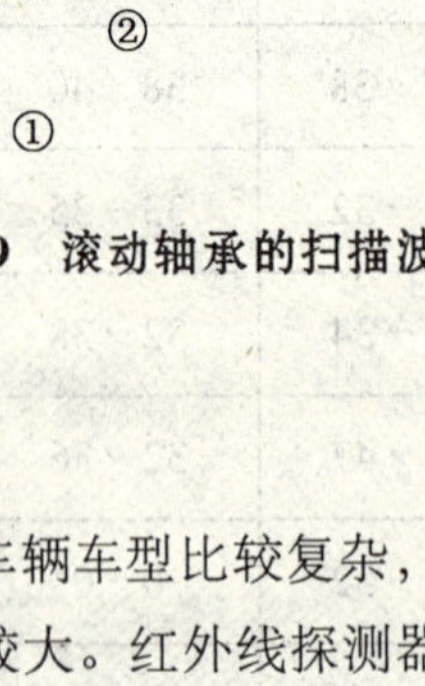

图 5-9 滚动轴承的扫描波形

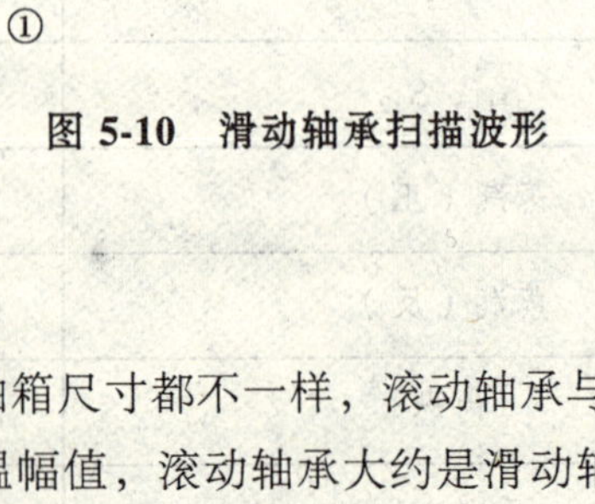

图 5-10 滑动轴承扫描波形

2. 滚滑判别

我国铁路车辆车型比较复杂，各种车型的轴箱尺寸都不一样，滚动轴承与滑动轴承正常运转发热相差较大。红外线探测器探测出的轴温幅值，滚动轴承大约是滑动轴承的 2.5 倍，要提高热轴判别的准确度，首先要对滚动、滑动轴承加以区别。为了提高滚、滑辨别的准确度，采用了波形判别、面积判别、斜率辨别等多种判别方法，对一辆车的八个轴头先进行判别（见图 5-11），这样避免了由于单一判别而造成的误判后果。这种综合判别的方法，使滚、滑判别的准确性达到 99% 以上。

波形判别的处理程序中，为了提高采集信号的真实性，克服虚假信号的影响，以保证数据的可信度，使用了数字滤波技术，采用的方法有：算术平均法、加权平均法、上下限滤波法、中值滤波法等。在波形处理上，采用了上下限滤波法，即连续两点采样值的差值不允许超过某一数值，否则此采样值被认为是奇异点并予以剔除。

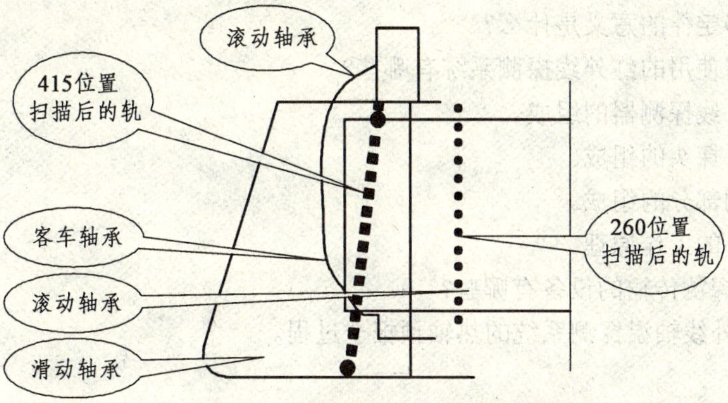

图 5-11　辨别滚动轴承和滑动轴承

3. 轴温的采集与处理

如图 5-12 所示，假设栅门挡板温度为 A_0，这时探头输出的信号都是以挡板为基准的，即在车底架与轴箱上采集的 32 点都是以此为基准的，而物体的温度又是以环境为背景的，轴箱随外界变化较大，考虑到列车的底架背景相对比较统一，又与环境温度接近，则选择底架为背景。车底架的温度取整列车采集每一轴的第一点的平均值（去掉最高值与最低值），定义为 A_1。轴温的取得是：为了防止干扰，在 32 点采样中去掉前 12 点，剩下的 20 点去掉最高点，取次高与第三高的平均值，定义为 A，作为轴箱的热特征，即轴温的温升值（计算机显示的温升值）$\Delta A = A_0 - A_1$，可以看出，温升值与环境温度无关，很明显，计算机显示的温升值是相对于车底架的，轴箱实际温度=显示温升+车底架温度（接近环境温度）。

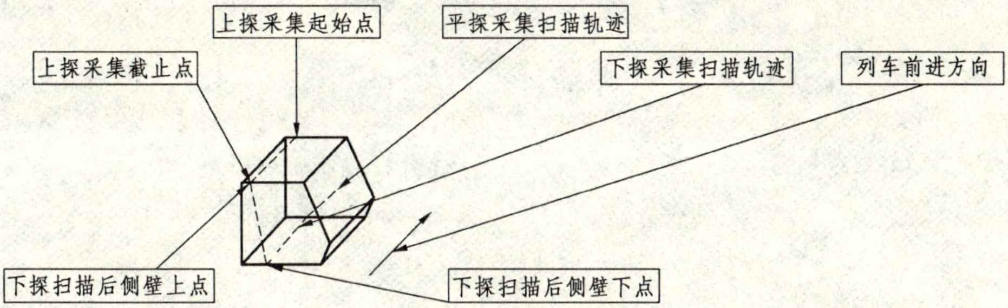

图 5-12　轴温的采集

对于上探来说，因为没有统一的背景，而且采集的又是轴箱顶部的峰值 A_2，温升值为：

$$\Delta A = A_2 + A_0 - A_{环}$$

可以看出，上探温升与环境和轴箱的温度有密切的关系，轴箱实际温度=显示温升+环境温度。

思 考 题

1. 红外光的波长范围是多少?
2. 基尔霍夫定律的意义什么?
3. 玻尔兹曼定律的意义是什么?
4. 维恩位移定律的意义是什么?
5. 目前我国使用的红外线探测系统有哪些?
6. 试述红外线探测器的组成。
7. 试述红外探头的组成。
8. 试述控制部分的组成。
9. 试述磁头的工作原理。
10. 红外线探测传输的设备有哪些?
11. 简述红外线轴温探测系统的热轴预报全过程。

第 6 章　货车运行故障动态图像检测系统（TFDS）

铁路货车是铁路运输的重要装备，铁路货车的运用维修管理工作是铁路运输的重要组成部分，铁路货车的运用管理工作的指导方针是：坚持以主动发现车辆故障、确保列车安全为目的；以全面落实标准化作业、突出“五防”（防燃防切、防大部件断裂、防配件脱落、防空车脱轨、防列车分离）重点为主线，以科技创新、实现科学化的人机结合为支撑，以深化改革、引入竞争机制为动力，以推进信息化建设、实现科学管理为突破。

铁路货车运用维修管理工作的基地是列检所，列检所的主要任务是发现和处理货物列车车辆故障，维护运用货车的质量符合规定的技术标准，保证列车运行安全正点。

列检所根据其检修范围不同，分别采取不同的作业方式，其作业方式大致分为以下四种：

① 两检车员交替包转向架检查作业方式，如图 6-1 所示。

② 两检车员半蛇行检查作业方式，如图 6-2 所示。

③ 两检车员骑轨检查作业方式，如图 6-3 所示。

④ 制动检车员单人绕车检查作业方式，如图 6-4 所示。

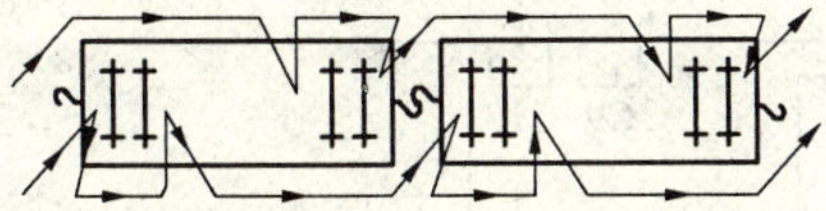

图 6-1　交替包转向架检查作业方式

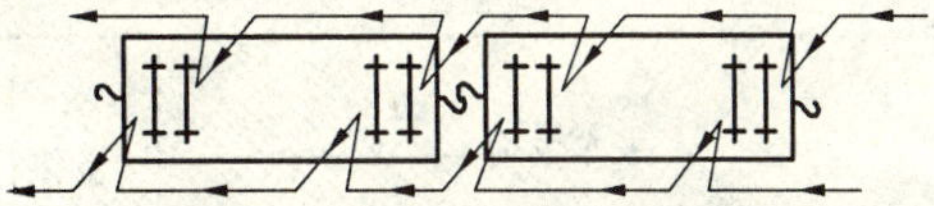

图 6-2　半蛇行检查作业方式

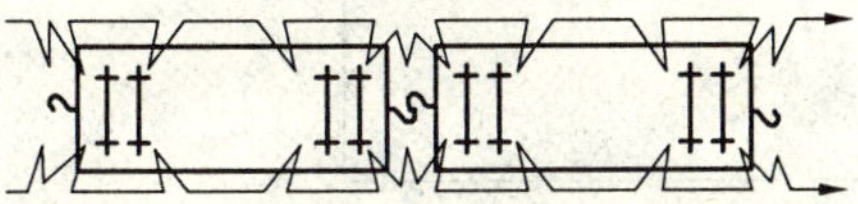

图 6-3　骑轨检查作业方式

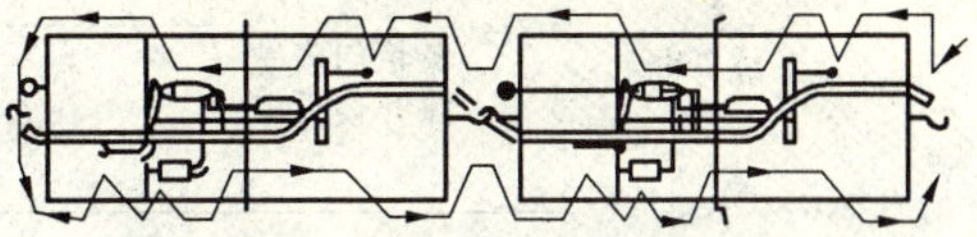

图 6-4　单人绕车检查作业方式

6.1　TFDS 的工作原理和工作流程

货车运行故障动态图像检测系统（TFDS）是由郑州铁路局武昌南车辆段和武汉华目信息技术有限责任公司（以下简称武汉华目）针对列车技术检查中出现的时间紧、任务重、职工劳动强度大等情况开发的辅助列检所作业的在线图像检测系统。利用轨边高速摄像机，对运行货车进行动态检测，重点检测货车走行部、制动梁、悬吊件、枕簧、大部件、钩缓等安全关键部位，通过智能分析，及时发现货车运行故障，重点防范制动梁脱落事故，防范摇枕、侧架、钩缓大部件裂损、折断，以及枕簧丢失、窜出等危及行车安全的事故。

6.1.1 TFDS 的工作原理

TFDS 充分采用当今最新技术，如高速摄像技术、计算机及网络技术、图像模式识别技术和传感器技术等，通过采集运行中的列车图像、轴距、速度等相关数据送入计算机进行分析与处理，来判断出列车的车种、车型，并与标准库中的标准样图进行拟合，筛选出需要的车辆转向架、基础制动装置、车钩缓冲装置等车辆关键部位图像，以一车一档的方式在窗口计算机中显示。通过人机结合的方式，对采集后的图像进行分析，判别有无故障，从而达到动态检测车辆主要技术状态的目的。同时，TFDS 可自动生成车统-15、车统-81 等列检所常用报表，预留铁道部 HMIS、车号自动识别系统等其他功能。另外，TFDS 还具备存储、查询、统计、打印、传输等功能。

6.1.2 TFDS 的工作流程

如图 6-5 所示，控制室的 TFDS 动态检测仪（前置处理器）和端口处理器及电气控制设备 24 小时开机监视磁钢组（C0～C10），同时端口处理器运行 TFDS 接车程序。当列车运行通过各控制磁钢时，各磁钢采集到的信号送入控制室，同时光源打开，摄像机保护门打开，

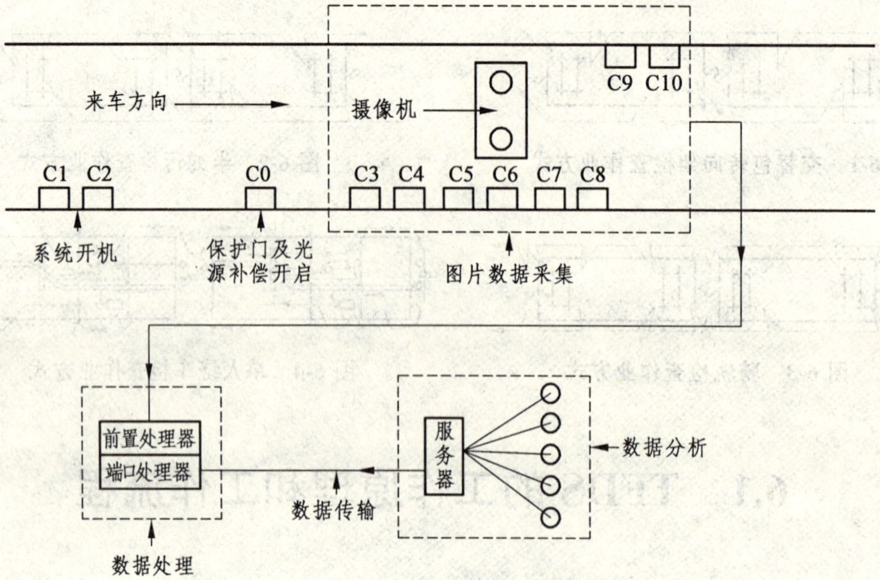

图 6-5 TFDS 的工作流程

各摄像机高速摄像。列车通过后，保护门、光源关闭。之后，端口处理器与 TFDS 动态检测仪（前置处理器）对采集的数据进行分析整合，最终列车关键部位的图像显示在显示器上并传输到服务器中。室内检车员通过窗口计算机使用“TFDS 窗口计算机程序”，通过局域网访问服务器获取列车图片数据进行分析、预警。

TFDS 的电气控制部分的工作流程如图 6-6 所示。当列车到达控制磁钢 C0 时，产生触发信号传入总控制柜中的 PLC 中，PLC 发出控制指令使控制柜中继电器导通，使摄像机电源、轨侧小保护门、补偿光源、轨心大保护门打开；当列车通过后，在 5 s 内，PLC 发出控制指令使继电器闭合断电，使摄像机电源、轨侧小保护门、补偿光源、轨心大保护门关闭，总控制柜复位到待机状态。

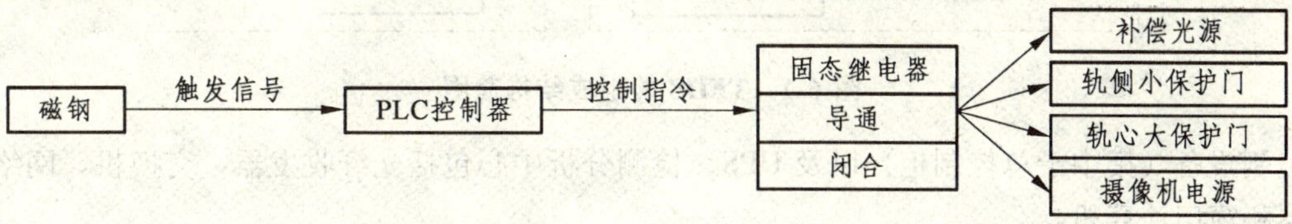

（a）列车通过中

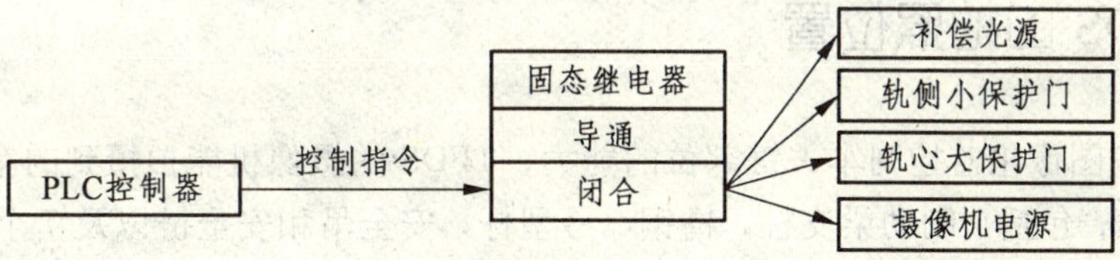

（b）列车通过后

图 6-6　TFDS 的电气控制部分的工作流程框图

6.2　TFDS 的组成和设备功能

6.2.1　TFDS 的组成

TFDS 由检测数据采集站、数据处理中转站、检测分析中心三个工作站组成。TFDS 的硬件设备由永磁信号传感器（即磁钢组）、前置处理器（即永磁信号前端处理机）、高速摄像装置、光源补偿装置、端口处理器、光纤收发器、交换机、网络服务器和窗口计算机九部分组成。TFDS 的软件由接车过程数据处理、人事管理、系统维护三个部分组成，其中，接车过程数据处理部分主要由在线作业、报表整理、运用报表、报表浏览、信号控制五个模块组成；人事管理部分主要由列检所人员、人员分组、系统用户、列检所描述四个模块组成；系统维护部分主要由故障维护、报表修改、备份、图片设置、信号控制五个模块组成。

TFDS 的组成结构简图如图 6-7 所示。其中：数据采集站安装于室外，它包括 11 个永磁信号传感器（磁钢组）及其相关设备、4 台高速摄像机及光源补偿装置、轨边箱；数据处理中转站位于控制室，它包括 TFDS 动态检测仪（前置处理器）、端口处理器、光纤收发器、电

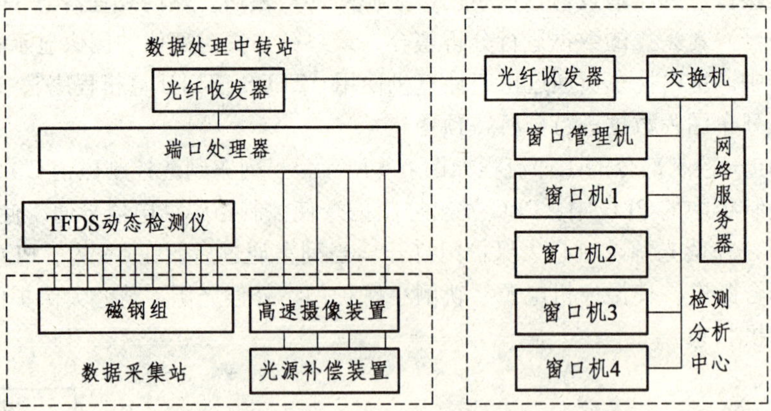

图 6-7 TFDS 的组成结构简图

气控制设备（集中于总控制柜）以及 UPS；检测分析中心包括光纤收发器、交换机、网络服务器和窗口计算机。

6.2.2 TFDS 的拍照位置

TFDS 具备图像化监控列车关键部位的能力，TFDS 的摄像机能拍摄到的车辆部位有：

① 制动梁，包括：制动梁支柱、槽钢、弓型杆、安全吊和安全链以及 7 个关键圆销（即支柱圆销、上拉杆圆销、下拉杆圆销和固定杠杆支点圆销）及其开口销。

② 转向架，包括：侧架（构架）、摇枕，侧架立柱磨耗板外侧、闸瓦及闸瓦插销，滚动轴承外圈、前盖、承载鞍、轴箱、密封罩、轴端螺栓、标志板，滑动轴承轴箱及外露部件，枕簧等。

③ 交叉杆底部，包括转 8AG、转 8G、转搬等。

④ 车钩缓冲，包括钩尾框、从板及从板座、缓冲器、钩尾框托板及钩尾销螺栓螺母、车钩连接部。

另外，TFDS 对每辆车的探测部位统一采集 53 幅照片。

6.2.3 TFDS 的设备功能

1. 轨 侧

轨侧部分有 2 台摄像机，采集如下列车部位的信息：列车转向架滚动轴承轴箱、外圈、前盖、承载鞍、密封罩、轴端螺栓、滑动轴承轴箱、轴箱盖、轴箱盖螺栓螺母、侧架及一体式构架侧梁外侧、侧架立柱磨耗板，交叉支杆盖板下平面、交叉杆、交叉杆支撑座、防松垫止耳，轴箱及摇枕外侧弹簧、转 K4 型转向架斜楔主摩擦板，以及钩身状态、互钩差部分。

轨侧的部分组成部件如表 6-1 所示。

表 6-1　轨侧的部分部件

序号	名　　称	数量	单位	作　　用
1	保护门	2	个	对摄像机起到保护作用
2	步进电机	2	个	调节光圈的驱动器
3	转角电机	2	个	对保护门驱动
4	摄像机	2	台	采集图片
5	摄像机安装座	2	个	固定摄像机位置
6	调整架	2	个	微调摄像机位置
7	风扇	2	个	散热
8	光圈调节装置	2	个	光圈调节的传动部分
9	UV 镜	2	个	保护镜头
10	太阳灯	4	个	光源补偿
11	10 芯航空插头	2	个	与控制部分连接
12	底座	2	套	整个外壳固定
13	保护箱	2	个	外壳

2. 轨　心

轨心部分包括 2 台摄像机，采集如下列车部位：钩身及钩尾框下平面，从板、从板座、缓冲器，钩尾框托板及钩尾扁销螺母，开口销，闸瓦托吊外侧、制动梁支柱、槽钢及弓形杆下平面，制动梁吊的圆销、开口销、U 形插销（螺栓），闸瓦、闸瓦插销，制动梁支柱、下拉杆、固定杠杆支点、移动杠杆上拉杆圆销、开口销部分。

轨心的部分组成部件如表 6-2 所示，其中：

表 6-2　轨心的部分部件

序号	名　　称	数量	单位	作　　用
1	太阳灯	2	个	光源补偿
2	摄像机	2	台	图片采集
3	摄像机安装座	2	个	固定摄像机
4	调整架	2	个	微调摄像机位置
5	摄像机保护箱	1	个	恒温保护
6	轨心保护门	2	套	对轨心设备保护

① 钩缓部件 11 个，其中底部 9 个，侧面 2 个。

② 侧架部件 12 个，其中左右各 6 个。

③ 基础制动部件 12 个。

④ 车底架部件 18 个。

3. 磁 钢

磁钢的传感器部分部件如表 6-3 所示。

表 6-3 磁钢的传感器部分部件

序号	名 称	数量	单位	作 用
1	永磁传感器	11	个	采集列车数据
2	轨排	1	个	按系统标准尺寸固定磁钢
3	夹具	8	套	固定磁钢
4	接线盒	1	个	对磁钢线进行转接

4. 轨边箱

轨边箱的部分部件如表 6-4 所示。

表 6-4 轨边箱的部分部件

序号	名 称	数量	单位	作 用
1	温度传感器	1	个	对室外温度监测启动散热
2	接线端子排	2	个	线路转接
3	箱体	1	个	保护转接线

轨边箱主要是对室外设备接线与室内设备接线进行转接。

5. 数据处理中转站

数据处理中转站的部分部件如表 6-5 所示。

数据处理中转站主要是对整套系统的图片数据进行分析整理并发往服务器。其中，总控制柜控制光源补偿，保护门开关、摄像机电源等电器。

表 6-5 数据处理中转站的部分部件

序号	名 称	数量	单位	作 用
1	前置处理器	1	台	对磁钢采集的列车数据进行处理
2	端口处理器	1	台	对图片数据及列车数据进行整合
3	显示器	1	台	显示各项数据
4	光纤收发器	1	台	发送数据到服务器
5	总控制柜	1	套	对电器部分进行控制
6	信号防雷箱	1	台	防雷设备

续表 6-5

序号	名　　称	数量	单位	作　　用
7	电源防雷模块	1	个	防雷设备
8	总电源箱	1	个	集成系统所使用各种电源
9	PIC 可编程控制器	1	个	对各控制继电器发出指令
10	继电器	1	个	执行凡 C 指令
11	服务器	1	台	数据汇总

端口处理器安装运行 TFDS 动态接车软件。

6. 检测分析中心

检测分析中心的部分组成部件如表 6-6 所示。

表 6-6　检测分析中心的部分部件

序号	名　　称	数量	单位	作　　用
1	窗口计算机	5	台	数据浏览
2	光纤收发器	1	台	接收数据到服务器
3	交换机	1	台	

检测分析中心的 5 台窗口计算机，分别浏览列车不同部分的图像。

7. TFDS 的动态检测仪

（1）动态检测仪的功能

TFDS 动态检测仪是用于货车运行故障动态图像检测系统（TFDS）的前置处理器。它与 TFDS 软件配合，主要实现如下功能：

① 自动分辨客车、货车。

② 自动判别货车车种车型。

③ 自动判别列车速度。

④ 自动计轴计辆。

⑤ 能与 AEI 系统连接。

⑥ 提供图像拍摄信号。

⑦ 自动检查磁钢。

（2）动态检测仪的技术指标

动态检测仪的主要技术指标如下：

① AC 220 V，10 kW。

② 适应列车速度：5～120 km/h。

③ 检测精度：测速误差±0.3 km/h，图像偏差±1 cm。

（3）动态检测仪的组件

TFDS 动态检测仪提供矩形 20 芯接插件（插座）、数据插口、串口、AEI 接口，用来与外界连接。另外，它还附带矩形 20 芯接插件（插头）、数据线、串口线、电源线。其中，矩形 20 芯接插件（插座）外接 10 路磁钢，接法如下：1、2 脚接地，3 脚接第一路磁钢信号，4 脚接第二路信号，以此类推。

注意：所有磁钢一定要同极性，切勿接反，并且在接线处静噪≤10 mV。

数据插口（COMl）接附带的数据线到计算机。

串口（COM3）接附带的串口线到计算机串口 1。

AEI 接口（COM5）接 AEI 设备。

电源插座外接交流 220 V。强烈建议系统一定要接大地。

（4）动态检测仪的面板指示

面板指示灯含义如下：

① 电源（红）：电源指示。

② 主机（绿）：主机准备好时闪烁；有列车通过时过一轴改变一下状态；通信时有暂时停顿。

③ 车号（绿）：查询等待时闪烁；查询一次车号改变一次状态。

④ 磁钢（绿）：查询磁钢时灯亮；当发现有问题时闪烁。

8. 总控制柜

（1）总控制柜的功能

总控制柜采用 PLC 可编程自动化控制器，主要用于控制采集站的所有电器和自动控制部分。例如：

① 摄像机 12 V 电源控制。

② 补偿光源控制。

③ 轨心保护门控制。

④ 轨侧保护门控制。

⑤ 摄像机光圈调节控制。

⑥ 雨刷控制。

⑦ 轨侧风扇控制。

⑧ 电源防雷装置控制。

⑨ 设备、信号保护装置控制。

⑩ 自动控制和手动控制。

（2）总控制柜的自动控制

总控制柜自动控制系统启动前，首先要将总电源打开，即将 ACKl4、ACKl3、ACKl2、ACKll、ACKIO 打开。

当列车压 C0 磁钢时，总控制柜 PLC 接受到触发信号后，立即发出控制指令，J1、J2 导通，摄像机电源 12 V 有输出，小保护门+30 V 输出，小保护门打开，同时 J4、J6、J7、J8 导通，补偿光源 220 V 电源输出，轨心、轨侧灯亮，大保护门打开。

当列车完全通过后，在 5 s 内，J1、J2、J4、J6、J7、J8 断开，轨心灯、轨侧灯熄灭，摄像机 12 V 电压无输出，J3、J5 导通。大保护门、小保护门关闭，总控制柜复位到待机状态。

（3）总控制柜的手动控制

在设备检修时，需要打开、关闭保护门，开启灯光，这些功能可以通过手动进行控制。

① 大保护门开启：合上 ACK4，大保护门打开。

② 大保护门关闭：拨下 ACK4，合上 ACK5，大保护门关闭。

注意：开启或关闭大保护门时，ACK4、ACK5 不能在同一位置上，即不能同时拨下或合上。

③ 补偿光源开启：合上 ACK6，则左侧灯亮；合上 ACK7，则右侧灯亮；合上 ACK8，则轨心灯亮。

④ 小保护门的开启：合上 DCK2，小保护门打开。

⑤ 小保护门的关闭：拨下 DCK2，合上 DCK3，小保护门关闭。

注意：开启或关闭小保护门时，DCK2、DCK3 不能在同一位置上，即不能同时拨下或合上。

⑥ 摄像机 12 V 电源开启：合上 DCKl，现场摄像机就有 12 V 电源。

（4）轨侧风扇的启停

当轨侧保护箱内温度高于 30°C 时，通过温度传感器件使温度控制器工作，J9 导通，轨侧保护箱内风扇工作；当箱内温度低于 30°C 时，J9 释放，风扇停止工作。

（5）镜头校验

环境因素的变化会影响图像质量（如白天太阳光线较强而夜晚较黑），必须对摄像机镜头进行调节。当需要调节光圈时，在端口计算机系统中有“镜头校验”菜单，运行后弹出“镜头校验”窗口，在该窗口界面中有一个光圈调节栏，手动左侧或右侧，调节脉冲数，点击调节即可进行镜头光圈的增或减。在该窗口界面中，还可对保护门、补偿光源、摄像机 12 V 电源进行开或关的操作。

6.3　TFDS 的安装

6.3.1　TFDS 的硬件安装

1. 图像采集站的选址要求

① 图像采集站应安装在进站信号机以内（如果在信号机外安装，机外易停车，造成丢图等现象）。

② 避开电气化铁路的高压线塔回流线位置 2.5 m 以上。

③ 避开钢轨接头处（磁钢安装范围）2.5 m 以上。

④ 直线段要求 100 m 以上。

⑤ 避开坡道，要求坡度在 5/1 000 以内。

⑥ 与邻线距离不小于 3.5 m（相邻线两钢轨内侧距离）。

⑦ 避开变压器塔架位置 2.5 m 以上。

⑧ 安装点位置最好比轨道两侧高，以利于排水。

2. 数据处理中转站

数据处理中转站按数据处理中转站基础图施工。

预埋信号防雷和电源防雷地线两处，并避开电气化铁路的高压线塔回流线位置、变压器塔架位置 3 m 以上，两地线线径需大于 10 mm，信号防雷地线对地电阻需小于 4 Ω，电源防雷地线对地电阻需小于 10 Ω，10 kV·A 电源满足 AC 220（1±15%～20%）V、50 Hz；保持室内温度 16°C～25°C。

3. 检测分析中心

室内装修时，地面建议采用地笼方式，以利于布线与美观，4 kV·A 以上电源和配电箱满足 AC 220（1±15%～20%）V、50 Hz；提供 6 套电脑桌椅；为每台电脑提供并安装好电源插座和网线模块插座；保持室内温度 16°C～25°C。

4. 光　缆

光缆采用单模铠装地埋式 8 芯光缆；光缆熔接，并提供光纤收发器，确保光纤通信正常。在光缆安装前，应完成设备增容、过轨、基础、光缆铺设、地线、探测房、分析中心电源及局域网等的安装调试工作，之后再通知光缆厂家发货安装，在光缆的安装调试过程中，用户维护人员应参与安装，以便日后维护。

5. 其他设施

轨心基础按轨心基础图施工。轨道基础按轨侧基础图施工。

1#、2# 磁钢线的铺设（长 80 m，深 800 mm，宽 300 mm），水泥埋设接线立柱 1 个，并起四方平台（长 400 mm×宽 400 mm×高 300 mm）用于安装接线盒 HZ-12；轨边箱至探测房线缆管及过轨预埋两根 100 号钢管。

6.3.2　采集站

1. 磁钢安装

按图 6-8 进行磁钢布局的安装。

（1）安装尺寸

Cl—C2 磁钢中心距离：（270±2）mm。

C0—C3 磁钢中心距离：（5±0.5）mm。

C3—以磁钢中心距离：（370±2）mm。

C4—C5 磁钢中心距离：（330±2）mm。

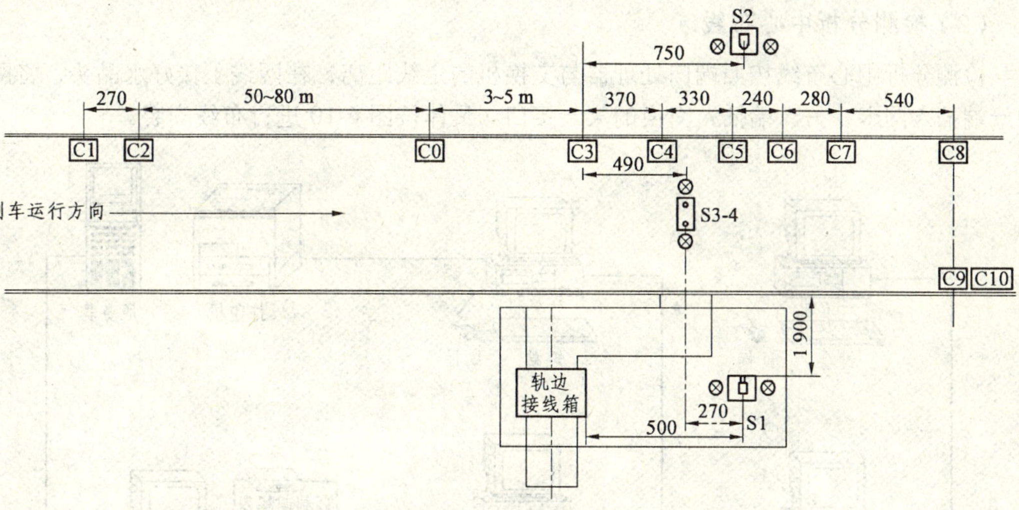

图 6-8　磁钢安装

C5—C6 磁钢中心距离：（240±2）mm。

C6—C7 磁钢中心距离：（280±2）mm。

C7—C8 磁钢中心距离：（540±2）mm。

C9—C10 磁钢中心距离：（150±2）mm。

磁钢踏面距轨面距离：以厂方安装为准。

磁钢中心距轨内侧：（50±5）mm。

（2）安装标准

安装完毕应检查磁钢，确保紧固，无松动、脱落，磁钢性能良好，接入前置处理器的磁钢噪声应小于 50 mV（用毫伏表测量）；外壳绝缘电阻≥10 Ω。

2. 中转站

（1）网络布线

网络布线按照端口处理器与交换机的走线距离，在网线上接好水晶头，将网线的一端插入网卡，另一端插入交换的某一接口。具体按图 6-9 所示进行布线安装。

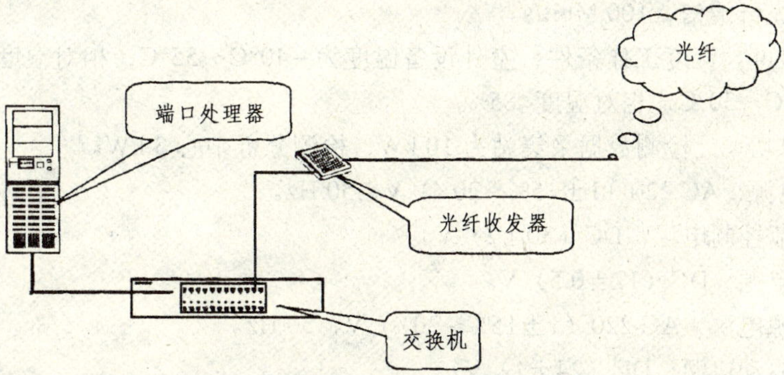

图 6-9　网络布线

（2）检测分析中心布线

检测分析中心布线按照端口处理器与交换机的走线距离，在网线上接好水晶头，将网线的一端插入网卡，另一端插入交换的某一接口。具体按图 6-10 进行布线安装。

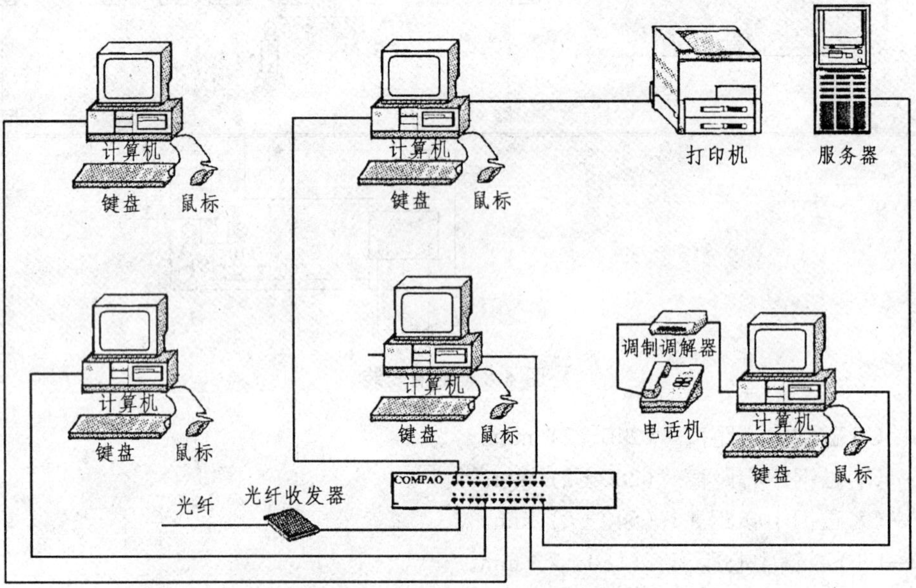

图 6-10　检测分析中心布线

6.3.3　TFDS 的主要技术指标

TFDS 的主要技术指标如下：

① 适应列车速度：5～120 km/h。

② 检测精度：测速误差±0.3 km/h，图像偏差±1 cm。

③ 自动计轴计辆：计轴误差$<3\times10^{-6}$；计辆误差$<3\times10^{-5}$。

④ 数据存储：30 GB（约 50 000 辆车，可扩充）。

⑤ 信息传输：前置处理器与端口处理器为串行传输，19 200 bit/s；数据处理中转站至检测分析中心为光纤通信，100 Mbit/s。

⑥ 适应温度、湿度工作条件：室外设备温度为－40°C～55°C，相对湿度<95%；室内设备温度为－16°C～30°C，相对湿度<85%。

⑦ 系统总功率：检测数据采集站为 10 kW；检测分析中心 3 kW。

⑧ 系统电源：AC 220（1±15%～20%）V、50 Hz。

· 光圈调节控制电源：DC（30±2）V。

· 摄像机电源：DC（12±0.5）V。

· 补偿光源电源：AC 220（1±15%～20%）V、50 Hz。

· 保护门驱动电源：DC（24±1）V。

· 补偿光源、保护门控制板：DC（12±1）V。

· 雨刷控制板：DC（12±1）V。

· 摄像机电源控制板：DC（12±1）V。

⑨ 防雷措施：采用防雷变压器组合，按 CCITT 标准，要求：10/220US 波，幅值 5 kV 冲击，残压小于 20～40 V。

⑩ 检测数据采集站的技术参数：

· 摄像机：敏通型，分辨率为 640×480。

· 补偿光源：1 000 W 管形照明卤钨灯。

· 保护门开启响应时间≤5 s；关闭响应时间≤5 s。

· 补偿光源开启响应时间≤1 s；关闭响应时间≤3 s。

⑪ 图像处理参数：

· 抓拍速度：动态采集。

· 图像处理速度：25 帧/s。

⑫ 网络参数：

· 端口处理器：CPU P 4 3.0 GB、内存 1 GB、硬盘 36 GB（SCSl）以上配置。

· 网络服务器：双 CPU P4 2.4 GB、内存 512 MB、硬盘 36 GB（SCSl）、100 MB 网卡以上配置。

⑬ 窗口计算机：CPU P4 2.4 GB、内存 256 MB、硬盘 40 GB 以上配置。

6.4　我国铁路安装 TFDS 的实际应用效果

2001 年 12 月，货车运行故障动态图像检测系统（以下简称 TFDS）在郑州铁路局武昌南车辆段武南到达列检所安装成功并投入试运行。通过近几年的实际运用，给铁路列检工作带来了如下八大变化。

变化之一：实现了“人控”向“机控”的转变。

列检现场作业受作业者心理因素、精神状态及检查视觉等客观因素的影响，作业行为可控程度较差，检修质量难以保证。通过 TFDS 替代人工作业后，按照检测分工范围，实行专业检查，使作业者能够专注于具体的检查部位，提高了列车检测质量。

变化之二：实现了“室外”向“室内”的转变。

传统的列检作业是在露天环境下进行的，车辆检修质量直接受环境因素的影响，如白天与夜间、晴天与雨雪天、高温天气与低温天气等，自然环境因素会直接影响列车的检修质量，传统的作业手段无法解决。TFDS 则不受这些因素的影响，对货车车辆实行“全天候”检测，改善了作业环境，减轻了劳动强度，增强了故障检测能力，实现了“室外”向“室内”的转变。

变化之三：实现了“静态检查”向“动态检测”的转变。

传统的作业方式是对列车进行静态检查，以敞车为例，每辆车按“三七一二七”的标准来检查，检车员要上下往返数次，运动量大。经统计，检车员检查一辆车，对台车和车底检查共要进出 14 次，锤敲眼看全车 107 个螺栓、67 个各部圆销开口销，体能消耗大，稍有疏忽就会造成漏检，影响行车安全。而 TFDS 系统是对运行中的列车进行动态检测，将车辆故障情况预报给现场作业人员，使修车人员有充足的时间进行故障处理。

变化之四：满足了检查货车车辆新技术、新结构的需要。

货车车辆技术的飞速发展，新技术、新工艺的不断采用，如 h5 型行包快运车、X1k 型集装箱快运车、转 8G 转向架、转 K2、转 K4 转向架等一些新车型、新技术的投入使用，有些故障单靠人来检查难以达到要求，例如交叉杆、转 K4 转向架弹簧托板等，因距轨面距离小，检车员无法检查到位，不能及时发现故障隐患。而 TFDS 弥补了传统作业方式的缺陷，将检车员难以检查的部位清晰地显现在计算机上，明显地提高了检查的彻底性。

变化之五：压缩了列车技术检查时间，解决了列车密集到达，列检作业与运输畅通之间的矛盾。

我国铁路第五次大规模提速调整后，列车密集到达成为普遍现象，按铁运函[2003]23 号《铁路货车运用维修规程》规定的 35 min 技检时间进行作业，势必干扰运输生产组织秩序，影响列车运输畅通。采用 TFDS 后，它所监控的车辆转向架、车钩缓冲装置部位，共 26 幅画面，非常直观地显现了车辆的实时实际状态，减少了这些部位需要现场检车员进行技术检查的作业时间。根据运装货车[2004]92 号文件要求，到达、始发的直通货物列车的列检作业人员，按每人单侧检查不超过 10 辆的标准，平均每列车可压缩技术检查时间 9.5 min，有效地解决了列车密集到达的情况下，列检作业与运输畅通之间的矛盾。

变化之六：减少了现场作业人员，提高了列检劳动生产率。

按照运装货车[2004]92 号文件要求，到达、始发的直通货物列车的列检作业人员，按每人单侧检查不超过 10 辆的标准配置，武南一场列检所按每组 10 人配置，4 个检车工班 8 个作业组，需配置现场检车员 80 人。

TFDS 实行的是人机结合作业方式，是通过监测系统的 26 幅图像界面对车辆转向架、车钩缓冲装置等部位进行实时的全部监控，把铁运函[2003]23 号《铁路货车运用维修规程》第 23 条中的第 3、4、6 项检查作业范围，转变为查询图像画面的方式进行列车技术检查，减少了现场检车员的技术检查作业范围，且所减少的作业范围既是“五防”中的关键部位（即防车辆大部件裂损、防车辆配件脱落、防列车分离部位），又是现场检车员作业劳动强度最大的部位，同时还是检车员作业质量难以控制的部位。根据铁运函[2003]23 号《铁路货车运用维修规程》第 40 条“列检所的直接生产人员应根据列检所的性质、作业范围、技检时间、列车运行图所规定的工作量及列车编组辆数，按‘以列定组、以辆定人’的原则配备”，而 TFDS 是人机结合的作业方式，它一方面减少了现场检车员对 3 项关键部位的作业范围，另一方面，根据运装货车[2004]92 号文件的要求，到达、始发的直通货物列车的列检作业人员按每人单侧检查不超过 10 辆的标准，平均每列车压缩技术检查时间 9.5 min，可以达到每人单侧检查 15 辆的标准，作业范围的减少和每人单侧检查辆数的增加，势必带来列检现场作业劳动生产组织的调整。根据以上变化，现场检车员只需 48 人，实现减员 40%，劳动生产率得到了较大提高。

变化之七：便于进行原因分析、责任追究。

传统列检作业方式下，检车员因简化作业造成漏检、漏修，进行原因分析、追究责任时，无法追溯原始作业情况，造成不能有效、准确地定责，使用 TFDS 后，通过查询图像，分析原始记录，责任一目了然。

变化之八：实现了数据采集、资料统计查询和报表自动生成。

TFDS 与 AEI 系统连接，实现了车号自动识别，可进行数据的查询、传输。对发现的故障，室内检车员及时输入后，系统自动生成以 HMIS 为标准的车统-15、车统-81 等列检所主要报表，系统提交车统-81 后，通过网络传输进入“车辆综合信息平台”，将故障信息直观地显示在车辆综合信息平台上，预报给列检值班员，解决了室内检车员靠手写、语音方式传递信息导致不准确的问题，实现了信息传递的实时性、准确性和可追溯性。

思 考 题

1. TFDS 系统监测了车辆的哪些部件？
2. TFDS 系统是由哪些部分组成的？
3. 安装 TFDS 后我国铁路实现了哪“八项”变化？为什么？

第 7 章 货车滚动轴承早期故障轨边声学诊断系统（TADS）

7.1 概 述

7.1.1 国内外轨边声学诊断技术的发展现状与趋势

自 20 世纪 60 年代起，以美国为代表的重载运输发达国家，为防止货车轴承的燃轴和切轴，保障行车安全，开发了基于热辐射原理的红外线轴温探测系统，并很快得到应用。随着电子技术和计算机技术的发展，红外线轴温探测技术也取得了极大进步，性能和可靠性有了很大的提高。目前这种装置已在世界范围内得到广泛应用，成为货车轴承运行监测的主要手段。

随着信号分析技术和计算机技术的进步，20 世纪 60 年代以来，机械故障诊断技术得到了迅速的发展，因其所产生的巨大经济效益，所以 80～90 年代在世界范围内形成了高潮。其中，轴承的诊断技术是发展较早且比较成熟的技术之一，滚动轴承早期故障的诊断主要采用振动或声学的方法。

20 世纪 80 年代中期，美国铁路开始探索货车滚动轴承的声学早期诊断技术，Servo 公司、Conrail 公司、联合太平洋铁路（UP）、伯灵顿北方铁路（BN）、美国铁道协会（AAR）及铁路运输技术中心（TTC）等都积极参与了声学诊断技术的研究、开发和试验工作，研制了地面声学探测系统，将声学传感器安装在轨道旁，在列车通过时获取轴承的声音信号并进行分析，既可以独立工作，也可以和红外线轴温探测系统联合作业，目的是早期发现轴承故障，使列车运行更安全。1994 年起，在美国联邦铁路管理局（FRA）与 AAR 的支持与推动下，美国 TTC 对这种地面声学探测系统进行了深化研究和试验，而美国 AAR 更将这一项目纳入其战略研究计划。

随后，美国 TTC 加大力量实现该技术的产业化，20 世纪 90 年代中后期开发了由多个声传感器组成的传感器阵列，解决了一些关键技术问题，研制了新一代轨边声学探测系统（Trackside Acoustic Detection System），该系统采用神经网络等先进方法进行故障识别，错误报警率进一步降低，诊断的准确性得到了大幅度提高，目前该产品已在北美、南非、澳大利亚铁路安装使用，并得到 AAR 认可。

澳大利亚 VIPAC 公司（VipacEngineers SL ScientistsLtd.）自 1991 年起开始研究铁道车辆轴承声学诊断技术，推出了声学监测系统——RailBAM（Railway Bearing Acoustic Monitoring System），该系统采用声传感器阵列提取轴承和车轮故障的声音特征，可早期发现轴承和车轮故障，提高列车安全性。此后，VIPAC 公司对该系统的性能和处理速度等又进行了改进，集成了车号识别功能，从 2001 年起，新系统在澳大利亚铁路投入现场使用，取得了很高的故障诊断准确率。目前该系统主要在澳大利亚的南部铁路网上安装使用，效果良好。

轴承故障地面声学诊断技术能在温度报警之前发现货车轴承的早期故障，便于及时处理，提高了行车的安全性，同时可减少轴承的退卸检查，节省了检修时间和成本，并可掌握轴承的运用情况和故障趋势，便于制订合理的检修计划，因此，该技术代表了货车轴承监测诊断的发展方向。随着声学诊断技术的不断进步和成本的进一步降低，其应用范围将会逐步扩大。

20 世纪 70 年代以来，我国铁路货车逐步采用滚动轴承取代滑动轴承，目前在干线运行的货车基本实现了滚动轴承化。我国铁路从 20 世纪 80 年代起，逐步在各大干线上安装了红外线轴温探测系统，现已形成了全路红外线轴温探测网络。目前，干线铁路红外线轴温探测系统安装总里程达到 39 258 km，覆盖率达 66.93%。应用红外线技术探测车辆轴温，对发现热轴故障，防止燃轴和热切事故，减轻列检工人的劳动强度，提高铁路运输效率发挥了重要作用。然而，对于滚动轴承来说，红外线轴温检测显得有些滞后，防范关口偏弱，安全性不能得到充分保障。

由于声学诊断方法具有早期发现故障、非接触测量等优点，因此很快受到我国铁路部门的重视。目前，我国铁路引进了该项技术，开发了面向检修基地应用的轮对轴承诊断系统，由试验台和诊断仪器等组成，安装在机务段或车辆段的轮轴检修流水线上，通过对轴承振动信号的测量和分析，判别轴承的状态，发现早期故障，为检修提供决策依据，以决定轴承是否需要进行分解检修，从而保障列车安全。

7.1.2 我国铁路建立 TADS 的意义

随着我国铁路大规模提速的实施，列车速度的提高和站停缩短，给列车的安全运行增加了压力，我国铁路传统的车辆安全监测水平与列车提速运行存在较大矛盾，列车提速后有关部件的故障率有增大的趋势，而轴承故障是列车运行中的主要故障源之一，也是影响列车安全的最大根源。与其他机械零部件相比，滚动轴承的一个显著特点，就是其寿命的离散性很大，即用同样的材料、同样的加工工艺和生产设备制造出来的同一批轴承，即使在相同的工况条件下，其寿命也可能有较大的差别，有的轴承还远未达到设计寿命就出现了各种故障。所以，加强轴承的监测和诊断，及时了解和掌握轴承的工作状态，可以尽量发挥轴承的工作潜力，避免或减少事故的发生，对列车的安全运行具有十分重要的意义。

为了预防由轴承故障引起的事故，我国铁路部门在主要铁路干线上大量安装了红外轴温探测系统，形成了探测网络，以便及时发现温度过高的轴承，防止燃轴、切轴和脱轨事故，取得了很好的效果。1991 年至 1995 年的 5 年中，全路共发生热切事故 42 件（其中重大事故

8件）。1996至2000年5年中，仅发生此类事故25件（其中重大事故4件），下降40.5%。但与滑动轴承不同，滚动轴承从故障发生到发热烧损的过程较漫长，一般情况下故障轴承并不表现出明显的高温，而一旦发现滚动轴承温度过高就已经到了故障的后期，如不及时停车处理，温度将急剧上升并使滚动轴承很快烧损。而中途停车会降低铁路运输能力和经济效益，报警或处理不及时，则有可能引发切轴、脱轨等大事故，造成严重的行车中断和经济损失。从我国铁路部门过去的统计情况来看，每年都有相当数量的轴承处在“带病服役”阶段，表7-1是从1999年至2003年第3季度在列检中发现的全路货车轴承故障统计情况，实际上有些故障程度已经很严重，但红外线轴温探测系统均未报警。

表7-1 1999年至2003年第3季度全路货车轴承故障统计简表

年 份	1999	2000	2001	2002	2003（1～3季度）
故障件数	1215	420	733	913	587

由表7-1可知，2000年以来总的故障数有较大幅度的减少，这是由于轴承设计、制造技术和质量的提高，以及铁路系统加强管理和维护的结果。然而，每年仍有一定数量的故障产生，且故障数量存在较大波动，对行车安全构成较大的潜在威胁。考虑到重载、快速运输体系的发展及轴承工作环境的恶劣情况，仅仅依赖红外线轴温探测系统难以有效地保障列车的安全。为了提高铁路行车的安全性，避免或减少由轴承引发的燃轴、切轴和脱轨事故，我国铁路引进了先进的轨边声学诊断技术，建立了货车滚动轴承早期故障轨边场学诊断系统（简称TADS）。

轨边声学诊断系统采用声学诊断技术和计算机网络技术，通过对运行中货车轴承噪声信号的采集和分析，来识别轴承的工作状态，提供有效的轴承内部早期故障的诊断结果，在热轴发生之前发现故障。这是一项高新技术在铁路行业的重要应用，轨边声学诊断系统与红外线轴温探测系统相结合，共同构成货车轴承的安全保障系统，能更加有效地防止切轴和脱轨，提高轴承故障的防范水平，使列检对滚动轴承的检查从人判为主逐步过渡到人机结合、机判为主的阶段，从而确保行车安全，提高铁路运输的效率和服务水平。

轨边声学诊断系统增强了轴承的预警能力，将防范关口前移，体现了“预防为主”的安全指导思想，使行车安全性更高。但滚动轴承的失效模式是多样的，并非所有的故障都能在运转中产生异常噪声，因此，轨边声学诊断系统不可能解决所有的轴承故障诊断问题，而总有一部分轴承故障是轨边声学诊断系统难以识别的。未被轨边声学诊断系统识别的故障继续发展，有可能进入后期阶段而产生高温，所以，TADS不能取代红外线轴温探测系统，而应该是红外线轴温探测系统在功能上的重要补充。红外线轴温探测系统作为轴承的一种防范手段，在车辆安全保障体系中仍将发挥重要的作用。

1. TADS为我国铁路货车检修修制改革提供了技术手段

我国传统的铁路车辆检修方式有两种：一种是列车到达有列检所作业的车站停车，由列检作业人员对车辆各部件进行检查修理；另一种是定期将车辆进厂、段进行辅修、段修、厂修等。列检作业采用“七字检查法”，即采用敲、听、看、摸、捻、闻、转等方法对车辆各部件进行检查。由于人员素质的差异，检查的结果也不尽相同，存在漏掉故障隐患的可能。列检作业需要停车检查，必然对运输效率有一定影响，增加了列车的停车次数和停车时间。作业人员钻、爬车下劳动强度大，工作环境十分危险。定期修，就是车辆运行达到一定时间周期后，进厂、段对车辆进行全面整修，有些部件本身没有故障，仍对其进行拆卸检查，必然会造成大量的人力、物力、财力的浪费。由于各个厂、段维修车辆的技术水平、维修质量不同，很难保证维修后的车辆性能处于最佳工作状态，存在一定的安全隐患，特别是有些车辆在一个检修周期内使用率并不高或闲置，到期后，自然对该车辆检修，明显是不科学、不合理的。为了解决这一问题，铁道部提出铁路车辆检修体制由定期修到状态修、走行公里修转变。滚动轴承早期故障轨边声学系统可为车轴检修的工作部门提供车辆轴承的运行状态、故障数据，为车轴检修由定期修到状态修、走行公里修提供可靠的技术手段。

2. TADS为我国铁路生产力布局调整提供了帮助

为了适应我国铁路现代化建设的需要，完成我国铁路生产力布局的合理调整，采用先进的检测检修装备——TADS，打破传统机车车辆界限，逐步整合铁路机车车辆运用和检修布局，实行长交路、轮乘制，逐步取消列检所，可大幅度减少机构设置和人员占用，提高设备的检修水平和运用质量，为生产力布局调整提供基础条件。

3. TADS可综合评价各类轴承性能，对货车轴承发展决策提供科学依据

我国铁路拥有货车数量近60万辆，货车轴承基本上采用的是滚动轴承，而滚动轴承又分几种轴承类型，货车轴承是车辆的关键部件。在全路建立滚动轴承早期故障轨边声学系统，形成网络化管理，设立全路货车轴承运用状态动态数据库，一方面可对货车轴承故障进行早期预报、早期处理；另一方面，通过建立货车轴承运用状态档案，对各类轴承运用性能进行统计，综合评价各类轴承的使用寿命、运用性能的可靠性，可为今后货车轴承的发展提供科学、合理、可靠的决策依据。

综上所述，在我国铁路建立滚动轴承早期故障轨边声学诊断系统，实现网络化管理，不仅对防止列车脱线、切轴事故的发生起着非常重要的作用，而且通过现代化的技术装备对列车轴承进行在线检测，对铁路车辆检测修配改革由定期修到状态修、走行公里修及生产力布局调整提供了可靠的技术保障。

4. 我国铁路采用TADS后的效果

轴承从制造出厂到上线使用一直到出现故障退出运用，不同时期其使用寿命各不相同。刚出厂的新轴承寿命也许是几十万公里，但随着它在线路上的运行，各种潜在的故障会明显损害其正常使用寿命，从图7-1可以看出，轴承在发生故障之前的约1万公里范围内是故障的快速发展时期，如果不及时发现故障并维修，轴承故障将加速发展演化为热轴故障。图中标示“严重”的区域正是TADS起预警作用的关键时期，之后故障将随时可能发生，只能靠红外线轴温探测系统（THDS）报警了。

对于轴承的早期故障预报来说，仅仅一次预报未必能说明多少问题，多次重复预报并跟踪其故障发展趋势才是正确使用TADS探测设备的核心所在。因此，要求TADS探测设备必须全路联网使用，建立全路轴承趋势诊断数据库，对轴承进行全程跟踪监控。

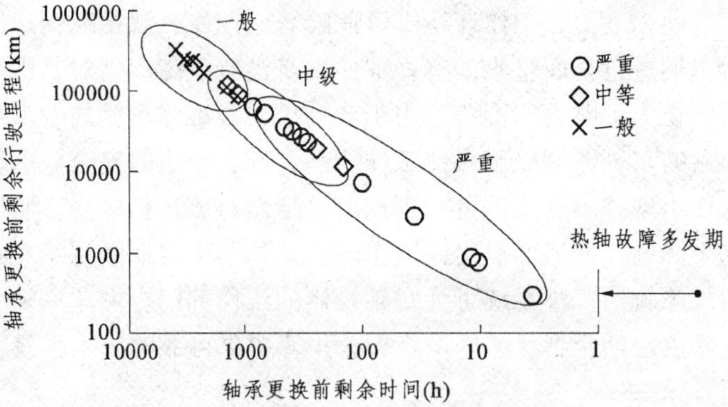

图 7-1 轴承随时间退化的分析曲线图

(1) 及时发现早期故障轴承

按照 TADS 探测设备的故障严重性分级，多次重复预报一级故障的轴承应当及时退出运行，进行退卸检查，以减少因轴承故障导致的出轨和热轴事故的发生，将故障消灭在萌芽状态。图 7-2 所示是部分故障分解后的实例。

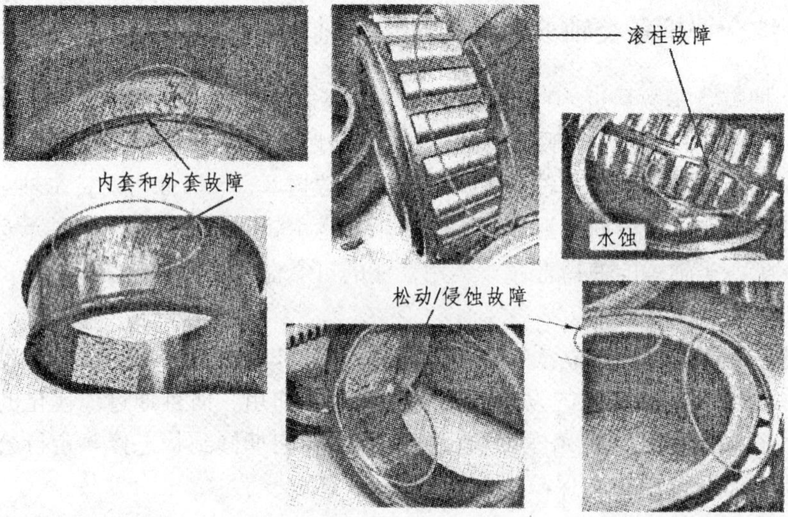

图 7-2 部分故障实例

(2) 监控发展中的轴承故障

轴承趋势诊断数据库可以监控所有的可疑轴承故障，跟踪故障的发展趋势，及时预报故障轴承，使潜在的故障得到有力的监控。

(3) 合理制订维修计划

随着我国铁路跨越式的发展，现有轴承修制体制越来越不能满足需要，以状态修替代定期修将更为科学化，可以延长轴承寿命，运输效率也会大大提高。实现状态修的前提是能够随时监控每个轴承的健康状况，根据每个轴承的具体使用状况制订个性化的维修计划并及时预报维修日期。全路联网后的 TADS 轴承趋势诊断数据库就可以做到这一点，根据每个轴承的使用状况、故障记录、运用里程等信息自动安排轴承的维修计划。

（4）强化管理手段

TADS 轴承趋势诊断数据库可以按照需要，灵活地生成各种统计分析报表，为各级管理人员制定技术政策提供依据。比如，年度、月度报表可以及时掌握故障发生的情况；按照不同轴承类型的使用情况进行统计，可以对比不同轴承厂家的产品质量；按照不同线路、不同路局进行故障统计，可以评估线路情况、设备维护水平等。

图 7-3 和图 7-4 所示为 TADS 在我国青藏线和京广线广武站的具体应用。

图 7-3　青藏线的 TADS 设备

图 7-4　京广线广武站的 TADS 设备

7.2　TADS 的工作原理

7.2.1　滚动轴承的振动与噪声

声音是一种机械波，是物体的机械振动通过弹性媒质向外传播的结果。轴承的噪声即是由轴承振动产生的，是轴承运转过程的一种属性，即使是精密、良好的轴承也要产生振动和噪声，而振动和噪声的增加或改变则是由故障引起的。

从几何观点来看，滚动轴承结构很简单，主要由内圈、外圈、滚动体和保持架组成，但作为一个振源或声源就显得十分复杂。一般来说，轴承产生振动和噪声的原因是多方面的，主要与外部振源的激励、轴承自身的结构特点、制造和装配误差、内部缺陷或故障四种因素有关。

1. 外部激励引起的振动和噪声

与轴承接触的其他振源（如传动轴、壳体等）对轴承产生激振力，引起轴承的振动和噪声。这种振动和噪声以低频周期成分为主，一般在轴承总的振动能量中所占比例不大。

2. 轴承的结构特点引起的振动和噪声

滚动轴承承载时，由于滚动体的公转，使轴承负荷区的滚动体数目不断变化，滚动体在不同位置时受力的大小也不一样，因而承载刚度发生变化，引起轴心的起伏波动，产生振动和噪声。在一定的转速下，这一振动或噪声具有确定的性质，频率较低。

3. 轴承的制造和装配误差引起的振动和噪声。

正常状态下，可以说这部分因素造成的轴承振动和噪声占主导地位。制造方面包括轴承零件加工面（内、外圈滚道面和滚动体工作面）的波纹度、形位公差、滚动体直径误差等，装配方面包括轴承偏心、转子不平衡、轴弯曲等，都将引起轴承的振动和噪声。这些制造和装配因素造成的激振力大都具有周期性，但由于实际情况下各因素之间的关系十分复杂，所以总的激振力随机性较强，频率成分较多，从而正常轴承在这些激振力的联合作用下所产生的振动和噪声也呈现出较强的随机性，含有多种频率成分。

4. 轴承的内部缺陷或故障引起的振动和噪声

当轴承零件的滚动工作面上出现故障（如剥离、碎裂、点蚀、塑性变形等）时，在轴承运转中滚动体碾压到故障部位，就会产生冲击振动，这种冲击振动与正常情况下的振动有所不同，具有很宽的频率范围，常能激起轴承零件的共振，引发异常声响。这种信号的特点是每个冲击的作用时间很短，时域能量不大，但频谱丰富，且冲击具有周期性。

综上所述，正常状态的轴承在运转中也有十分复杂的振动和噪声，其信号总体上表现出随机特性，虽含有周期成分，但频率较低，能量较弱。一旦轴承内部出现局部损伤，则振动和噪声信号的结构将发生变化，出现周期性的冲击脉冲，引起轴承系统的高频共振响应。

7.2.2 滚动轴承故障的诊断方法

根据机械故障诊断原理，滚动轴承诊断的物理方法主要有温度、振动、声学、油液分析、油膜厚度分析等。

温度诊断一般具有简单、成熟、易于实现的特点，对诸如润滑不良等引起的轴承过热比较敏感，但对点蚀、剥离等早期故障的敏感性差，只能反映故障的后期状态，即只有故障达到一定的严重程度时这种方法才有效。

油液分析技术包括理化分析和光谱、铁谱分析，前者通过润滑油（脂）本身的理化性能来判断润滑剂的工作状态，可防止因润滑不良而产生的机械故障；后者通过对润滑油（脂）中不溶物质的检测分析，来判别摩擦副的工作状态。油液分析技术可以用于轴承的早期诊断，但因其存在取样不便、实时性差等缺点，故在滚动轴承的监测诊断中应用较少。油膜厚度（油膜电阻）分析是一种接触测量方法，对磨损、腐蚀类故障比较敏感，对表面剥落、裂纹、压痕等故障的检测能力较弱，且不适用于低速、同一轴上有多个轴承和旋转轴不外露等情况。

实际应用中，滚动轴承的早期诊断主要采用振动和声学两种物理方法，基于这两种方法的滚动轴承监测与诊断技术具有先进性和实用性。

振动信号拾取比较方便，传感器价格相对低廉，信号处理方法多样，人们对滚动轴承的振动特性掌握得比较多，因而振动诊断技术发展得比较成熟，应用也较为广泛，一般用于固定设备的在线监测和周期性诊断，以及移动设备的定期检测和诊断等，如已在我国绝大多数机务段、机车工厂及部分车辆段应用的轴承诊断仪器与系统，以及市场上出售的绝大多数轴承诊断仪器，都采用的是振动分析方法。

声学方法又包括声音或噪声、超声波、声发射等。超声波主要用于材料的表面与内部缺陷的检测，不能在线实现检测；声发射的频率范围很宽，可获得较高的信噪比，对故障的敏感性强，能够用于轴承的早期诊断，市场上已有商业化的仪器，但仍处于发展之中。所以下面所讨论的声学诊断方法主要是指声音（噪声）方法。

从本质上讲，声音和振动一样是反映轴承工作状态的重要信息来源或信号媒介。声学诊断的信号分析方法和分析结果与振动诊断基本一致，只是信号获取的手段有所不同。声学方法具有携带信息丰富和非接触测量的特点，可对移动目标进行在线监测，但声传感器价格相对较高，由于外部各种杂音的影响，故容易引入额外的干扰，信噪比较低，技术难度较高，应用不及振动方法广泛，多用于传感器无法或难以直接接触的被测物体和背景噪声相对较弱的场合。

7.2.3 滚动轴承声学诊断技术

利用声传感器拾取轴承的声音（噪声）信号，采用特定的信号分析技术，可以从时域、频域或幅域提取出轴承的故障特征，再应用各种模式识别方法，就能够实现滚动轴承的故障诊断。幅域特征可以反映故障的严重程度；频域特征则可以反映故障的部位，因为故障部位不同，其产生的重复冲击频率是不一样的。根据轴承运动学原理，如果已知轴承的几何参数和转速，就可以计算出各个轴承零件产生故障时的特征频率。对实测信号进行分析，查找特征频率成分，即可判别故障所在。

轴承声学诊断的关键技术，一是声音信号的测量，二是状态的识别或分类。声音的主要特征为声压、声强、频率、声功率、质点振速等。测量声音的传感器称为传声器，它是一种把声能转换成电能的电声器件，可用来直接测量声场中的声压。传声器的类型不同，制造精度不同，其性能和应用范围也不一样。

用于声学测量的系统有多种，由于其功能和用途不同，因而包含的内部电路或仪器各不相同，但一般来说都是由传声器、信号分析部分和显示部分等基本环节组成。

轴承故障诊断技术的核心问题，实质上是一种状态识别或分类问题，其根本任务是根据轴承的运行信息对其状态进行分类。由于运行过程与环境的复杂性，一般来说所采集的信号与状态之间并不存在一一对应的关系，这就需要应用各种模式识别方法来进行诊断。常用的方法主要有：简单对比分析法、逻辑判别法、贝叶斯分类法、信息距离判别法、模糊诊断法、灰色系统、专家系统、神经网络，以及上述几种方法的相互结合，等等。一般在进行模式识别之前，要先从原始数据中提取特征信息，压缩数据量，以便简化分类计算。

7.2.4 货车滚动轴承轨边早期故障声学诊断系统的关键技术

铁路货车轴承轨边声学监测系统，是一种基于声学诊断原理开发的故障诊断装置，用于发现货车滚动轴承的早期故障，传声器安装在轨道旁。该装置基本无需改造线路，独立性强，传感器易于防护，便于与其他轨边监测设备集成。铁路货车轴承轨边声学监测系统的开发难点和关键技术如下：

① 由于列车运行的环境噪声来自多种声源，如轮轨噪声、空气动力噪声等，对测量结果均有较大影响，背景异常复杂，且受空气的温度、湿度、污染和风、雨的影响，信噪比很低，因此，声学诊断技术应用于货车轴承，要解决的最关键技术就是设法提高信噪比，开发具有优良指向特性和低噪声级的传声器（声传感器）。

② 在复杂的背景噪声条件下提取轴承的状态特征，需要有效的信号分析方法。

③ 系统的实用性应满足不同车速和载荷的运行条件，在工况不一致的前提下识别轴承的故障是困难的，需采用先进的模式识别方法，并用大量的实测数据进行调整和训练。

④ 传感器及其他附属设施需要在野外环境下全天候工作，因此，装置的环境适应性及工作可靠性都将面临挑战。

铁路货车轴承的在线监测和早期诊断确实是一项难度很大的课题，由于轨边条件恶劣，又受故障判别方法的局限，因此初期效果不够理想。随着科学技术的进步和计算机网络技术的发展，逐步解决了传感器的信噪比问题，通过试验和实际应用，获得了大量的试验和实际数据，建立了比较合理的故障轴承判别模型，并形成了网络化的监测系统，实现了这项技术的实用化和产业化。

7.3 TADS 地面探测站的构成

TADS 地面探测站是 TADS 的核心，完成数据采集、故障判别等主要功能，它主要由室内、室外两部分组成。下面分别以美国 TTCI 公司和澳大利亚 VIPAC 公司的产品为例，介绍其构成。

7.3.1　TTCI 公司生产的 TADS 地面探测站

1. 室外部分

TTCI 产品的室外设备主要包括声音传感器阵列、车轮传感器、AEI 地面天线等设备，如图 7-5（a）、（b）、（c）、（d）所示。

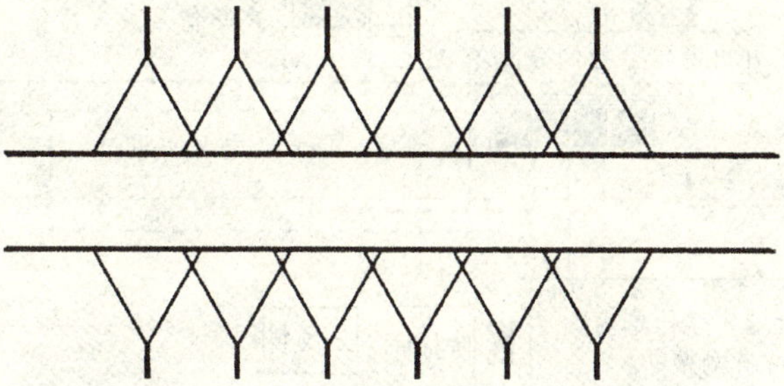

（a）声学采集方向及声音传感器阵列形式

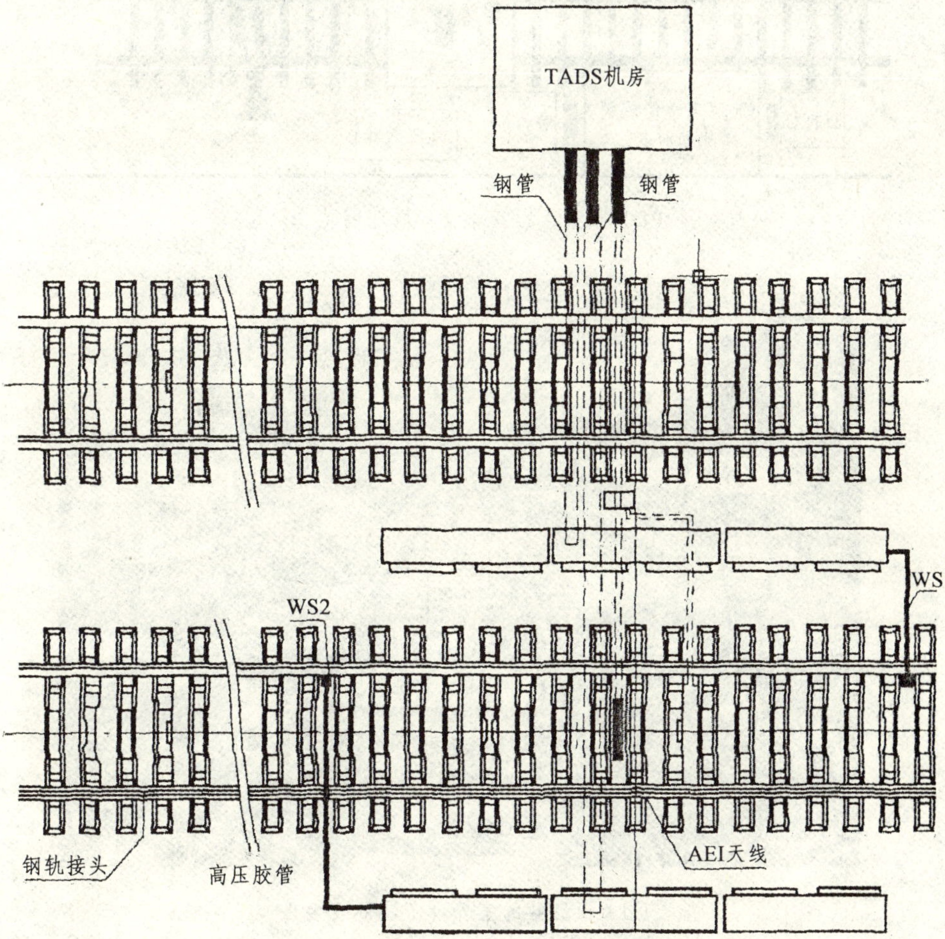

（b）探测站的室外设备原理图（一）

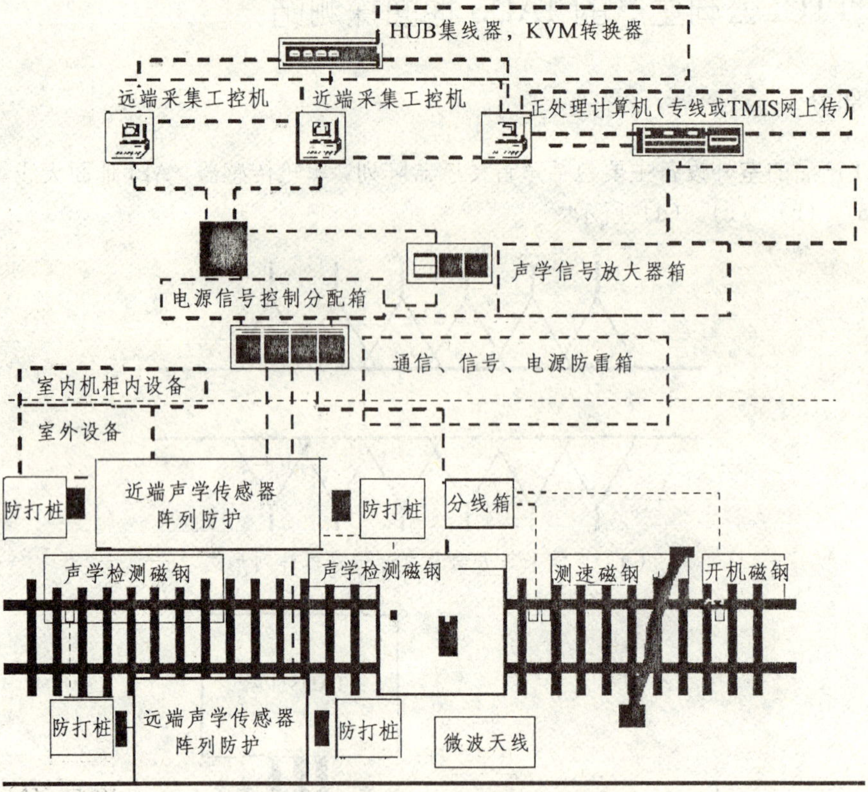

（c）探测站的室外设备原理图（二）

（d）探测站的室外设备实际安装图

图 7-5 TTCI 产品的室外部分

（1）声音传感器阵列

声音传感器阵列是采集车辆轴承运转产生的声音信号的装置。声音传感器阵列放在保护箱内，保护箱具有抗震性，可适应轨边环境。箱体设有保护门，只有列车通过时才打开。

（2）车轮传感器

TADS 地面探测站采用 5 个车轮传感器，用卡具固定在钢轨上，其中 2 个用于声学采集，另外 3 个用于车号的采集。车轮传感器的作用是列车接近时自动启动系统的采集程序，打开声学传感器保护箱的保护门和 AEI 设备天线，进行计轴计辆、车轮定位等。

（3）地面天线

地面天线发射微波载频信号，同时接收标签反射回来的已调制信号。

2. 室内部分

探测站的室内设备如图 7-6、图 7-7 所示。

图 7-6　探测站的室内设备实际图

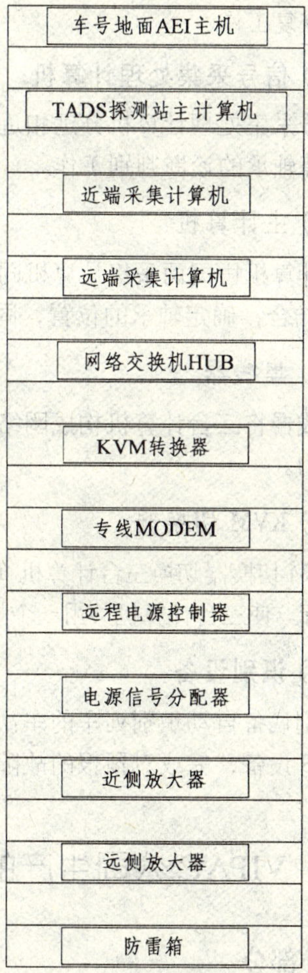

图 7-7　探测站的室内设备分布图

（1）防雷箱

防雷箱是对各种传感器信号、通信信号、控制电源信号进行抗雷电冲击及抗浪涌保护的装置。

（2）放大器箱

放大器箱分近端放大器箱、远端放大器箱两组。每组 6 个通道，接收声学传感器阵列信号，对信号进行滤波和高保真放大处理，并为传感器提供电源。放大器具有灵敏度自适应系统，可以自动调节传感器的灵敏度，使传感器的输出灵敏度一致。

（3）电源信号分配箱

电源信号分配箱有两个功能，一是开启或关闭声学传感器阵列箱保护门以及对箱内风扇进行开、关控制；二是对各种信号提供接口电路，进行信号分配。

（4）远程电源控制箱

远程电源控制箱的功能是用电话线控制 AEI 主机、TADS 探测站主计算机、信号采集计算机和通信 MODEM 的交流电源的通断，这样，当探测站的 AEI 主机、TADS 探测站主计算机、信号采集计算机和通信 MODEM 中任何一个出现故障时，可以在任何地方通过电话重新启动，恢复工作。

（5）信号采集处理计算机

信号采集处理计算机分远和近端。主要用于信号采集、处理，通过建立的复杂数学模型完成故障轴承的诊断判别工作。

（6）主计算机

主计算机协同两采集计算机同步工作，对判别的轴承故障数据进行综合评价分析，同时与 AEI 结合，确定轴承的位置，同时还完成与上位机的通信。

（7）集线器

集线器将三台计算机构成网络化连接，提高轨边设备综合处理数据的能力及数据的高速交换能力。

（8）KVM 切换器

KVM 切换器切换三台计算机（一台探测站主计算机、两台信号采集计算机）的显示器、键盘、鼠标。使三台计算机共用一个显示器、键盘和鼠标，节省成本，提高了设备的集成化程度。

（9）识别设备

识别设备自动识别列车的车次、车号信息，计轴、计辆、测速，并将有关信息数据提供给 TADS 设备，完成对预报的故障轴承车号和轴位的自动定位。

7.3.2 VIPAC 公司生产的 TADS 地面探测站

1. 室外部分

VIPAC 产品的室外设备（见图 7-8）主要包括声学传感器列阵、（主、副）车轮直径传感器、车轮速度传感器、车号识别天线等。

图 7-8　VIPAC 产品的室外部分

（1）声学传感器阵列

声学传感器阵列（见图 7-9）放置在一个特殊设计的保护机柜（见图 7-10）内，安装在线路两侧。箱内装有保护门和自动加温装置、声学放大器电路等。保护箱具有抗震、防水和防灰尘功能，适应轨边环境。

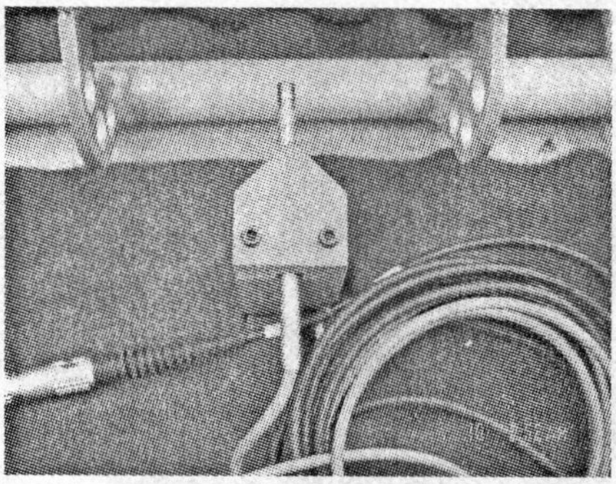

图 7-9　声学传感器

图 7-10　轨边机柜

（2）车轮速度传感器

车轮速度传感器（见图 7-11）用卡具固定在钢轨上。当列车接近时，开机传感器自动唤醒系统进入探测。测速传感器则用于车轮定位、计轴计辆和测速等。

图 7-11 车轮速度传感器

(3) 车轮直径传感器

车轮直径传感器（见图 7-12）利用光学原理，用于测量车轮的直径并测量车轮的转速。

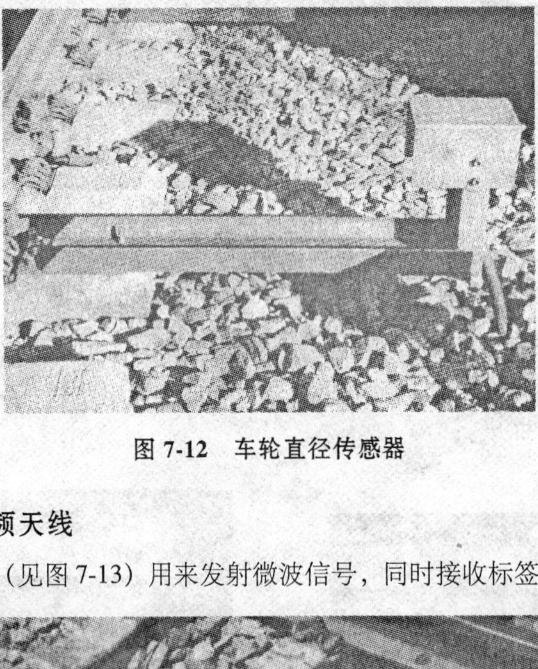

图 7-12 车轮直径传感器

(4) 车号识别射频天线

车号识别射频天线（见图 7-13）用来发射微波信号，同时接收标签反射回来的已调制信号。

图 7-13 车号射频天线

2. 室内部分

图 7-14　VIPAC 产品的室内设备

VIPAC 产品的室内设备（见图 7-14）包括：防雷箱、不间断电源箱、保护门控制箱、远程电源控制箱、信号调理前置机、信号采集处理计算机、集线器、HDSL 调制解调器、AEI 识别设备主机等。

探测站室内设备在主计算机软件的统一调度下，完成声音信号的采集、故障轴承的模式识别、计轴计辆、速度测量、车号识别、数据上传、自检、远程维护等工作。

3. VIPAC 的 TADS 的安装

VIPAC 公司的 TADS 的施工安装图和安装尺寸见图 7-15、图 7-16。

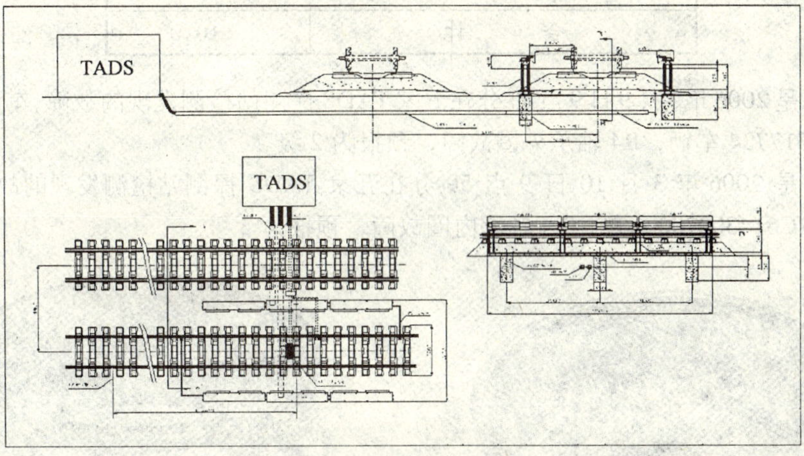

图 7-15　施工安装图

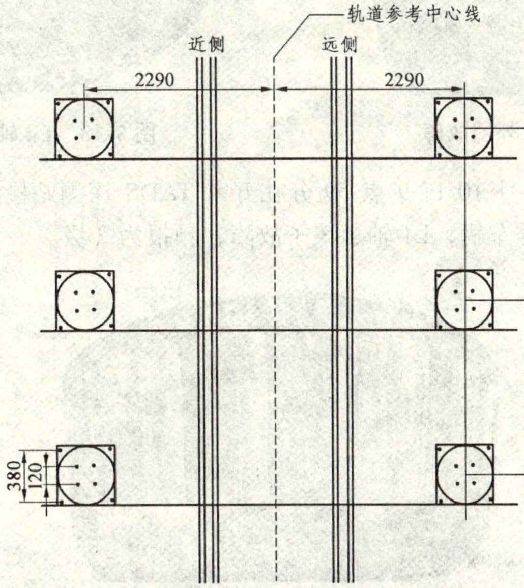

图 7-16　施工安装尺寸

7.4 TADS 的应用实例

2006 年 3 月 1 日至 3 月 20 日，在哈尔滨铁路局车辆处和哈尔滨车辆段的大力支持下，进行预报准确率考核，在考核期间预报了 10 个故障轴承，经过扣车，退卸，分解后，发现该 10 个轴承都存在不同程度的故障，兑现率为 100%。故障种类及数量如表 7-2 所示。

表 7-2 故障种类及数量

序号	故障种类	数 量
1	内圈	4
2	外圈	4
3	滚子	2
合 计		10

图 7-17 是 2006 年 3 月 9 日 9 点 47 分在五家 TADS 探测站检测发现的故障，车次为 H21015 次，P62N 3317724 车辆，R4 轴承外圈故障，预报为 2 级。

图 7-18 是 2006 年 3 月 10 日 9 点 59 分在五家 TADS 探测站检测发现的故障，车次为 H86401 次，C614300700 车辆，L4 轴承内圈故障，预报为 2 级。

图 7-17 R4 轴承外圈故障

图 7-18 L4 轴承内圈故障

图 7-19 是 2006 年 3 月 10 日 9 点 59 分在五家 TADS 探测站检测发现的故障，车次为 H86401 次，C64K4943274 车辆，L1 轴承滚子故障，预报为 2 级。

图 7-19 L1 轴承滚子故障

7.4.1　TADS 的故障预报

1. 故障轴承预报、处理的闭环管理模式

① 当货车车辆新造或进行检修后，TADS 系统通过车辆制造工厂或车辆段 AEI 设备及其他相关信息系统中获得车辆和轴承的信息，上传铁道部 TADS 数据库。

② 对线路上运行的货车轴承实时监测，记录通过 TADS 时的运行状态，如图 7-20 所示。

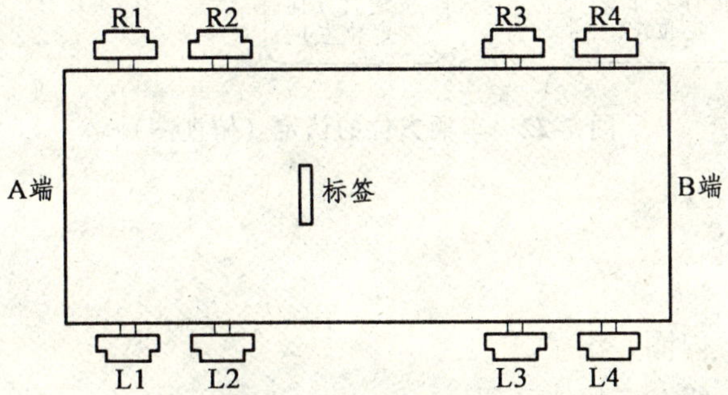

图 7-20　故障轴承预报、处理的模式（一）（俯视图）

预报时采用运行方向及标签位置定位方向进行预报。轴承运行状态跟踪时以按标签位置定位方式为标准，预报时采用运行方向及标签位置定位方向进行预报，如图 7-21 和图 7-22 所示。

③ 发现某个轴承出现故障后，自动跟踪，当轴承故障达到一定危险程度时进行报警，提示进行扣车换轮处理。

④ 故障轴承退卸分解后，车辆段将故障轴承的分解情况及故障照片信息反馈到铁道部 TADS 数据库。

⑤ 当车辆进入车辆段（厂）进行定期检修时，TADS 系统结合车辆段（厂）AEI，自动将检修货车的轴承历史运行状态下载到车辆段（厂），指导车辆段（厂）对货车轴承的检修。

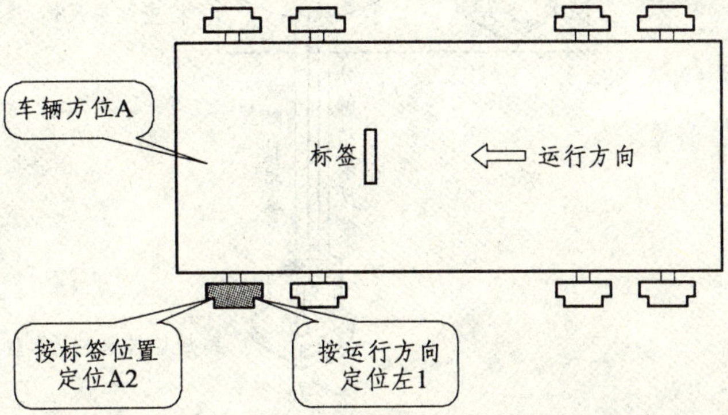

图 7-21　故障轴承预报、处理的模式（二）（俯视图）

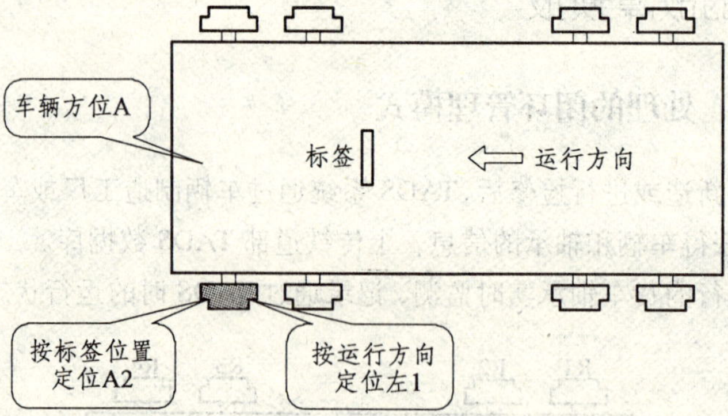

图 7-22　车辆方位的认定（俯视图）

2. TADS 的预报标准

故障类型：外圈、内圈、滚子。

其他故障级别：一级、二级、三级。

预报及反馈：联网跟踪报警。

TADS 采用网络化管理，实现对经过探测站的货车轴承的运用状态联网评判，这样进一步提高了预报的准确性和可靠性。联网跟踪报警的流程如图 7-23 所示。

TADS 自动对故障轴承在铁道部中央数据库中的历次运行状态进行查询比较，当认为该轴承达到了一定的危险程度并需要做换轮处理的，会在列车即将到达的列检所提示扣车报警，弹出报警对话框，需要列检值班人员进行扣车处理和报警确认。例如，扣车报警对话框如图 7-24 所示；联网跟踪报警的历史预报明细表如图 7-25 所示；TADS 故障历史预报趋势示意图如图 7-26 所示。

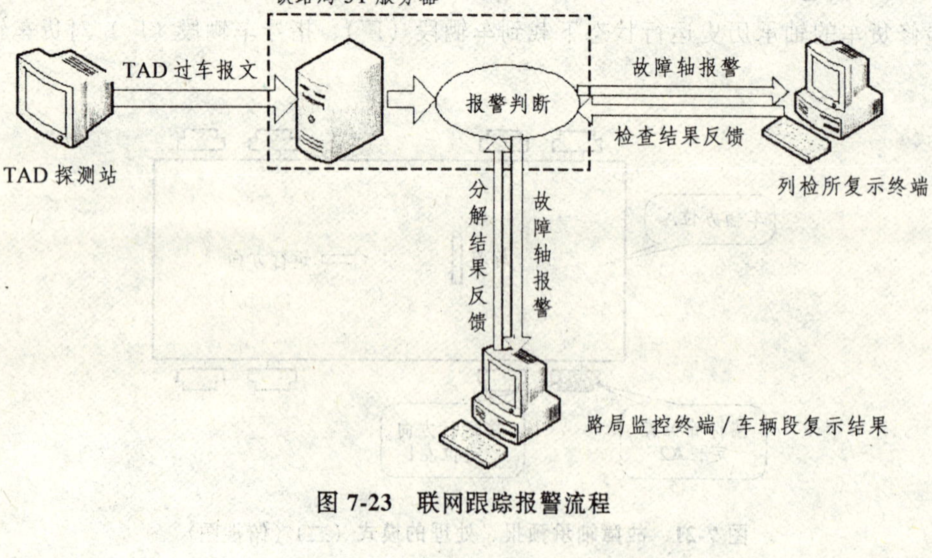

图 7-23　联网跟踪报警流程

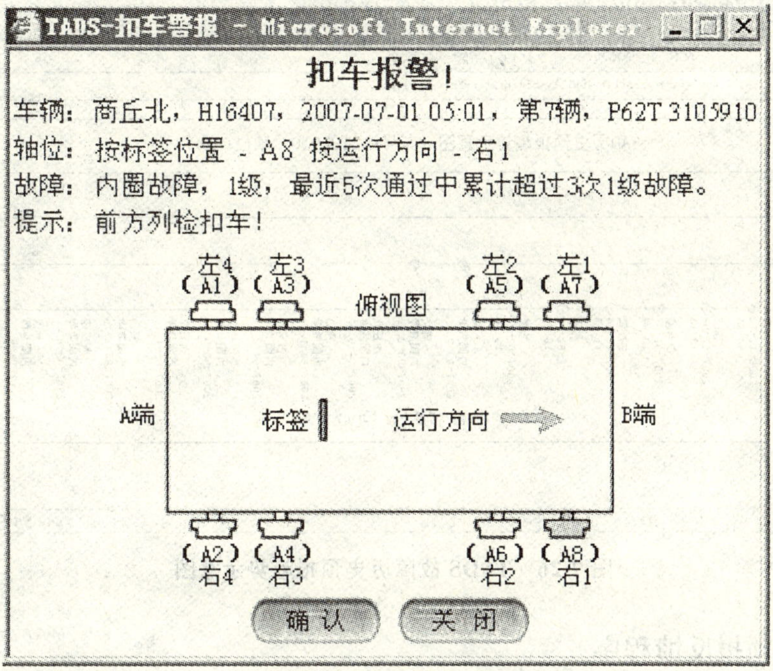

图 7-24　机车报警对话框

TADS故障轴历史预报情况明细表（车号：3105910，轴位：A8/L4）

详细信息：　　查看历史预报趋势图

序号	局别	线别	探测站	车次	过车时间	辆序	方位	轴序数	轴位	级别	故障内容	最高级别	报警	检查	分解
1	沈	沈山线	万家营	H11612	2006-11-28 13:59	17	A	8	左4（A8）	0	*	0	否		
2	郑	京九线	商丘北	H10215	2006-11-30 02:51	17	B	8	右1（A8）	0	*	0	否		
3	南	京九线	向塘	H10531	2006-12-12 04:34	48	B	8	右1（A8）	0	*	0	否		
4	郑	京广线	谢庄	H24080	2007-01-03 18:16	7	B	8	右1（A8）	0	*	0	否		
5	广	京广线	白马垄	H55555	2007-01-07 13:34	17	A	8	左4（A8）	0	*	0	否		
6	南	京九线	三江镇	H27008	2007-01-24 11:28	15	A	8	左4（A8）	0	*	0	否		
7	西	陇海线	赤水	H89129	2007-02-12 18:29	26	B	8	右1（A8）	0	*	0	否		
8	乌	兰新线	哈密	H34011	2007-02-23 13:16	26	B	8	右1（A8）	0	*	0	否		
9	乌	兰新线	火石泉	H45002	2007-03-21 00:43	11	A	8	左4（A8）	3	内圈	3	否		
10	京	京山线	廊坊	H10436	2007-03-27 00:01	41	A	8	左4（A8）	3	内圈	3	否		
11	郑	京九线	商丘北	H10239	2007-04-08 21:38	31	A	8	左4（A8）	3	内圈	3	否		
12	广	京广线	渌口	H40318	2007-04-16 08:52	40	B	8	右1（A8）	3	内圈	3	否		
13	广	京广线	白马垄	H30005	2007-04-20 03:19	17	A	8	左4（A8）	3	内圈	3	否		
14	乌	兰新线	哈密	H41003	2007-05-02 00:06	30	A	8	左4（A8）	3	内圈	3	否		
15	乌	兰新线	火石泉	H10810	2007-05-16 01:03	26	B	8	右1（A8）	2	内圈	2	否		
16	济	津浦线	夹沟	H24503	2007-05-25 08:54	33	B	8	右1（A8）	2	内圈	2	否		
17	郑	京九线	商丘南	H10210	2007-06-01 13:54	9	B	8	右1（A8）	2	内圈	2	[illegible]	已检查	未处理
18	济	津浦线	利国	H21129	2007-06-09 18:01	29	A	8	左4（A8）	2	内圈	2	[illegible]	已检查	未处理
19	上	沪杭线	海宁	H10275	2007-06-26 06:56	11	B	8	右1（A8）	1	内圈	1	[illegible]	已检查	未处理
20	郑	京九线	商丘北	H16407	2007-07-01 05:01	7	B	8	右1（A8）	1	内圈	1	[illegible]	已检查	已处理

图 7-25　联网跟踪报警的历史预报明细表

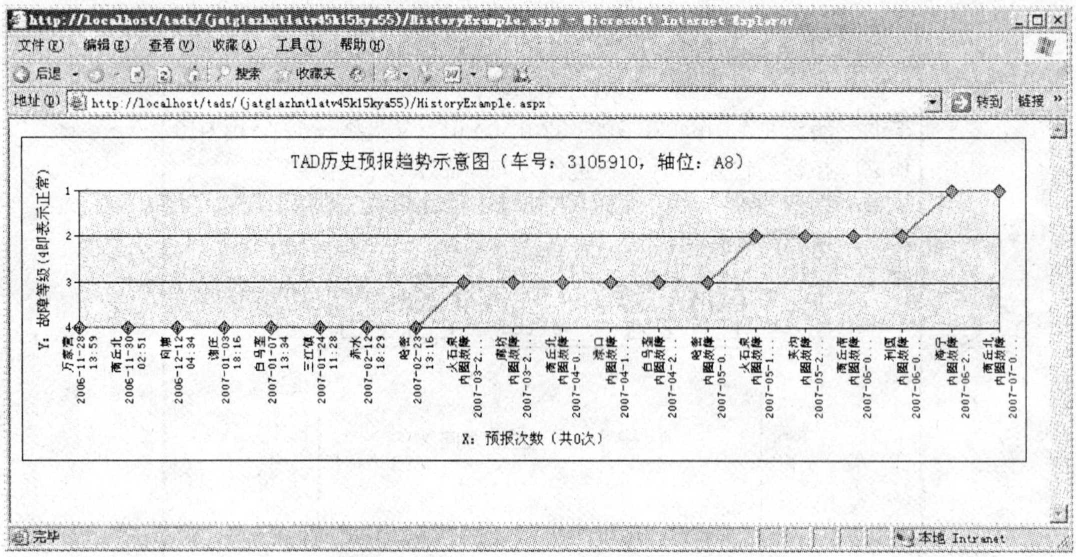

图 7-26　TADS 故障历史预报趋势示意图

3. TADS 的预报反馈程序

对 TADS 单次预报轴承一级故障货车和 TADS 自动弹出对话框的扣车预报货车，动态检车员要立即将车次、车号、辆序、轴位等情况经动态检车组长向列检值班员报告；由列检值班员通知现场检车员；由现场检车员对单次预报货车和扣车预报货车进行检查确认；现场检车工长要对现场检车员认定无故障的扣车预报货车进行复核；现场检车员要将所有预报货车的检查确认结果向列检值班员报告，向动态检车组进行反馈，由动态检车员录入 TADS；对存在故障货车按有关规定办理扣车手续，并在轴承外圈的正下方粘贴不干胶标志，注明“TADS 故障”字样（见表 7-2），将故障车辆调至站修所后进行换轮处理；故障轮对送至车辆段检修车间进行轴承退卸处理，检修车间对轴承退卸分解后发现的故障进行拍照存档，由车辆段安排专人汇总轴承故障类型及照片，15 日内补录入 TADS。

表 7-2　TADS 甩车粘贴标志格式

扣车日期：	车次：	车号：
预报：　机后　　位，左（右）　位		预报级别：
甩车地点：	处理人：	处理日期：
预报设备：TADS		

注：不干胶贴大小为 120 mm×50 mm，表格大小为 105 mm×45 mm。

7.4.2　TADS 的运用标准和工作标准

1. TADS 的运用标准

① 当 TADS 单次预报轴承一级故障时，由现场检车员对预报轴位进行检查确认。

② 当同一轴承连续预报一级 3 次及以上，或同一轴承连续 5 次通过探测站，其中预报一级 3 次及以上，或同一轴承连续 6 次通过探测站，其中预报二级 3 次及以上时，系统自动弹出扣车预报对话框，现场检车员要对预报轴位进行检查确认，现场检车工长要对现场检车员认定无故障轴位进行复核。

2. TADS 的工作标准

① TADS 交班人员应认真填写《货车安全防范系统动态检车组交接班记录薄》。接班人员应确认设备状态良好，向交班人员了解设备使用情况及探测网络运行情况，检查记录台帐，交接班人员共同在交接班记录薄上签字。

② TADS 动态检车组长负责监测 TADS 系统运行状态，并负责传输通道故障的监测，要将 TADS 故障情况及时上报车辆段进行处理。当 TADS 客户端计算机无法正常工作时，要立即向列检值班员报告，由列检值班员通知该班现场检车工长，由现场检车员按技检标准对列车进行人工检查。

③ 责任界定：

· TADS 未对轴承故障进行一级预报及扣车预报的轴位，现场检车人员只进行轴承外观检查。

· 安装 TADS 的铁路局未按规定进行扣车处理和检查确认，排到邻局后被邻局做扣车处理的，属该铁路局的责任。

④ 考核指标（运用“三率”）：

检查率=检查确认辆（件）数/系统预报辆（件）数×100%

扣车率=扣修货车辆数/系统预报辆数×100%

注：系统预报辆数为一级故障数及扣车报警数，但不包括直通车。

漏检率=后续单位扣修辆数/本单位排出辆数×100%

注：后续单位和本单位目前暂按探测站为单位统计。

思 考 题

1. 为什么要设置铁路货车轴承轨边声学监测系统 TADS?
2. 联网跟踪报警的意义是什么?

第 8 章 货车运行状态地面安全监测系统（TPDS）

8.1 概 述

8.1.1 TPDS 的发展概况

铁路货车的装载状态、车轮踏面擦伤、车辆自身的运行状态对列车运行安全至关重要，它直接关系到铁路现代化管理、运输安全。近年来，随着我国铁路的提速，空载车辆脱轨事故频繁发生，货车超载现象严重，引起了铁路各级管理部门极大关注。然而，由于车辆自身运行状态仅凭人工和车辆静检难以得到准确判断，货车装载情况在各种称量设备未完全投入运用条件下还不能得到有效控制，因此，迫切需要研制开发一种能将货车超偏载、车辆运行状态检测、车号自动识别及信息传输集成在一起的车辆运行状态安全检测装置。

多年来，世界各国都在研制各种检测装置以期对车辆超偏载、车轮踏面擦伤、车辆运行状态进行监控，但迄今还没有一种功能完备、能在较高行车速度条件下稳定可靠、准确地进行检测的系统。其根本原因是：

① 在设置测量区的普通轨道上，难以消除轨道维修规范允许存在的轨道高低、水平等不平顺，这些不平顺势必引起被测车辆产生浮沉、点头、侧滚等振动，使轮载、轴载、转向架荷载本身都偏离静载值而增减变化，产生“附加动荷增量”。行车速度越高，引起的附加动荷增量就越大，“附加动荷增量”造成的误差也随之增大。当速度为 20～80 km/h 时，普通轨道上养护维修标准允许存在的轨道不平顺引起的“附加动荷载”可达静轮载的 5%～40%，因此，即使测量传感器和二次仪表等的误差为零，也不可能测出准确的静轮载数值。

② 设置测区的普通轨道难以构成真正的支撑平面，不可避免的存在维修规范允许的轨道扭曲，即使当速度为零时，也会使转向架的四个车轮不在同一个轨道平面内而产生“轮重转移”，造成测得的轮载较实际静轮载有较大差异，可达 3%～10%，使测量精度大幅度降低。

由于以上①、②两点所述的原因，设置在普通轨道上的传统检测装置由于有效检测长度短（300 mm 左右），只能检测出瞬时动荷载，因而得不出准确的静轮重，也不可能测得精度

满足要求的偏载、减载率、平均轴重、通过总重，检测得到的超载值也必然含有很大的动荷成分。

为了提高检测精度，通常采用增加有效检测区长度来实现。增加测区长度的方法一般有两种：一是增大轨枕间距来增长测区，这种方法在日本、美国和德国等都得到较普遍的应用。但轨枕间距不可能大幅度增加，因而测区长度也不可能大幅度延长，并且枕距增大后，人为地造成轨道不平顺，会直接影响检测结果的准确度（精度）和列车通过测试区的运行状态，此外，这种检测方法对车轮踏面擦伤的捕获率仍然较低；另一种改进方法是在多跨轨枕间距内设置多个测区，以增加检测区的数量，但检测区只可能断续设置，因而无法获得连续的车辆动态运行状态参数。

近 10 年来，我国铁路也研制了类似国外在轨道上检测车辆超偏载状态的装置，其原理与国外大体相同，即在轨枕间隔之间组成剪力测试区来进行测试，某些铁路局科研所研制的“铁路货物列车动态称重”等装置在现场得到了实际运用。这类检测装置安装在普通碎石道床或沥青道床上，为了增加检测区长度，与美国作法相同，把轨枕间距增大，并间隔布置两个测试区，测区间断分布。

20 世纪 90 年代初，我国铁道部科学研究院研究找到了国内外超偏载检测装置在较高行车速度条件下，精度不能满足要求的根本原因和解决问题的技术关键，大胆创新，开发研制了“轨道负荷、车辆状态安全监测系统”，克服了国内外已有检测装置的不足，大幅度提高了检测精度，并实现了车辆超偏载、车轮踏面擦伤和轮重减载检测等功能集中于一体的新系统。经部级评审，获得了“具有世界领先水平”的高度评价。但这一检测装置在识别车辆运行状态方面还存在欠缺，主要不足表现为无法获得车辆在走行过程中各车轮作用于轨道的横向力，从而不能评价车辆横向运动性能。

从技术上分析，目前国内外已有的车辆超偏载、车轮踏面擦伤检测装置存在着共同的三大缺点：一是测试区太短，剪力传感器只能安装在两轨枕之间，即使将轨枕的铺设间隔增大到 710 mm（每公里 1 400 根），有效检测长度也只有 0.3 m，使检测精度无法提高，而且车轮踏面擦伤捕获率也较低，且轨枕间距增大后，人为地造成轨道不平顺，更会直接影响检测结果的准确度（精度）和列车通过测试区的运行状态；二是这类检测装置都安装在平顺性不可能很好的普通轨道结构上，在运营过程中由于各枕下道床及路基的残余变形不可能完全一致，从而在检测区内形成各种轨道不平顺，而轨道不平顺会激励车辆振动，引起随行车速度提高而大幅度增加的“动荷增量”，造成检测结果失真，即使在很低速的条件下，扭曲不平顺引起轮重转移而造成的检测误差也很大；三是所有检测系统只能检测列车与线路垂直方向的作用力及其特性，而不能检测评判车辆横向运行特性所需的列车线路横向作用方面的力及其特性。

为了保障铁路行车安全，我国铁道科学研究院在已完成的“轨道负荷、车辆状态安全监测系统”基础上，不断扩充监测功能，并经过多年探索与试验，研制了新一代的实时、多功能、全自动的“货车运行状态地面安全监测系统”，简称 TPDS。该监测系统具有监测功能齐全、测试技术先进、测量精度高、系统稳定性好、测试数据分析和处理实时全自动、易于使用、数据网络共享等特点。

8.1.2 TPDS 的主要功能和技术特点

1. 主要功能

货车运行状态地面安全监测系统（TPDS）的主要功能有：

① 识别车辆的蛇行失稳。

② 识别运行状态不良车辆。

③ 监测车辆总重、前后转向架重、轴重、轮重。

④ 检测车辆装载超载和偏载。

⑤ 识别车轮踏面擦伤

⑥ 自动计算统计轨道负荷通过总重、平均轴重和当量通过总重。

（1）识别运行状态不良车辆

TPDS 由于采用了较长的高平顺性测试平台和连续测量轮轨垂直、横向荷载技术，从测试的轮轨力波形、量值大小可捕获蛇行失稳车辆的主要动力学特征，例如，蛇行失稳导致车轮侧摆和车辆侧滚引起的轮载交替增减载变化，车辆侧摆引起的横向力增大等，可为监视和控制蛇行失稳车辆提供重要信息。由于 TPDS 已把轨道不平顺对车辆振动的激扰作用降低到最低水平，测试结果能较真实地反映了车辆自身的动力学特性，使检测结果的可靠性大大提高。通过对测试数据的处理分析，对动力学指标出现超限的车辆进行报警，有关部门可采取扣车修整处理等措施来制止超标车辆在线路上运行或限速运行，确保铁路提速过程中的行车安全。

（2）监测车辆总重、前后转向架重、轴重，轮重和车辆超偏载

TPDS 具有较高的计量精度（列车以 45 km/h 及以下速度通过时超载检测精度优于 0.5%，45～60 km/h 速度通过时超载检测精度优于 1%，60 km/h 以上重车超载检测准确度优于 3%），可在列车运行过程中实时获得车辆总重、前后架重、轴重和车辆超偏载情况，并将监测信息及时传递给铁路货运管理部门，严格控制车辆的超偏载，减少对车辆、线路、桥梁等基础设施的破坏，同时，这些基础数据还可使铁路运输增收大量流失的运费。

（3）识别车轮踏面擦伤

TPDS 由于采用了长测量区，可对车轮全周长范围内的踏面擦伤进行检测，踏面擦伤捕获率较已有检测设备高，又由于是直接测量踏面擦伤引起的轮轨冲击力，通过数据处理可以采用当量概念来量化车轮踏面擦伤的严重程度，当量值的大小可作为对有严重踏面擦伤车辆报警的依据，通过建立车轮踏面擦伤的数据库可得到车辆现状分析和铁路安全管理的重要信息。

（4）统计轨道负荷当量通过总重

世界各国铁路轨道等级的划分，轨道结构类型的选择，线路维修、大修周期、养护费用的投入，工务部门效益的评估等，都是依据通过总重、平均轴重等运输条件来确定的。我国铁路部门以往对通过总重、平均轴重等重要数据都是根据运量估算获取，更无法将货物超载、车轮踏面擦伤引起的冲击作用在通过总重统计中体现，准确度不能满足要求。TPDS 可将具体线路通过的列车数量、列车总重等基础数据进行统计，并将车轮踏面擦伤冲击力换算为当量通过重量，从而为铁路部门获得准确的通过总重、当量通过总重、平均轴重等重要信息提供手段，为线路的科学管理、养护维修投入、工务计费收费等提供必要的技术依据。

2. 技术特点

货车运行状态地面安全监测系统的主要技术特点是：

① 用于监测直线段货车运动稳定性，兼有车轮踏面擦伤和车辆超偏载监测功能。

② 通过对轮轨垂直力和横向力的连续测量获得轮轨相互作用的变化特征，结合美国 FRA 关于车辆安全评定的动力学指标，基于网络综合评判来识别运动状态不良的车辆。

③ 车轮踏面擦伤识别是基于踏面擦伤车轮在轮轨间产生的冲击荷载大小，并修正不同行车速度和轴重所产生的影响。

④ 车辆超偏载测量是基于具有自主知识产权的"移动垂直力测量新方法"。

⑤ 采用高平顺性整体框架式测试平台，在测试平台上安装二维板式压力传感器，在钢轨轨腰处安装剪力传感器，组合成一个长度为 4.8 m 的轮轨垂直力和横向力的连续综合测区，从而获得通过车辆各车轮在钢轨上产生的连续的轮轨力及其变化特征。

⑥ 监测系统集成铁路车号识别系统 AEI 车号信息，输出结果中各种数据与车号完全匹配。

⑦ 对车辆运行状态的评判采用多点综合、网络评判策略，所有探测站检测信息通过网络传至铁路分局、路局和铁道部信息管理服务器，服务器专用软件完成统计分析、综合评判、结果查询和显示、列车跟踪、信息报警等工作。

8.1.3　我国铁路的 TPDS 建设概况

1. TPDS 建设的目标

目前，利用国产设备建成的京沪线"货车运行状态地面安全监测系统（TPDS）"，联网运行后已初步显现出 TPDS 在防范车辆运行安全与预警方面的重要作用。由于京沪线"货车运行状态地面安全监测系统"仅能对通过京沪线的部分货车进行监测，且我国的货车没有固定配属，仅靠京沪线的 8 套地面安全监测装置无法对路网运行中的货车提供全面有效的监测，因此，有必要在全路主要干线上安装货车运行状态地面安全监测装置，同时从全路角度出发进行相关网络的建设和监测信息综合应用系统的开发，建成全路联网的货车运行状态地面安全监测系统（TPDS）。

在全路"四纵两横"六大繁忙干线（京沪线、京哈线、京广线、京九线、浙赣线、陇海线）、十大运煤通道和主要提速干线上，按"点线成网、纵横交错、局间互控"布局原则安装货车运行状态地面安全监测装置，将目前京沪线货车运行状态地面安全监测系统（TPDS）扩展为全路网的货车运行状态地面安全监测系统。

在探测站建设的同时，以路网车辆全面监控和信息综合利用为目标，建成覆盖全路的车辆运行状态安全监测信息传输网络，实现铁路沿线探测站与分局监测中心、分局监测中心与路局监控中心以及路局监控中心和铁道部查询中心的三级联网，将探测站对通过货车的运行状态、轮对踏面损伤与超载偏载的监测信息实时地逐级自动上报到分局中心、路局中心和铁道部中心三级系统进行集中管理，实现状态不良车辆的多点综合评判，提供前方列检、车辆段和局中心三级复示，确保现场作业人员和维修部门能够对问题车辆及时进行检查和处理。各级车辆管理决策部门能够动态掌握运用车辆的运行状态,对不良车辆进行重点监控和跟踪，构筑起集监测、管理、分析和决策为一体的货车运行状态地面安全监控管理系统。

2. TPDS 建设的原则

货车运行状态地面安全监测系统作为车辆安全防范与预警系统之一，它的建设将遵循以下原则，以实现干线铁路局间互控、信息跟踪的功能。

① 京沪先行、积累经验、统一规划，分步实施。

② 坚持统一规划、统一标准、统一平台、统一开发、统一应用的技术政策。

③ 充分利用铁路通信通道、TMIS 和机关办公网。

④ 应用系统以实用为主，采用先进技术，数据集中管理，综合分析决策，实现分散监测、数据分析、集中报警。

⑤ 统一数据接口标准，预留与综合安全监控网络信息系统等相关系统的接口，以利于信息共享。

⑥ 铁道部统一规划实施，车辆部门牵头，工务、电子、通信等部门协同作战，分工负责。

3. 京沪线的 TPDS 建设情况

货车运行状态地面安全监测系统于 1999 年在沪宁线安亭和镇江各安装了 2 套进行全面试验考核和验证，于 2000 年 12 月通过铁道部组织的产品鉴定。根据铁道部的推广计划，在沪宁线安亭和镇江试点的基础上，2003 年进行了扩大应用，在京沪线部署安装了 8 套货车运行状态地面安全监测系统装置（其中上海局 3 套，济南局 4 套，北京局 1 套），建成了京沪线车辆运行状态安全监测信息传输网络，安装了 16 个相关列检复示终端和 12 个分局/路局/铁道部监控终端（红外线中心和车辆段），建设了 6 个分局监测中心、3 个路局监控中心和铁道部查询中心，实施了共 46 个节点的联网，实现了京沪沿线货车运行状态地面安全监测信息的自动收集和集中管理，提供了京沪线上车辆运行状态的实时监控、综合查询和不良车辆的跟踪等信息服务。在 2003 年 10 月完成所有货车运行状态地面安全监测设备的检定工作后，联网应用信息系统已投入运用，各级车辆管理部门可及时获得车辆运行状态的监测信息，进行报表生成和数据分析工作，对保障行车安全发挥了重要作用。

8.2 TPDS 的工作原理

8.2.1 TPDS 的基本测试原理

1. TPDS 的垂直力测试原理

为了满足检测要求，克服目前国内外检测装置的缺点，TPDS 采用了在较高速度条件下提高检测精度的技术措施和一种全新的“移动垂直力综合检测”的新方法（见图 8-1）。

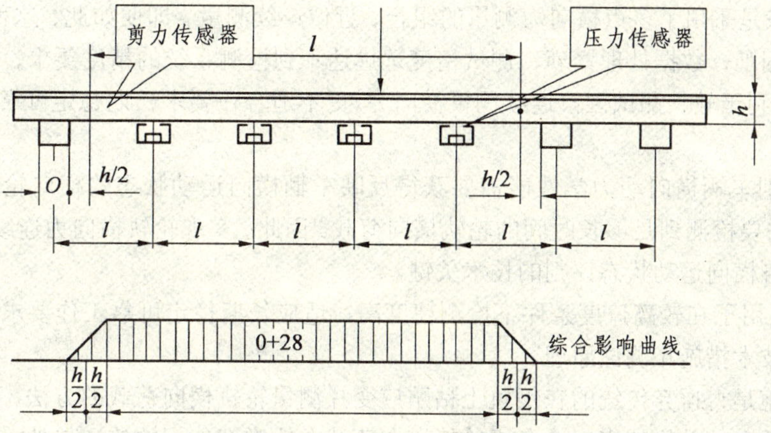

图 8-1　移动垂直力综合检测方法

技术措施是：大幅度加长连续测量区，用长测量区内轮载波动变化曲线的平均值代替瞬时值，大幅度降低附加动荷载误差的影响，从而大大提高检测精度，并提高识别车轮踏面擦伤的准确性。用整体性和抗轨道扭曲能力更强、平顺性和稳定性更好的特殊框架式轨道结构取代测试区的普通轨道结构，进一步减小、控制测量台体内轨道扭曲、高低和水平不平顺，尽可能消除造成动荷增量误差的根源，提高测试区和测区前后 50～100 m 范围内轨道的平顺性；用花岗岩等硬质道碴更换石灰岩道碴，尽可能振动压实道床后再铺轨枕，提高轨道的铺设精度，更严格地控制轨道不平顺，减小车辆的振动，降低附加动荷增量。

移动垂直力综合检测方法的特点是：在不增大轨枕间距、不恶化轨道平顺性的条件下即可大幅度增加有效检测区长度。其基本原理是：在两剪力传感器之间设置若干个轨下垂直压力传感器，组成一个综合检测区，两种传感器采集的数据通过计算机合成处理，从而得到测试区内的垂直力之和，由于有较长的连续检测区，便能测得一段较长时间内车轮垂直力增减变化过程数据的平均值，而不是波动过程的某个瞬时值。这不仅提高了检测精度，还大大提高了检测装置适用的速度范围，同时，这一新方法还彻底打破了常规检测装置的检测功能单一性，使得同时测量车辆超载、偏载、平均轴重、通过总重、车轮踏面擦伤成为可能。

2. TPDS 的横向力测试原理

轮轨之间横向作用力的测试是 TPDS 实现评判车辆自身横向运动状态的重要方面。具有代表性的传统的测试轮轨横向荷载的方法是剪力法和轨腰弯矩差法。这两种方法都是在钢轨上粘贴应变片来实现的，其共同特点是在钢轨上测量，且需在钢轨上粘贴应变片。这样，钢轨的轨型、磨耗情况必然会对测量结果带来影响，同时，其使用寿命也远远达不到需要检测系统长期稳定可靠工作的要求。因为钢轨上粘贴应变片测量轮轨横向荷载难以解决连续、高精度测量的问题，同时钢轨上粘贴的应变片也难以保证测试的长期稳定性（或寿命），在保持统一稳定的灵敏度，不受外界电磁场、温度、湿度等方面均没有可靠的保证，导致整个系统的稳定性无法保证。此外，剪力法是在两轨枕之间的钢轨上一个长度范围内测量横向力，属于有效长度很短的间断测量；轨腰弯矩差法虽然被认为是横向力连续测量法，但实际上仍是间断测量，只是采用了多点横向力测量的组合，近似连续测量，即便如此，这种测量方法中，横向力标定困难，数据处理繁琐，测试精度远远达不到检测系统的精度要求，且占用数据采集通道多，不利于较长测试区段连续测量横向力，更不适合在要求长期稳定可靠工作的 TPDS 中应用。

由于识别车辆横向动力学性能需要获得反映车辆横向运动状态的横向轮轨作用力的主要特征，即需要检测到足够长时间的轮轨横向荷载。因此，实现轮轨横向力连续测量是 TPDS 完成车辆自身横向运动状态评判的技术关键。

TPDS 采用了在较高速度条件下检测精度高、适应长期稳定可靠工作要求的实现横向力连续检测的技术措施和测试原理。

技术措施是：摒弃传统的在钢轨上粘贴应变片测量轮轨横向荷载的方法，充分利用框架式轨道测试平台的结构特点，并考虑轮轨横向荷载在轨道部件间的传递特性，借用测试轮轨垂向荷载方法的基本思想，将钢轨视为传递轮轨横向荷载的载体，而在钢轨的支承点上测量钢轨受车辆作用施加在框架结构中轨枕上的作用力大小；测量钢轨支承点处横向荷载与测量垂向荷载的位置相同，采用能同时测量垂向荷载和横向荷载的传感器，从而保证横向荷载的测试具有与垂向荷载测量相同的相位和长期稳定性。

测试原理是：根据轮轨作用横向荷载在钢轨上的受力影响线，通过标定获得钢轨支承点处实际承受横向荷载的比例，再依据车轮在测试区的位置，由钢轨支承点处承受横向荷载的组合而得到车轮在整个测试区的连续横向荷载及变化情况。

8.2.2 TPDS 的测报数据处理和传输流程

TPDS 的探测站包括测点设备和测点服务器两部分。货车运行状态地面安全监测数据由测点设备采集，经预处理后传给测点服务器；测点服务器根据评分标准进行分析与评分，对于评分严重超标的危险车辆，立即通知本站列检所进行重点检查，并将评分超过一定限度的状态不良车辆数据传输至分局监测中心以逐级上报，同时，也将一般通过信息，即每列车的车次、测点、通过时间、车号、车种车型、速度、天气等信息传输至分局监测中心。

测点服务器上数据的存储周期为一年半（即一个段修期）。

各级中心接收下级系统上报的车辆运行状态监测数据，建立管辖范围内的多测点状态不良车辆数据库，数据存储期限为 2 年以上；部级中心能对多测点检测情况进行综合评判，生成危险车辆监控名单，并通过路局/分局中心逐级将危险车辆监控名单和处理命令等下达给下级中心，直至由列检所具体执行；各级中心都能提供管辖范围内的监测信息查询，可根据时间、地点、车次、车号、不良运行状态类别或等级进行多角度的分类查询或组合查询，并对管辖范围内车辆运行状态进行实时监控，对危险车辆自动报警，以及负责对实时检测到的各类状态不良车辆和监控名单上的危险车辆实施跟踪监控。

另外，分局监测中心还要负责远程监视关联探测站设备的工作状况，而列检所需要把列检结果和设备故障处理情况上报到分局监测中心，并由分局监测中心定期汇总后上报路局监控中心和铁道部查询中心。货车运行状态地面安全监测数据的传输流程示意图如图 8-2 所示。

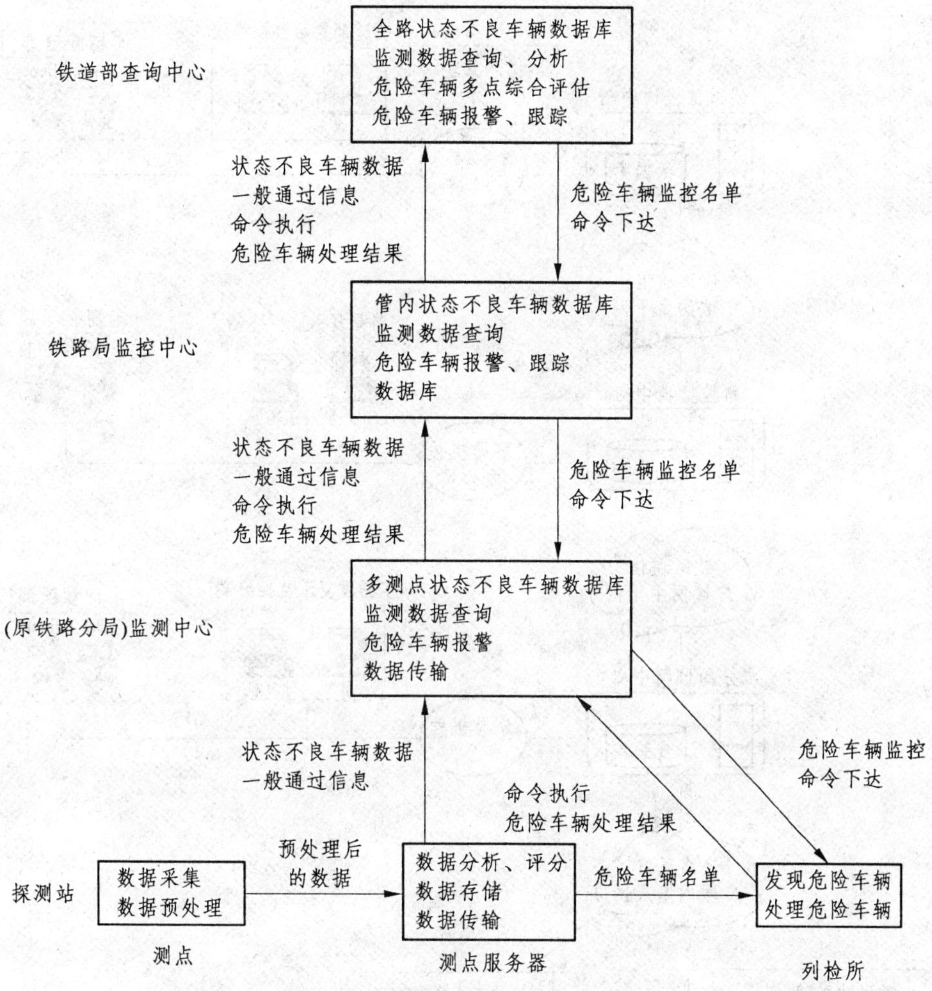

图 8-2　测报数据的传输处理流程

8.3　TPDS 的组成和技术性能指标

8.3.1　TPDS 的组成

货车运行状态地面安全监测系统（以下简称 TPDS）由探测站、路局监控中心、铁道部查询中心三级组成，并在列检所设置监控复示终端；各级中心之间以及探测站与列检所之间通过铁路通信网络相联。TPDS 的组成结构如图 8-3 所示。

探测站安装货车运行状态地面安全检测装置，实时检测通过车辆的运行状态；路局和铁道部三级中心负责收集所辖下级系统的检测数据和处理情况汇总报告，执行监控、追踪、查询、管理、分析、评判等功能；列检所监视探测站测点过车检测情况，并负责车辆检查和处理任务的具体执行。

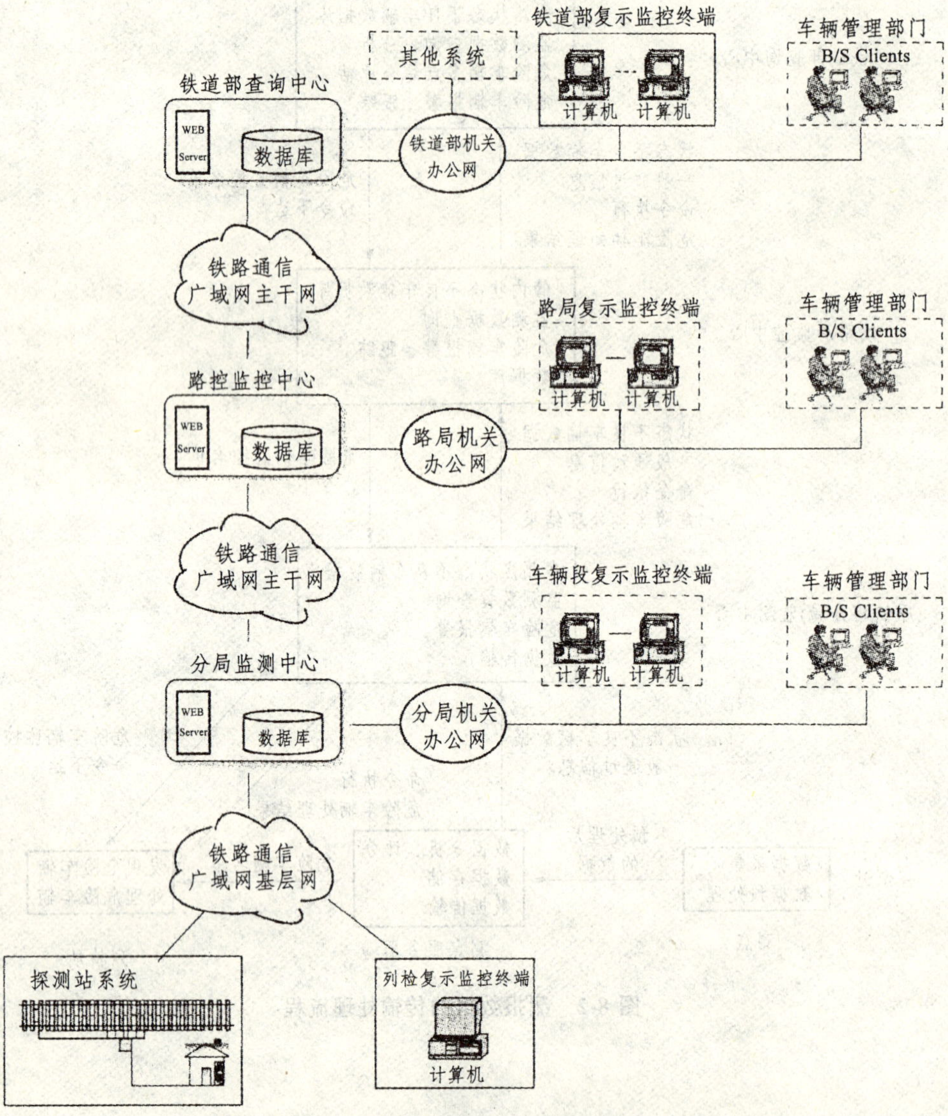

图 8-3 货车运行状态地面安全监测系统的组成结构示意图

全路 TPDS 的组网形式充分体现了系统运行分散检测、集中报警、网络监测、信息共享的基本要求，实现了三级联网、三级复示以及三级管理信息系统。三级联网为：探测站与分局监测中心联网，分局监测中心与路局监控中心联网，路局监控中心与铁道部查询中心联网。三级复示为：前方列检所复示（重点检查、处理问题车辆），车辆段复示（主要解决管理和设备维修上的问题），路局车辆安全检测技术中心复示（对疑难问题给予技术支持，及时对问题车辆进行处理）。三级系统为：铁道部查询中心系统，铁路局监控中心系统，检测技术复示中心（原分局）。

以 GCU-100Bb 型货车运行状态地面安全监测系统为例，如图 8-4 所示，它由以下部分组成：

① 轨道测试平台与传感器，包括轨道测试平台 1 套（20 根轨枕，间距 760 mm）、传感器 1 套（12 只二维压力传感器、8 只剪力传感器）、接线箱与接线盒、信号电缆。

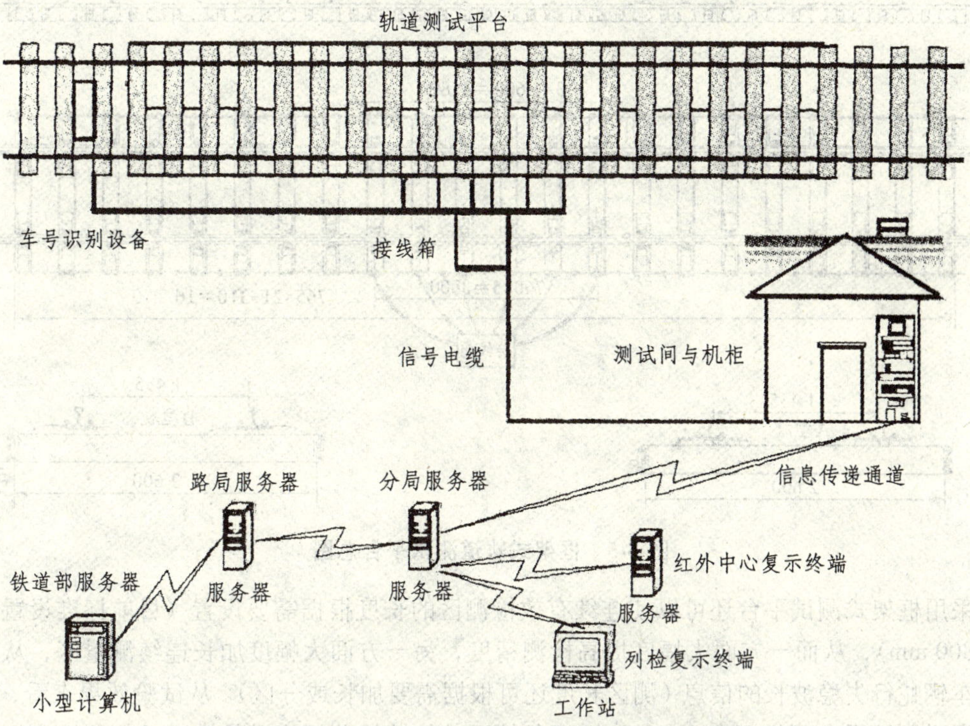

图 8-4　GCU-100Bb 型 TPDS 的构成示意图

② 车号识别装置，包括开关磁钢、计轴/测速磁钢、天线、电缆。

③ 测试间与监控机柜，包括机柜、传感器调理单元、监测工控机、测点服务器、不间断电源、车号识别工控机、数据远传单元。

④ 信息传递通道。

⑤ 信息中心，包括路局、铁道部信息管理服务器、不间断电源等。

⑥ 监管部门（监控终端）。

1. 框架式轨道测试平台

为了实现 TPDS 的检测功能，尤其是能够识别车辆自身运动状态的功能，要求测试区轨道结构能大大提高轨道的平顺性（即轨道长期保持高平顺性），才能确保测量数据准确、装置稳定可靠；同时，在识别车辆运行状态时，应消除轨道方面的影响因素，才能保证测试结果真正反映车辆自身的动力学特征。为此，本 TPDS 采用了带有 3 条纵向梁的框架结构式测试平台，框架主体为轨枕，轨枕间相互连接，见图 8-5。

从测试区轨道结构可以看出，纵向除了轨枕以外还有 3 条纵向梁，使结构的整体性和抗扭曲的性能都大大提高，当测试区内某一轨枕出现吊板时，相邻的轨枕通过纵向梁承担部分吊板轨枕的荷载，使吊板引起的线路不平顺减小到最低水平。这样的整体结构可以保证测试区内轨道的高平顺性和长期稳定性，从而可以保证检测系统的可靠性；同时，框架式轨道测试平台安装在普通碎石道床上，具有安装方便的优点，养护维修方便灵活。

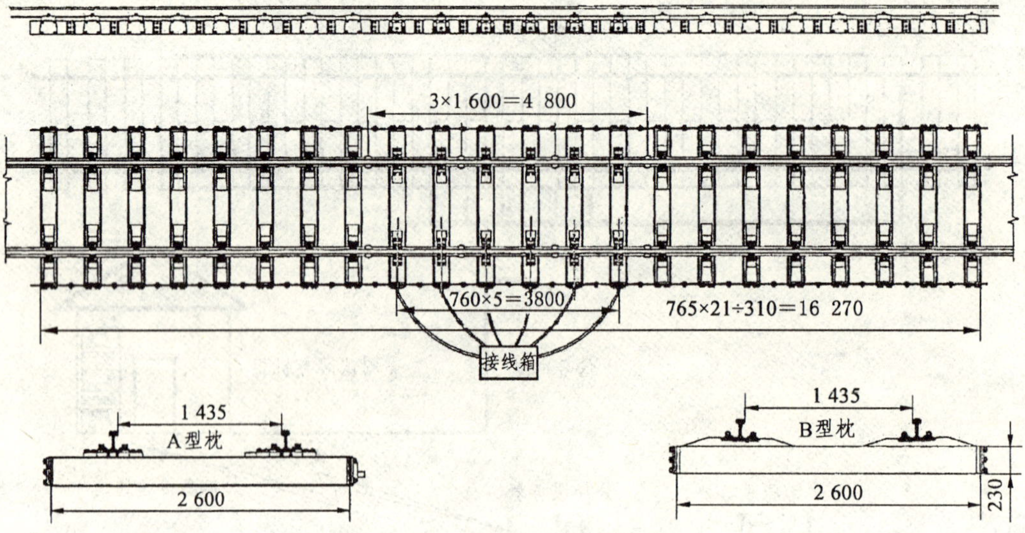

图 8-5 框架式轨道测试平台总图

采用框架式测试平台还可以使连续有效检测区的长度根据需要设置（目前标准设置长度为 4 800 mm），从而一方面大幅度提高检测精度，另一方面大幅度加长连续测量区，从而可捕获车辆蛇行失稳波长的信息（测区长度还可根据需要加长或分区）。从试验效果来看，采用这一轨道测试平台可保证在 60 km/h 速度条件下超偏载检测精度满足铁道部有关检定规程的要求，在 40 km/h 速度条件下称重计量可达到低速动态轨道衡的精度要求，同时显著提高了车轮踏面擦伤的捕获率，在识别车辆运行状态方面可捕获车辆走行性能的主要特征。

测试平台的主要技术指标如下：

① 测试平台具有足够的强度、刚度和良好的稳定性。

② 测试平台设计载荷单台面为每节车辆 100 t，最大每节车辆 200 t。

③ 测试平台在制造过程中需要经过大型回火炉处理，有效地消除了因钢板焊接产生的内部应力，防止设备产生变形，确保了产品长期使用的稳定性。

④ 钢轨和机械平台部分之间需要安装绝缘防护装置，除了适用于有轨道电路线路的功能外，还对传感器防止雷击损害起到一定的保护作用。

2. 二维板式传感器

新的检测方法需要在有效测试区内安装若干个同时测量轮轨作用垂向和横向荷载的传感器，且传感器还必须是一个轨道部件来保证对钢轨几何形位的控制和约束。本 TPDS 采用了新型二维板式传感器来实现测力和保持轨道的几何形位。

新型二维板式传感器是一种上部与钢轨紧固、下部与轨枕紧固、上下都有约束的新型传感器，它可同时测量轮轨相互作用的垂向和横向荷载，且具有对钢轨的扣压力。二维板式传感器在保持轨道几何形位方面与普通轨道部件的作用相同，从而实现了对钢轨小翻、上浮及轨距扩大的控制，不用安装轨距拉杆和限位装置，二维板式传感器本身就是极好的限位装置，见图 8-6。新型二维板式传感器的这些特点使监测系统能安装在行车密度高、运行速度快的铁路正线，并能长期保持结构的稳定性和行车安全。

图 8-6　二维板式传感器的组装图

试验证明，二维板式传感器具有精密的对称性高精度（误差小于 0.03%），能承受剧烈的冲击振动，在野外日晒、雨淋、温度大幅度变化的条件下，稳定可靠，能长期保持完好。长期应用实践表明，这种传感器完全能够满足设计和使用要求，既实现了测力的准确性又保证了轨道的高平顺性和检测系统的可靠性。

二维板式传感器的主要技术指标如下：

① 综合精度为 0.05%。

② 输出阻抗≥700 Ω。

③ 安全过载为 150%，极限过载为 300%。

④ 使用温度－20°C～50°C。

⑤ 传感器灵敏度一致，灵敏度为 2 mV/V。

⑥ 两维信号独立。

⑦ 具有防电磁干扰和防雷击性能。

3. 不打孔式剪力传感器

剪力测量是本 TPDS 进行轮轨垂直力测试的重要组成部分，在移动垂直力测量新方法中，剪力和压力的合成才能得到轮轨相互作用的垂直力。传统剪力传感器必须在钢轨中和轴处打孔安装，这种方法测力信号较大，且安装稳定、简单，但它破坏钢轨断面和钢轨工作状态，对钢轨的使用寿命有一定影响。为此，本 TPDS 采用新的测试原理，使用新研制出的不打孔剪力传感器，该传感器在不破坏钢轨断面和工作状态的情况下，能准确测量钢轨所受的剪力，且可获得高精度剪力信号（见图 8-7）。

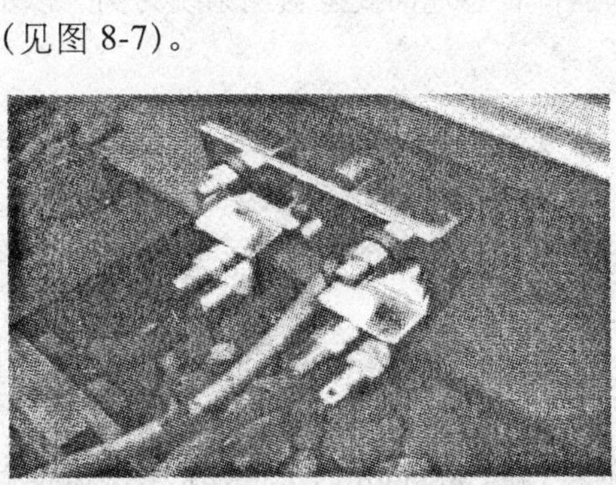

图 8-7　不打孔式剪力传感器

不打孔式剪力传感器的主要技术指标如下：

① 精度为 0.05%。

② 输出阻抗≥350 Ω。

③ 安全过载为 150%。

④ 使用温度－20°C～50°C。

⑤ 传感器灵敏度为 1.85 mV/V。

⑥ 具有防电磁干扰和防雷击性能。

4. 监测系统的仪表及控制系统

本 TPDS 的仪表系统由板式压力传感器、剪力传感器、多路数据采集仪、计算机和测试软件组成。传感器把测试平台上的力信号按比例转换为电信号，传送到数据采集仪，数据采集仪一方面向传感器供电，另一方面将传感器输出的微弱信号放大、滤波，并由 A/D 板将放大的模拟信号转换为数据信号送入计算机，通过测试软件完成对通过列车的各种数据处理及自动判别机车及货车等工作。

仪表系统的主要组成部分为：

① 信号放大、调整、调零的电路，它采用进口大规模集成电路，抗干扰能力强。

② 抗电磁辐射及其他干扰的仪表，它能防尘，防污染，结构简单，工作可靠。

③ 进口 16 位高速、高精度快速稳定的 A/D 器件，分辨误差达 1 kg。

④ 采用数字接口电路，抗干扰能力强。

⑤ 模拟器，可模拟过车，以便能排除简单的故障。

⑥ 计算机，采用工业控制机。

本 TPDS 的控制功能通过测试软件来实现。测试软件采用 BorlandC++Builder 5.0 编程，工作平台为 Windows 2000 Professional，软件运行速度快、实时性强，可完成数据采集、标量转换、模拟判断、测速及计量车速、车号信息集成等工作，全自动运行。

8.3.2 TPDS 的技术性能指标与工作条件

以 GCU-100Bb 型货车运行状态地面安全监测系统为例，以下简要介绍 TPDS 的技术性能指标与工作条件。

1. 技术指标

① 型号：GCU-100Bb 型货车运行状态地面安全监测系统。

② 称重范围：最大轴重 25 t。

③ 计量方式：双向全自动轴、转向架动态计量，通过速度不限。

④ 检测精度：列车以 40 km/h 及以下速度通过时超载检测精度优于 0.5%，40～60 km/h 速度通过时超载检测精度优于 1%，60 km/h 以上重车超载检测准确度优于 3%。

⑤ 识别车轮踏面擦伤：监测速度范围为 20～120 km/h。

⑥ 识别车辆蛇行运动失稳：车辆运行速度不限。

⑦ 允许超载：额定载荷的 250%。

⑧ 输出方式：原始数据可存储，可进行统计分析，可自动报警，并将各种超限数据报告监视部门，检测数据可进行网络传输和共享。

⑨ 输出报告内容：列车通过监测系统的时间和日期，各种车辆的总重、架重、轴重、轮重和轨道当量通过总重，车辆超载、前后偏载和左右偏载，车轮踏面擦伤的严重程度（Ⅰ、Ⅱ、Ⅲ、Ⅳ级）、轴位和轮位，车辆的轮重减载率、脱轨系数、横向力及其变化特征，蛇行失稳车辆的位置。结合车号识别系统可输出车号。

2. 工作条件

① 被测车辆应符合铁路运输要求，轨距为 1 435 mm 的各种类型的四轴车辆。

② 钢轨轨型：50 kg/m、60 kg/m、75 kg/m。

③ 线路条件：符合我国铁道部颁布的《货车运行状态地面安全监测系统设备安装技术条件》。

④ 工作环境：

· 仪表系统为 0～+50°C，湿度≤85%。

· 机械称台为 −45°C～+60°C，湿度≤95%。

⑤ 电源：AC220（1±）V，50（1±10%）Hz。

⑥ 功率消耗：不大于 3 000 W。

思 考 题

1. 为什么要研制货车运行状态地面安全监测系统？
2. 简述 TPDS 的功能及技术特点。
3. 简述货车运行状态地面安全监测系统的工作原理
4. 货车运行状态地面安全监测系统由哪几部分组成？
5. 货车运行状态地面安全监测系统能够监测车辆的哪些部分？
6. 设置框架式轨道测试平台的意义是什么？

第9章 客车运行状态安全监测系统（TCDS）

9.1 概 述

在我国，旅客列车提速范围越来越大，运行速度越来越高，途中停靠站少，因此，确保旅客列车运行安全的任务十分艰巨。在运行中及时发现和防止故障的发生和扩大，并采用相应信息化检修作业，成为目前保证旅客列车运行安全急需解决的问题。车辆运行中基础制动系统作用是否良好，车辆转向架性能是否恶化，车辆供电系统是否处于安全状态，防滑器工作状态是否正常，运行中有无车轮擦伤，空气弹簧的工作状态，轴承温度是否超限报警，配电室等重点防火部位有无火灾险情等，这些涉及列车运行中的安全问题，都必须在运行状态下及时发现并采取相应对策，才能使旅客列车运行安全得到保证。

实现客车运行实时安全监控和运用状态的动态检修与信息化管理，是 TCDS 的设计目标。TCDS 的主要功能是对上述危及旅客列车运行安全的主要因素进行实时监测诊断、记录和存储，集中显示和报警；运行中，车载监测诊断系统通过无线通信装置向地面监控终端报告列车运行状态，列车到站时，通过无线局域网或移动存储器将记录数据下载到地面数据库与专家系统，从而实现运行中对影响行车安全的严重故障特别提示，指导乘务员采取紧急措施保障运行安全，停车时通过地面下载数据指导维修，对车辆进行质量动态控制。

目前，我国国内客车运行安全监控系统实现了对大部分影响列车运行安全的车上设备的监控，主要包括：供电系统、空调系统、车下电源、车门、烟火报警、轴温报警器、防滑器、制动系统、车体、转向架动力学性能、轮对状态，等等。对这些设备进行状态实时监控、故障实时报告、故障车辆长期跟踪观察，对于车辆部门制定车辆维护计划、设备故障检修、保证运输安全，具有重大意义。

9.1.1 我国铁路建设 TCDS 的目的

通过车载系统对客车运行关键部件进行实时监测和诊断，通过无线、有线网络，将监控信息向地面传输、汇总，形成实时的客车安全监控运行图，使各级车辆管理部门及时掌控客车运行及安全情况，重点检测时速 160 km/h 及以上客车的轴温、制动系统、转向架安全指标、火灾报警、客车供电、电器及空调系统运行安全状况，防范客车热轴事故，防范火灾事故，防范走行部、制动部、供电、电器及空调故障。

1. TCDS 是实现远程专家诊断的基础

安全监控系统对列车运行时设备状态进行监控。当发生故障时，由于业务能力和范围不同，每个车辆工程师对故障的处理效果和效率也不相同，甚至部分故障处理的困难程度已经超出一般车辆工程师的能力范围。因此，在列车和全铁路安全监控系统网络大体系的前提下，建立远程专家诊断系统，使得几乎所有故障都可以通过远程专家诊断，及时得到相对最优的处理方案建议。

2. 进一步完善全路车辆管理体制

安全监控系统的建设不但要保证客车的运行安全，还需要将全路安全信息形成一个有机的整体，由铁道部统一管理。要达到这个目的，就要求不同路局之间相互协调、配合，上级部门对下级部门实行有力的监督管理，下级部门对上级部门的分派任务执行情况进行有效反馈，使车辆各职能部门机构层次分明、各尽其职，使车辆部门的管理机制行之有效、更有力度。

安全监控系统的建设，直接参与了车辆的管理、检修的作业流程，既有自下而上的信息汇总上报，又有自上而下的任务分派，还有跨局间信息的交互与共享，形成了一个完整的全路车辆统一管理运用、保证运输安全的解决方案，提高了基层工作单位的车辆检修效率，有效推动了车辆管理机制改革的步伐，提高了铁路自动化水平。

3. 促进车辆检修部门的信息化建设，提高检修效率

通过安全监控系统的建设，可以在最短的时间内将正在运行中的列车所发生的一切异常情况、设备故障等信息发送到车辆检修部门，同时也在车辆检修部门建立最迅捷的故障响应机制，根据故障等级做出正确的处理决策。安全监控系统建设对车辆检修部门的信息化建设起到了良好的促进作用。同时，由于列车在运行过程中，车辆检修部门已经对车上所发生的各类情况有所了解，辅以过程数据的地面专家系统分析，对于入库后车辆的检修就可以做到有的放矢，从而提高检修效率。

4. 为各型客车运行安全提供保证

我国客车运营车辆数目不断增加、速度不断提高。为确保提速客车的运行安全，2004 年，新造国产 25T 型车和行邮车共约 700 辆均安装了客车行车安全监控系统，要更好的运用和管理车载安全监控系统，应该进一步为其提供良好的数据传输通道和地面网络基础。

建立全路联网的客车运行安全监控系统，可以实现对所有正在运行的列车实时监控，既能有效的将隐患消除于萌芽，又能在发生故障时，以最为快捷有效的方式排除故障，是有效的解决新老车型管理运用和客车运行安全问题的完好方案。

5. 确保青藏线的客车运行安全

青藏铁路平均海拔4500米以上，自然环境极端恶劣，氧含量仅及海平面的50%左右，青藏线沿线生存条件差，设备工作环境也差。在客车运行过程中，当车辆设备出现故障时，检修工作难度较大，出现严重故障时，更需要及时通知地面进行救援配合处理。因此，应建立起良好的故障预警、确保运行安全的监控系统。

在青藏线建设客车运行安全监控系统，可以做到有故障及时报警，有安全隐患尽早消灭。在库检时，及时发现故障，提高检修质量和效率，保证在发车前所有设备工作正常，把故障消除于萌芽；在发生故障时，尽快将预警、报警信息传递到地面，以配合处理故障。这样，才能确保青藏线的客车运行安全。

6. 与KMIS接口，发挥更大作用

安全监控系统通过与KMIS的结合，对于任何一节车辆，均可以查询到其生产制造、运营历史信息、故障记录、使用寿命、配件的运用检修、重点配件的质量跟踪等详尽的信息，既方便了车辆部门的车辆管理与调度，又提高了检修效率与质量。

7. 为动车组的管理运用提供基础

TCDS的建设，一方面为以后的其他建设提供了宝贵的建设经验和良好的基础；另一方面，在TCDS建设方案中预留了多种可能的与其他系统的接口，既方便扩展，又减小了其他未来可能建设的成本。

安全监控系统建设完成后，在建立动车组检修基地时，可以直接将动车组监控信息通过预留的接口传递，建成动车组的全路安全监控系统，实现动车组的信息化管理与运用。

8. 建立零配件储备和配送功能的依据

车辆检修部门根据安全监控系统的监测数据和专家诊断结果，对管内各车辆的性能、设备状态均有最及时的记录。因此，对于部分故障的处理，可以做到在运行中列车发生故障，其信息实时发送到车辆检修部门，确认需要换件或维修，此时进行零配件的配送，待车辆入库时，已经做好检修的充分准备。这样，一方面防患于未然，另一方面可以有所侧重地进行零配件储备。

9.1.2 我国铁路TCDS建设的原则和任务

1. TCDS建设的原则

① 设备、技术必须先进、成熟、经济、实用、可靠。

② 安全监测设备建设与信息网络化建设同步进行。

③ 地面网络建设应充分利用铁路通信通道、TMIS和OA网络。

④ 分散检测、集中报警、数据集中管理、监控追踪全程覆盖。

⑤ 应用系统以实用为主，坚持统一标准、统一制式、统一开发、统一应用的技术政策。

⑥ 统一数据接口标准，预留与其他安全监控信息网络等相关系统的接口，信息共享。

⑦ 可靠性原则。软件设计上应保证重要信息的优先与可靠传输。

⑧ 提高自动化程度原则。数据的传输、分类与汇总应自动进行。

⑨ 网络安全原则。安装可靠的杀毒软件，打好操作系统补丁，保证网络的安全运行。

⑩ 经济性原则。尽可能利用现有资源，降低建设成本。

2. TCDS 建设的任务

TCDS 建设的任务为：

① 构建客车安全监控信息网络，重点解决车载客车运行监控信息及时发送回地面监控终端的问题，以及客车整备所与车辆段、车辆段与路局间的通道建设问题。在铁路通信网络（TMIS 和 OA 网）基础上，提供客车整备所、车辆段、路局、铁道部间数据传输和信息交流的通道，实现客车监测数据自动采集和逐级上传。

② 根据“成熟先进、实用可靠”原则，确定无线数据传输设备（含无线发送与接收设备）的选型。

③ 在需要对客车进行安全监控的各次列车车辆工程师车上，安装无线数据发送设备。

④ 建立客车整备所/车辆段监控管理中心、路局监控中心、铁道部查询中心，配置系统运行所需的必要计算机网络设备，建成存储和管理客车运行安全检测数据的数据库和数据管理系统。

⑤ 开发车辆段（含客车整备所）、路局、铁道部三级客车运行安全监测管理应用程序，包括客车运行监控信息的采集与预处理、监测数据的传输、实时监控、危险车辆报警、不良车辆追踪、预警分析、综合查询、报表生成、统计分析以及后台支撑等基本功能，并实现车载设备运行状态的监测，提供客车辆管理和作业、维修信息服务。

我国所有线路运营客车（主要是 25G、25K、25T 型车），基本都建立了客车运行状态安全监控系统，包括：无线数据传输设备的安装与调试；车辆段监测中心、路局监控中心、铁道部查询中心，以及各级相关业务管理部门间的联网；三级中心计算机网络硬件设备配置及数据传输软件和应用系统软件的开发与应用。

9.2　TCDS 的总体结构和工作流程

客车运行状态安全监控系统由三级联网、三级中心、三级应用组成。

三级联网：是指铁道部与路局联网、路局与车辆段联网、车辆段与配属客车联网。

三级中心：是指铁道部查询中心、路局监控中心、车辆段监控中心。

三级应用：是指车辆段级应用、路局级应用和铁道部级应用。

TCDS 的功能结构如图 9-1 所示。

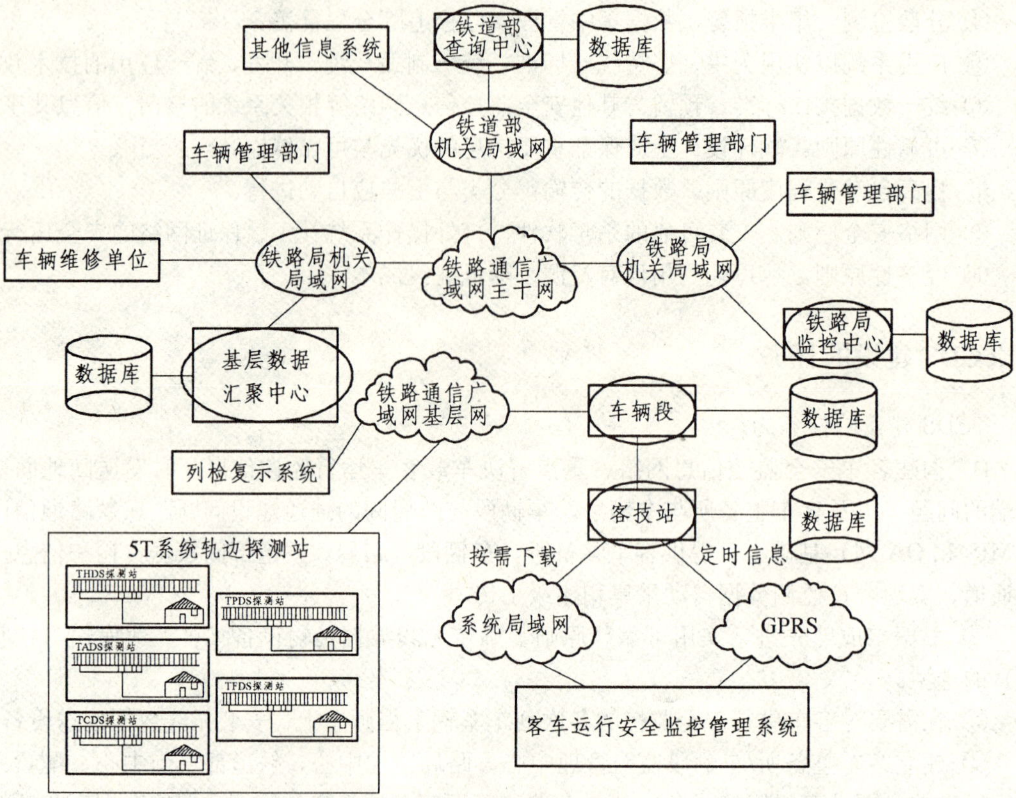

图 9-1 TCDS 的功能结构示意图

9.2.1 三级联网（信息完全共享）

在 TMIS 的全国铁路通信网络的基础上，利用网络数据传输平台，将铁道部查询中心、铁路局监控中心、车辆段监控中心联系起来；在实时数据采集的基础上，利用现代无线通信技术，将车辆段与配属客车联系起来，实现客车与地面的有机结合。

车地无线联网实现列车和地面间的数据传输，地面信息网络实现各级中心间的数据传输。在三级联网的基础上，所有数据统一格式、统一标准，实现客车安全信息完全共享。

三级联网如图 9-2 所示。

1. 车地无线联网技术方案

随着现代无线通信技术的日臻完善，运用比较先进和成熟的无线通信技术，实现客车与配属车辆段之间的联网，解决 TCDS 车地数据无线传输问题，已经成为可能。

车地数据无线传输系统采用 GPRS 传输客车运行中实时监测的重要数据，采用 WLAN 完成客车整个运行过程中的所有监测数据的下载。

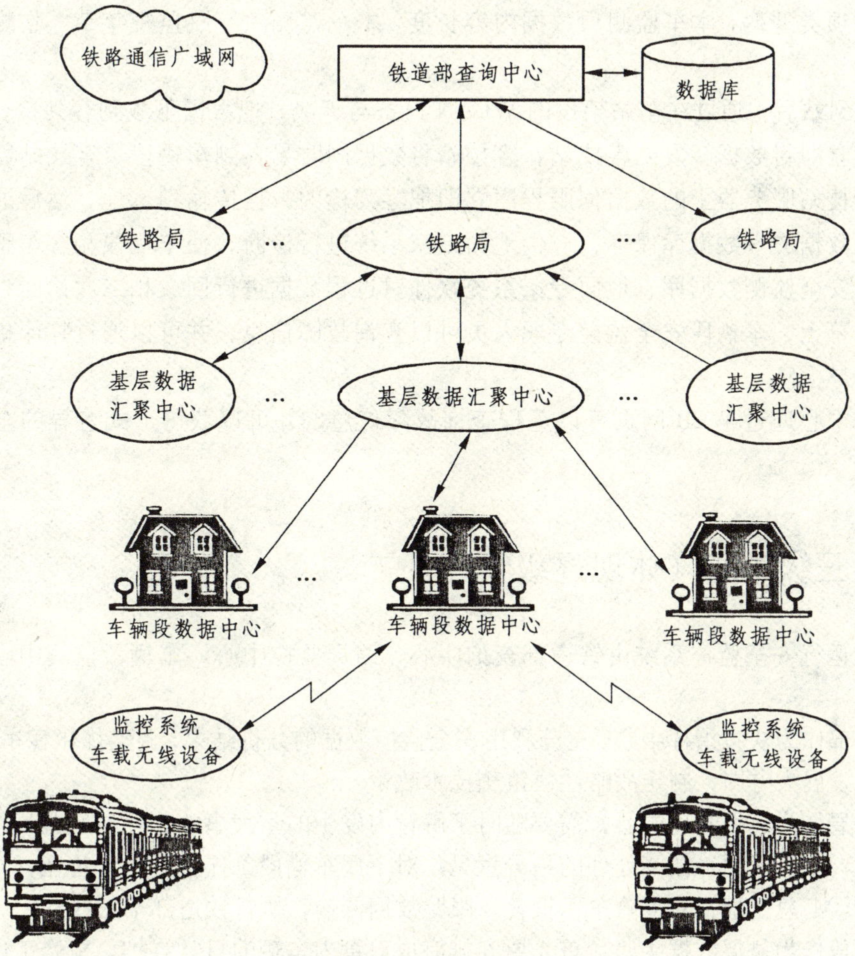

图 9-2　三级联网示意图

2. 实时信息的传输

为了保证车辆段运用部门及时掌握列车实际运行状态，避免和防止重大安全事故，客车运行安全监控系统主机在监测到监视项目异常或故障报警时，自动启动报警实时发送机制，将此信息通过 GPRS 实时发送出去。当系统工作正常时，系统主机定时通过无线 GPRS 接口向地面发送各系统状态信息和 GPS 定位信息。

故障信息应包含发生故障列车的车次、车厢号、车号、故障发生时间、发生故障设备类型、故障描述、故障相关数据。定时信息包括列车的车次、车厢号、车号、时间、监测项类型、监测项状态。

3. 过程数据的下载

为了支持地面专家数据库，对过程数据进行分析和故障诊断，以便于分析和查找事故原因，并进一步诊断数据和故障预警，将车载安全监测系统实时记录的过程数据，通过 WLAN 传输至地面。过程数据包括、车次、车厢号、车号、时间、本车监测项数目、本车监测项类型码、本车监测项数据内容长度、本车监测项心跳监视字节、监测项数据内容等。

客车到站后，通过在车站架设的 WLAN 设备与天线，把数据下载到客列检，数据转发伺服程序立即将数据转发到客技站，客技站将数据同时导入到车辆段及客技站数据库，车辆段和客技站服务器上的数据伺服程序立即把客列检的数据传输到本地，然后通过自动导入程序把数据放入数据库保存，以供地面专家系统进行诊断，使车辆段和客车整备所建立客车运行安全监测数据库，地面专家系统软件对过程数据进行回放和二次诊断，并将结果显示在屏幕上，车辆段安全监控专职人员可以查询故障信息，并可以通过打印机输出故障报表，指导检修。

各级中心通过 WEB 网页可以远程查询故障信息，并可以获得形式各异的全面的报表支持。

9.2.2 三级中心（体现逐级管理）

客车运行安全监控系统由铁道部查询中心、路局监控中心、车辆段监测中心三级中心组成。

铁道部作为决策指挥中心，充分利用安全监控数据的分析结果，调整优化客车制造技术，把握铁路发展大方向，制定战略性决策和技术政策。

铁路局作为运用管理中心，需要随时了解管内发生的重大事故，针对问题，做出正确的列车调度、车辆运用、故障处理的指导意见。对下属车辆段工作进行监督管理，对客车安全信息查询、汇总上报，对危险车辆报警，跟踪数据传输，执行铁道部下发任务。

车辆段作为基层数据中心，首先要安排完成对管内车辆的日常维护、检修工作，需要对发生故障的车辆做出正确的处理，监督检修作业质量，还需要维护管内车辆的所有安全监控数据，向上级车辆部门及时反馈有效的车辆运用信息。

1. 地面网络技术方案

地面数据传输网络利用铁路计算机通信网既有网络通道，充分利用 TMIS 网络和铁道部、路局、站段三级局域网络，各级局域网通过广域网互联。具体方案如下：

① 构建客列检、客车整备所和车辆段间的网络通道，速率在 2 Mbit/s 以上。

② 铁道部查询中心、路局监控中心、车辆段监测中心计算机接入各级机关办公局域网，级间通过 TMIS 网络相联，速率在 128 khit/s 以上。

③ 各级车辆运用监控和管理部门客户机通过各级机关局域网与本系统相联。

④ 网络通信统一采用 TCP/IP 协议。

⑤ IP 地址分配应符合铁道部统一规划，并报部信息办和运输局装备部备案。

⑥ KMIS 以及综合安全监控管理系统等通过各级办公局域网与本系统相联，实现信息共享。

⑦ 将网络和信息安全以及防计算机病毒等管理制度纳入铁道部和各局信息网络安全建设统一规划，

2. 三级中心系统的功能

如图 9-3 所示，从整体来说，三级中心系统的功能包括了相关基本数据的维护与管理、列车设备状态的实时监控、根据车辆状况生成任务报表、指导维修、监测信息的实时显示、查询及统计报表等信息服务功能，以及一系列相关的软件参数设置及配套的管理工作。针对不同用户和各级应用，其应用系统功能侧重不同。

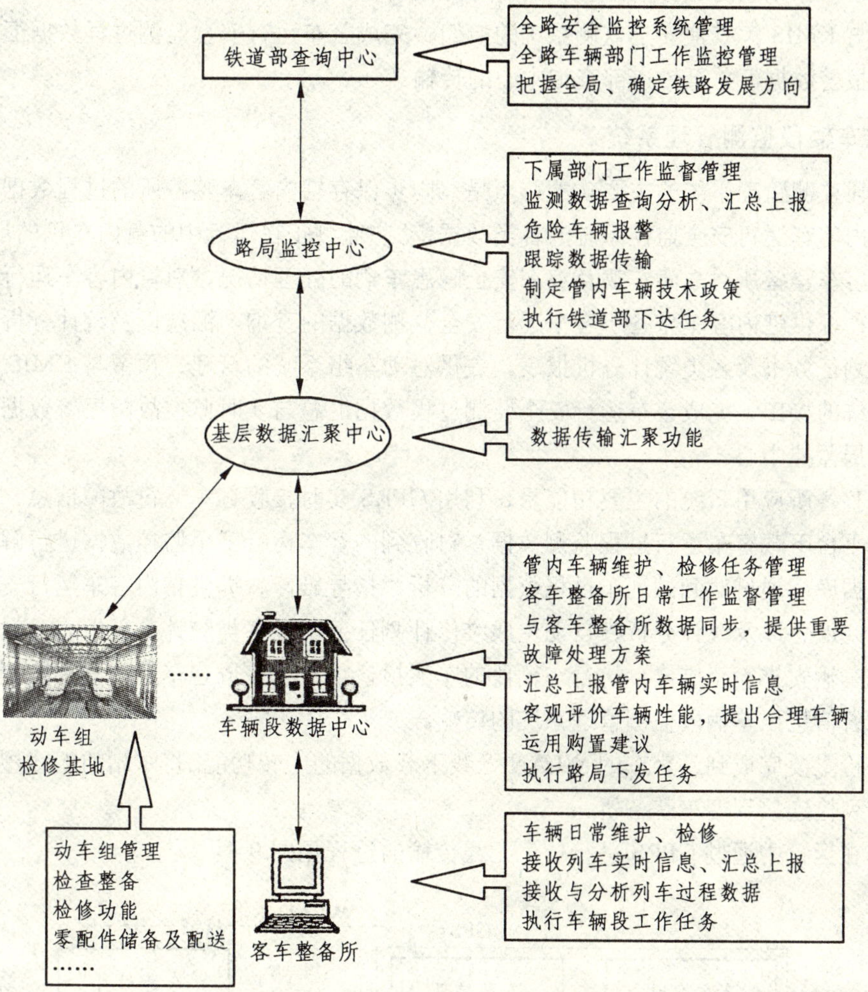

图 9-3　三级中心系统的功能

（1）铁道部查询中心系统

铁道部查询中心管理系统的主要功能特点是：接收和存储全路客车运行安全监控系统的各类数据，动态监测正在运行中的客车的运行情况，及时掌握全路故障车辆及存在安全隐患车辆的处理情况，对全路重点客车运行状态进行追踪监控；提供客车运行安全监测数据的查询、汇总以及统计分析，自动生成各类统计分析报表；通过对客车运行状态监测数据的分析，总结客车车辆检修的规律，制定客车运行安全监控系统的运用、管理、维修、养护等规章制度，提供决策技术支持。

（2）路局监控中心管理系统

路局监控中心管理系统的主要功能特点是：接收和存储管辖内客车运行安全监控系统的各类数据，动态监测正在运行中的管内车辆的运行情况，及时掌握下属单位对故障车辆及存在安全隐患车辆的处理情况，对管内客车运行状态进行追踪监控；提供客车运行安全监测数据的查询、汇总以及统计分析，自动生成各类统计分析报表；建立客车运行安全监控系统技术支持中心，在系统的运行、维修、养护等方面提供决策技术支持；提供对动车组系统的管理，预留与 KMIS 等其他安全监测系统的接口，完成客车运行安全监测过程数据汇总与实时监控故障报警数据汇总至铁道部查询中心的传输。

（3）车辆段监测管理系统

车辆段监测管理系统的主要功能特点是：同步保存辖内客车整备所的过程数据，接收和存储管辖内客车运行安全监控系统的各类数据，动态监测正在运行中的管内车辆的运行情况，及时掌握客车整备所对故障车辆及存在安全隐患车辆的处理情况，对管内客车运行状态进行追踪监控；提供辖内客车整备所客车运行安全监测数据的查询、汇总以及统计分析，自动生成维修计划任务书及各类统计分析报表。提供对动车组系统的管理，预留与 KMIS 等其他安全监测系统的接口，完成客车运行安全监测过程数据汇总与实时监控故障报警数据汇总，并上传至路局监控中心。

客车整备所应用系统的主要功能是：利用 GPRS 实时接收客车运行故障信息；利用无线数据传输平台下载客车运行过程监测数据，对收到的客车运行安全监控数据进行解码、显示并存入数据库；通过对到站列车过程数据的分析，指导维修；提供辖内客车运行安全监测数据的查询、汇总以及统计分析，自动生成维修计划任务书及各类统计分析报表；对于故障或状态不良车辆安排检查维修；执行车辆段的车辆检修任务，完成客车运行安全监测数据与监测故障报警信息至车辆段监测管理系统的传输。

客列检主要完成到站客车的 WLAN 无线下载数据的中转功能，将车站的无线覆盖设备连接通过客列检连接到客车整备所。

列车在运行中通过 GPRS 进行信息无线传输的过程见图 9-4。

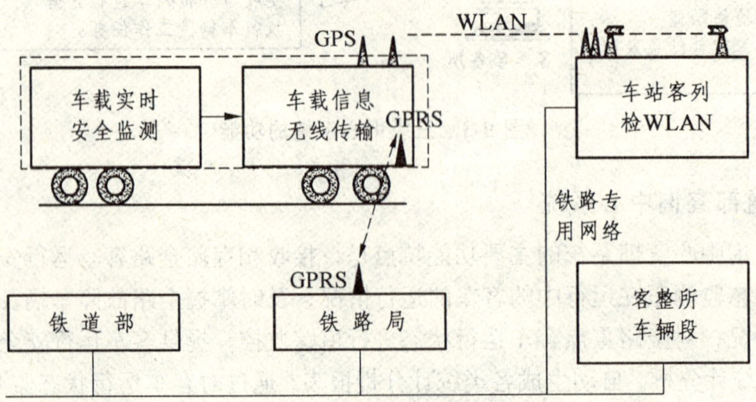

图 9-4　列车在运行中通过 GPRS 进行信息无线传输

9.2.3　三级应用（数据充分利用）

车辆段级应用包括车地数据无线传输系统、地面专家系统、地面网络数据传输系统、数据中心后台支撑系统、数据中心控制台系统、客车运行状态电子地图实时跟踪系统、客车运行安全信息查询与统计报表支持系统等一组应用软件。路局级应用和铁道部级应用的应用软件构成和功能框架基本相似，只是后台软件的传输处理信息量和前台应用提供的各类可访问信息的范围、级别存在差异。已开发和部署的软件包括地面网络数据传输系统、数据中心后台支撑系统、数据中心控制台系统（C/S 模式）、客车运行状态电子地图实时跟踪系统（C/S 模式）、客车运行安全信息查询与统计报表支持系统（B/S 模式）等一组应用软件。

车地数据无线传输系统实现客车运行监测数据的落地，包括报警、列车 GPS 定位、速度、编组、设备状态等信息的实时发送，还包括到站后将客车在本次运行中所产生的所有监测数据进行批量下载。

地面专家系统以监测数据为依据，对客车状态进行评价、对设备的状态进行分析，发现并提示客车在运行中出现的问题或安全隐患，提供车辆检修建议，提高车辆检修效率。通过长期监测数据的积累，还可以形成对某类设备、某种型号客车的全面而客观的统计与评价，对于车辆部门制定车辆维护计划、设备故障检修、保证运输安全等具有重大意义。

地面网络数据传输系统建立在网络传输中间件的基础上，负责提供地面三级中心间可靠的数据传输服务。

数据中心后台支撑系统由一组后台数据处理模块构成，完成数据的装载、校验、数据重组、统计信息抽取等数据处理任务，为前台应用提供便于访问、查询效率高的数据环境。

数据中心控制台系统通过集成化的中心系统管理操作界面，提供系统基础数据维护、系统配置、运行参数设置、用户和权限管理等系统管理配置功能。

客车运行状态电子地图实时跟踪系统，主要以直观的电子地图形式提供客车运行状态实时信息动态跟踪和运行轨迹历史回放，使车辆主管部门随时掌握在线运行客车状态，重演客车动态运行过程。

客车运行安全信息查询与统计报表支持系统主要为车辆管理部门提供全面、真实、可靠的实时信息、下载故障信息和相关基础数据查询，提供科学、直观、多角度透视的故障统计分析报表。在此基础上，车辆部门可以有针对性地实现配件储备、合理地安排检修人员，了解故障检修重点，并提出客车设备的科学的改进意见，促进车辆制造与运用技术的发展。

9.3　我国铁路 TCDS 的设计建设方案

9.3.1　TCDS 的设计原则

① 通过对我国目前提速客车危及行车安全的主要因素进行现场分析，确定我国铁路的 TCDS 监测诊断应主要针对目前客车故障多发部位、发生故障危及运行安全而人工难以检测和判断的部位以及只有在运行工况下故障才显现并能检测到的部位，即客车的走行部、基础制动系统和车辆供电系统。

② 借鉴先进国家的经验，根据目前世界信息技术的发展水平和我国铁路客车的应用实际情况，尽可能采用先进、成熟的技术来构建符合我国客车安全监测诊断系统的设计方案。我国铁路的 TCDS 由车载实时监测、车地无线通信、地面数据库与专家系统三个分系统组成，并能通过车辆段地面数据库与专家系统和全路专用通信干线网络联网，实现全路客车行车安全监控、车辆检修与运用状态质量控制的信息共享。

③ 各监测功能级节点在尽量少装传感器的条件下求得可解耦信息，满足基本监测诊断要求，并始终要注意简化系统，以方便现场检修和提高系统性价比。

④ TCDS 各功能级监测单元硬件上为独立模块。系统以基本配置（车辆走行部、基础制动系统、车电、防滑器）为基础，其余功能模块（轴温、火警、车门、车厢显示器、无线通信等）为可选部件，系统组态灵活。

⑤ 尽量采用先进的、成熟的技术，应用软、硬件可靠性设计，功能级监测节点的传感器免标定、免维护。

⑥ 列车在运行中，车载实时监测诊断系统诊断报告分为三大类：正常，一般性故障或关注类故障，严重故障。对于不影响当时行车安全的一般性故障，车辆回库后，通过地面数据库与专家系统的查询分析处理功能指导车辆质量动态检修。对于关注类故障，乘务员要根据当时故障实际情况，按照行车规程有关规定处理。对于影响行车安全的严重故障报警提示，乘务员一经确认，应采取紧急措施保障行车安全。

9.3.2 TCDS 的建设方案

1. TCDS 的总体组成

TCDS 由车载实时监测诊断、车地无线通信（或移动存储器下载）、地面数据库与专家系统三部分组成，如图 9-5 所示。

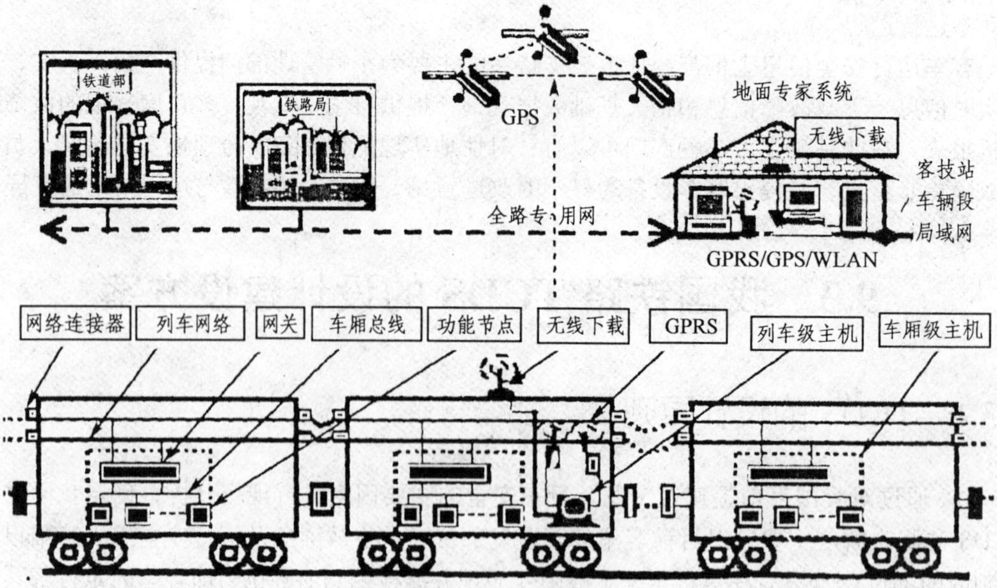

图 9-5 TCDS 的总体构成

2. 两级网络结构和两级诊断

车载实时安全监测诊断系统为两级总线式网络结构的列车通信网络系统，由连接同一列车上不同车厢的列车网络（列车总线）TBUS 和连接同一车厢内不同功能级监测诊断子系统的车厢网（车厢总线）VBUS 所组成。

TCDS 分为功能级监测诊断子系统和列车级综合监测诊断系统两级监测诊断（见图 9-6、图 9-7）。由列车级给出实时诊断报告。

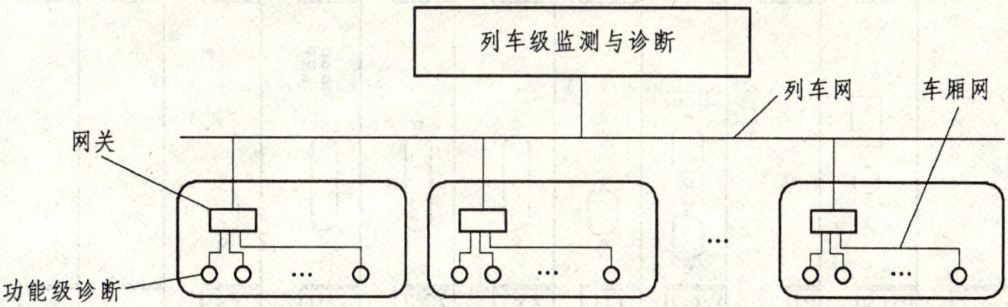

图 9-6　系统两级网络、两级监测示意图

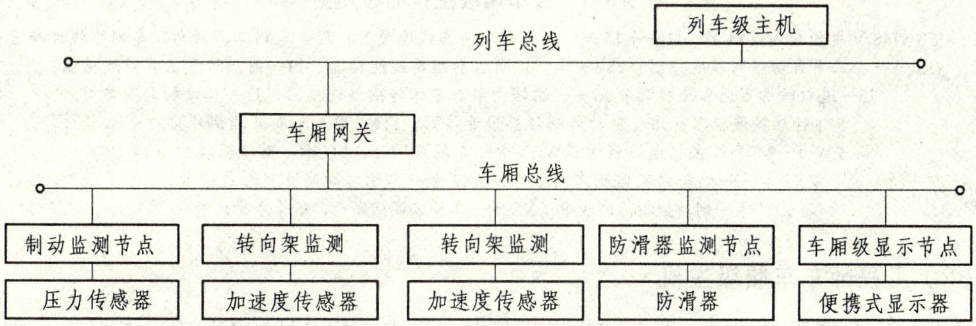

图 9-7　系统两级网络、两级监测诊断功能框图

3. 车厢级网络系统

车厢级网络系统采用背板式 LonWorks 现场总线技术，由三个功能级监测诊断子系统、一个显示节点和车厢网关通过 LonWorks 车厢总线组成。各功能级子系统诊断报告与过程数据通过显示节点显示，并通过车厢级网络变量传输到车厢级网关。每辆车的车厢级网关将本车的监测诊断报告和过程数据通过列车总线传送到列车级主机。列车级主机实现全列车综合诊断、集中显示、报警、记录和车—地通信，如图 9-7 所示。

4. 车厢级主机

（1）一般车厢级主机

车厢级各监测诊断子系统集中安装在一台 6 英寸高、19 英寸宽的机箱内，机箱内每一个模盒结构的板卡担负某一个独立监测诊断功能，它通过车厢级专家下面的端子排与外围设备、传感器、列车网连接，如图 9-8 所示。

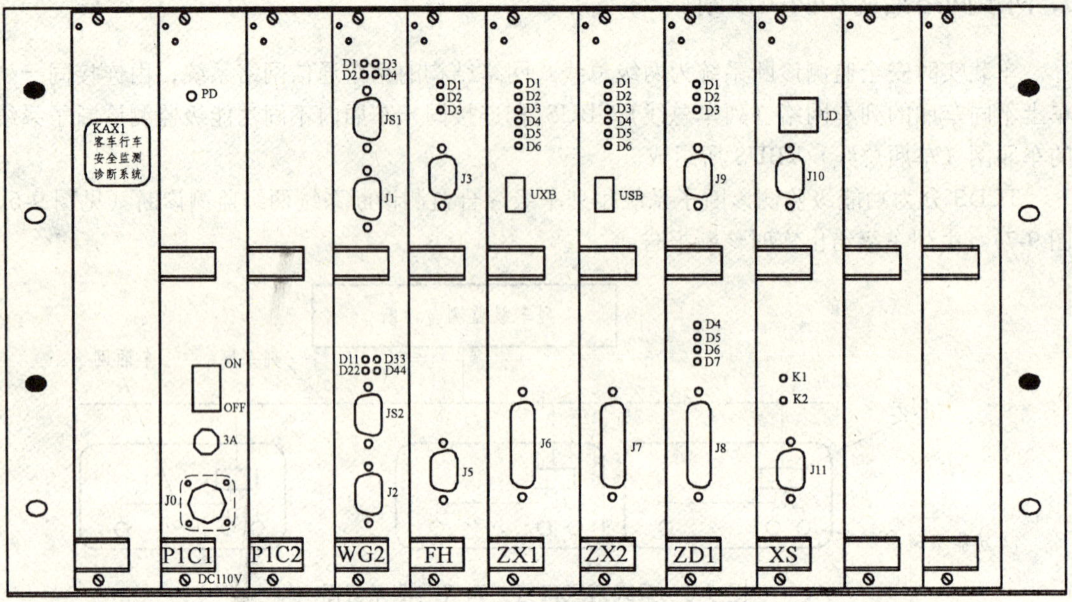

图 9-8 一般车厢级主机的布局图

JO—110 V/48 V 电源输入连接器；J1—车辆一、三角列车网络线连接器；J2—车辆二、四角列车网络线连接器；JSl—一、三角自动组网线连接器；JS2—二、四角自动组网线连接器；J3—国产防滑器联网连接器；J5—进口防滑器通信连接器；J6—一端转向架与车体传感器连接器；J7—二端转向架与车体传感器连接器；J8—制动监测传感器连接器；J11—用于车厢级调试外接口；PW 卡—车厢级主机电源板卡；WC2 卡—车厢级网关；FH 卡—防滑器接口板；ZX1 卡—一端转向架监测诊断板卡；ZX2 卡—二端转向架监测诊断板卡；ZD1 卡—制动监测诊断板卡；XS 卡—车厢级调试显示、车号修改板卡

（2）工程师车车厢级主机

工程师车车厢级主机比一般车厢级主机多两块板卡（WLAN 和 GPRS），担负车—地无线通信。GPRS 板卡接受列车级主机和 GPS 卫星定位信息，列车运行中实时向地面监控终端传送监测诊断报告、列车运行速度等信息；WUN 板卡接受列车级主机记录的数据，在列车进入客技站（车辆段）时，通过地面建立的无线局域网自动下载数据。工程师车车厢级主机上这两块板卡和工程师车的三根天线（车顶上的 WIAN 和 GPS 天线，车厢内的 GPRS 天线）组成 TCDS 客车运行安全监控系统的无线发送设备。

WLAN 板卡是无线下载通信板卡；其余板卡与插座和一般车厢级主机相同。

工程师车车厢级主机的布局如图 9-9 所示。

（3）车厢级主机电源设计

车厢级主机电源板卡将外部输入的 DC 110 V 电源转换成 DC 24 V 并输出到主机的背板上，做为车厢级主机各功能板卡的共用电源输入，各功能板卡各自经过 DC/DC 变换，得到所需板卡用电。因此，车厢级各功能板卡的电源是各自独立、相互隔离的。从外部输入的 DC 110 V 到板卡内部电源，经过两级隔离，每级隔离电压均为 DC 1 500V。这种供电方式，一方面有利于提高系统的稳定性，另一方面可以避免由于车厢级主机板卡故障而影响相邻设备。

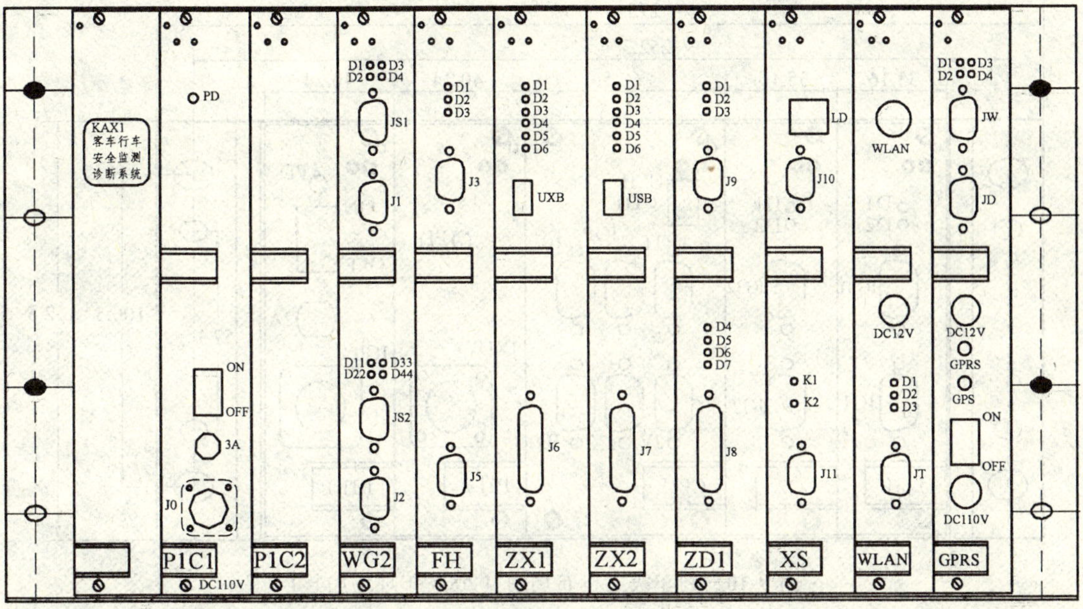

图 9-9　工程师车车厢级主机布局

JT—与列车级 CPU 通信（WUN）；JW—与列车级 CPU 通信（GPRS）；JD 一与列车级 CPU 通信（GPS）；
CPRS—外接 GPRS 天线；CPS—外接 CPS 天线；JWX—外接 110 V 直流电源；
DCl2V—CPRS 板卡送给 WUN 板卡 DC 12 V 电源；
GPRS 板卡—CPRS 与 CPS 通信板卡

（4）车厢级主机的显示节点

TCDS 不设车厢级显示器，只设车厢级显示节点。配上便携式显示器可实现如下功能：

① 节点板卡上显本车厢车号和车厢顺位号，插入便携式显示器则可输入与修改本车厢的车号和车厢顺位号。

② 通过便携式显示器显示车厢级各节点联网信息和基本诊断信息。

③ 利用便携式显示器，进行车厢级防滑器、车厢级制动监测诊断子系统和转向架监测诊断子系统的出厂检验试验。

5. 列车级主机

列车级主机是一台 3U 结构壁挂式机箱，外接带电阻式触摸显示屏的工业级专用装置。由五块板卡组成。它担负安全监测诊断系统双列车通信网络的运行管理、列车级双向数据通信、列车级综合诊断、集中显示与报警、各功能节点诊断报告和过程数据的记录，人—机交互，并完成车—地无线通信、无线下载和移动存储器下载功能。其面板布局如图 9-10 所示。

6. 车地数据通信子系统

车地数据通信的总体方案如图 9-11 所示。

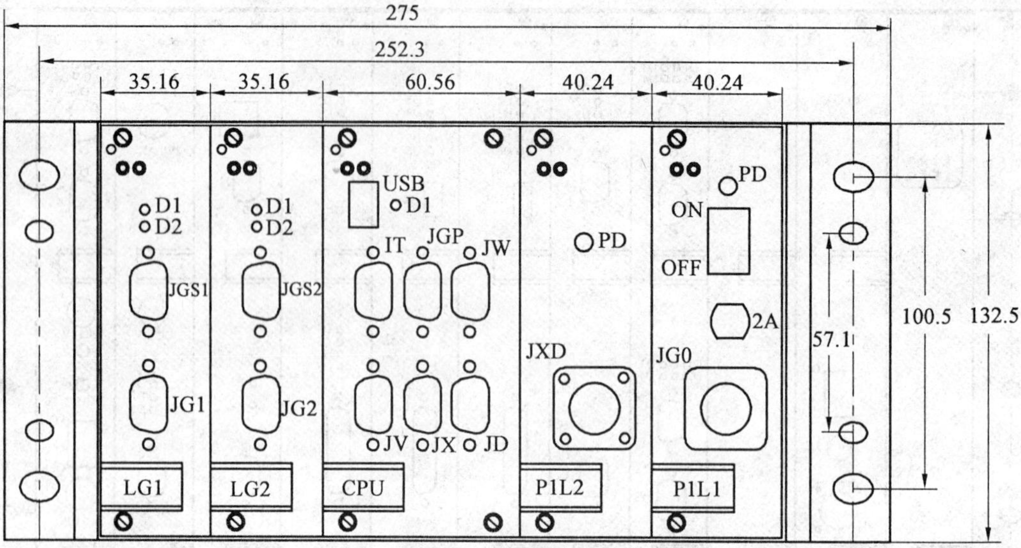

图 9-10 列车级主机布局图（2005 年现场加装）

PWI 卡：JGO—DC 110V/DC 48 V 电源输入，24 V 输出。PW2 卡：JXD—DC 24 V 输出给显示器，主机内部 5 V 电源。LG2 卡：JG2—第二条列车网（B 线）接口；JGS2—第二条组网线接口。CPU 卡：JX—外接列车级触摸屏显示器 JT—无线下载 WLAN 接口；USB—数据下载接口；JW—GPRS 无线通信接口；JD—GPS 无线通信接口；JGP—与列车级 PLC 网关通信接口；V—调试接口。LG1 卡：JC1—第一条列车网（A 线）接口；JGS1—第一条组网线接口

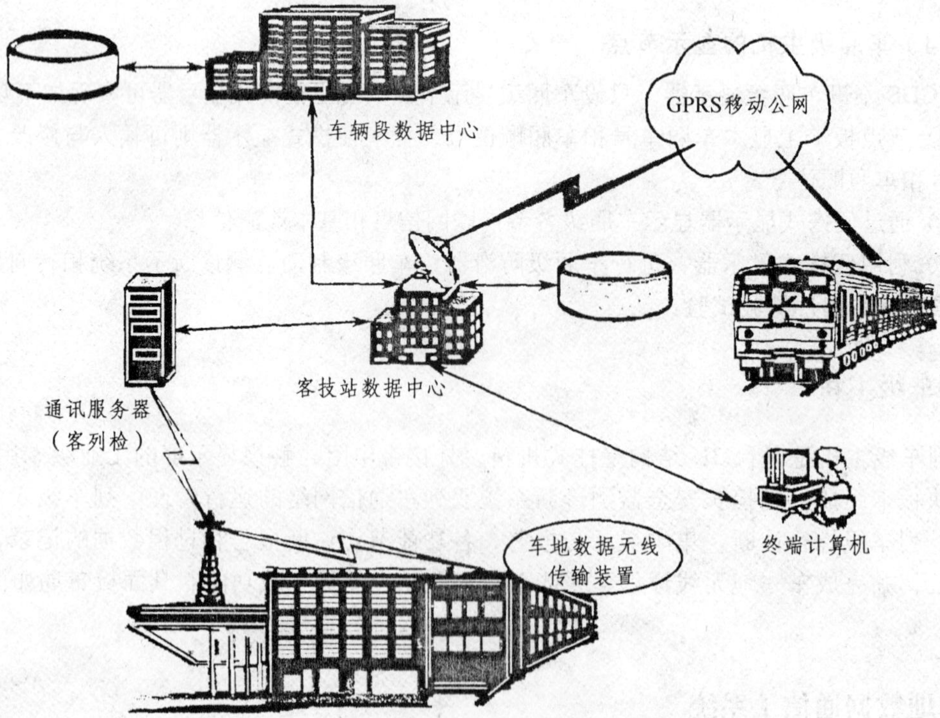

图 9-11 车地数据通信的总体方案

（1）以 GPRS 方式传输实时数据

为了保证车辆运用部门及时掌握客车实际运行状态，避免和防止重大安全事故，在客车运行过程中，以 GPRS 方式将少量必要的监测数据发送到地面。

GPRS（General Packet Radio Service）是采用分组数据传输的 GSM 核心网的增强技术。GPRS 技术是目前使用最广的能够解决移动通信与 IP 结合的技术方案，它可以充分利用现有 GSM 网络，使运营商在 GSM 全国范围内推出移动分组数据业务。GPRS 作为一种向 3G 网络过渡的技术，正在积极引导移动用户使用无线数据业务的兴趣。

终端用户丰富多彩的数据应用也对 GPRS 这一数据承载网络提出了更高的要求，相比传统的 GSM 语音业务而言，GPRS 数据业务更加讲求服务质量，对网络性能的分析应更贴近终端用户的实际感受。相对传统电路交换数据传送方式，GPRS 有以下的几个优点：

① 时刻在线。

② 数据流量计费，GPRS 资费包月便宜。

③ 登录时间短。

④ 数据传输速度快。

⑤ 覆盖范围广泛等。

GPRS 的主要技术参数如下：

① 传输速率：最大理论速率为 171 kbit/s；典型速率为 20～40 kbit/s。

② 覆盖范围：全国大部分地区，接近 GSM 网。

GPRS 的出现提供了一种高效、低成本的无线分组数据业务，特别适用于间断的、突发性的和频繁的、少量的数据传输，也适用于偶尔的大数据量传输。

当车载安全监测设备在监测到车辆设备的异常或故障报警时，自动启动报警实时发送机制，将此信息通过 GPRS 实时发送出去。信息内容包含发生故障列车的车次、车厢号、车号、故障发生时间、故障级别、发生故障设备类型、故障描述等故障相关数据。

当系统工作正常时，系统主机定时通过无线 GPRS 接口向地面发送各系统状态信息和 GPS 定位信息，信息内容还包括列车的车次、车厢号、车号、时间、监测项类型、监测项状态。

（2）以 WLAN 方式完成所有监测数据的批量下载

为了支持地面专家数据库对过程数据进行分析和故障诊断，以便于分析和查找事故原因，并进一步诊断数据和故障预警，将车载安全监测系统实时记录的过程数据通过 WLAN 传输至地面服务器，如图 9-12 所示。

WLAN（Wireless Local Area Network，无线局域网）是采用无线传输介质的计算机局域网，它的标准是 IEE 802.11，该标准定义了物理层和媒体访问控制（MAC）层的规范。到站后以 WLAN 方式实现车地联网。

无线局域网是实现移动计算机网络的关键技术之一，它是实现移动计算机网络中移动站的物理层和链路层功能，为移动计算机网络提供必要的物理接口的网络。无线局域网是计算机网络与无线通信技术相结合的产物。从专业角度来讲，无线局域网利用无线多址信道的一种有效方法来支持计算机之间的通信，并让通信的移动化、个性化和多媒体应用得以实现。

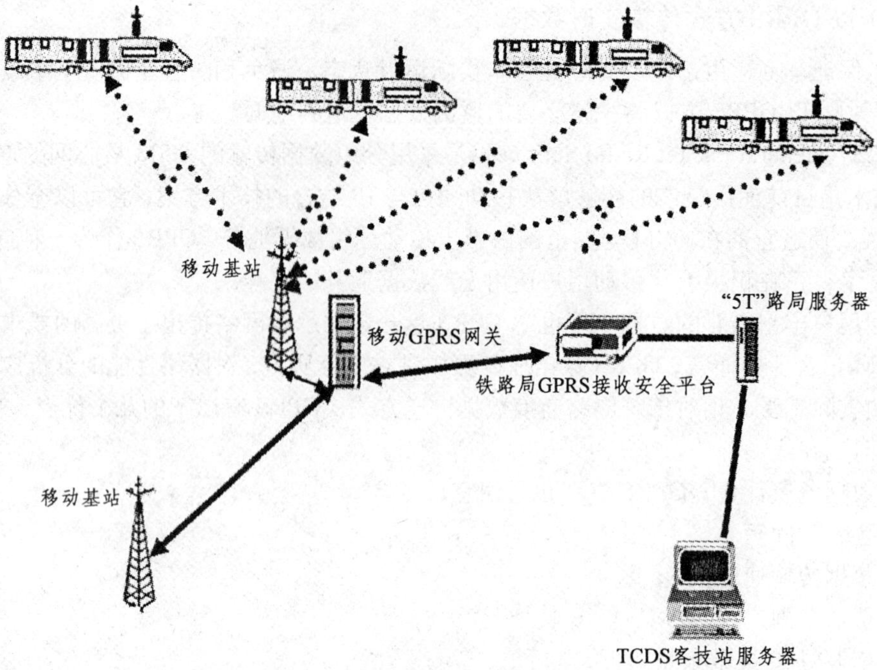

图 9-12 以 WLAN 方式实现车地联网

近年来，无线局域网因其可实现移动办公、具有较好的保密性、抗干扰性、架设与维护容易等特点，已经在欧美国家的无线市场取得成功，随着 802.11 性价比的提高，人们对移动性访问和存储信息的需求愈来愈多，无线局域网在办公、生产和家庭等领域不断获得更广泛的应用，甚至在某些情况下取代有线局域网。

WLAN 的主要技术参数如下：

① 传输速率：802.11 b（2.04 GHz）标准的传输速率为 11 Mbit/s；802.11 g（2.4 GHz）标准的传输速率为 54 Mbit/s；802.11 a（5 GHz 以上）标准的传输速率为 54 Mbit/s。

② 最大传输距离：定向天线可达 20 km 以上；全向天线 2 km。

客车到站后，通过在车站架设的 WLAN 设备与天线，把数据下载到客列检的数据中转服务器，数据中转服务器转发伺服程序立即将数据转发到客技站，客技站数据服务器将数据同时导入到车辆段及客技站数据库，以供地面专家系统使用。

9.4 TCDS 的子系统

9.4.1 车辆转向架状态监测子系统

1. 概 述

对运营的铁道车辆转向架状态进行监测是我国现阶段铁路发展的需要，也是未来高速铁路发展的趋势。自 1997 年 4 月 1 日提速以来，全路运营的提速客车遇到了各种各样的问题。

对管理方面而言，大量的“夕发朝至”客车的运营在为我国铁路部门创造了经济效益的同时，也对原来的运营维修体系带来了新的问题。大量的客车白天同时进段而又要求晚上很快的投入运营，列车在开行的过程中速度快、停靠车站少（如 25K 型车）或不停靠站（如 25T 型车）连续快速运行的时间长，车辆各种部件的使用寿命都受到很大的影响，经常出现各种故障。较常遇到的故障有车辆运行中的轮对故障、空气弹簧系统故障、转向架构架以及中央悬挂装置的故障等，这些故障均会影响到车辆的状态。而车辆状态的恶化危及列车运行安全，并会产生一系列的后果，如动力学性能恶化的结果使得转向架所受动态交变载荷增大，各种疲劳现象会对转向架安全运行带来巨大的隐患。

同时，对于大量新造的各种高速与准高速动车组，生产厂家和管理部门也开始密切关注其车辆的状态问题。在这种情况下，对关乎车辆运行安全的转向架状态进行监测与诊断具有非常现实的意义。

对运营的铁道车辆转向架状态进行监测并对车辆运行状态进行评估，是对车辆实行质量控制与动态管理的重要举措。车辆的转向架状态只有通过动态过程中记录与评估，才能发现关系到车辆运行安全的转向架的维修与养护情况是否良好，而结合动态的记录与评估建立的专家系统，可以对车辆动力学系统的性能变化态势进行预测，实行基于定量分析的质量控制与动态管理，从根本上防止动力学问题及相关问题的产生，实现车辆的无病态或微病态运行，从防止故障出现的源头做起。

实行质量控制与动态管理又可减少车辆系统磨耗，使得整个车辆运营的力学环境更加符合要求，降低车上各种设备的事故发生率，提高旅客运营的舒适性，为整个铁路的运营带来综合的经济效益与社会效益。

2. 车辆转向架状态监测子系统的工作流程

车辆转向架状态监测传感器的安装方式如图 9-13 所示。

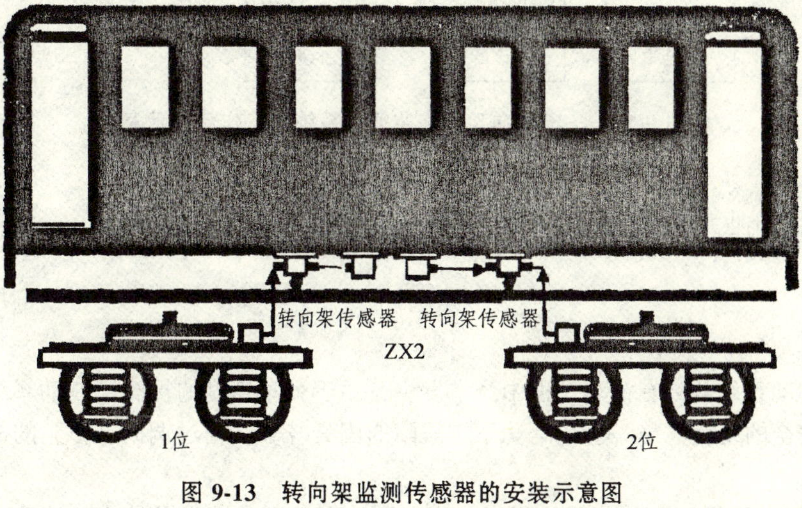

图 9-13　转向架监测传感器的安装示意图

其中，测试的信号为转向架侧架的垂向和横向加速度以及车体的横向和垂向加速度，一节车厢前后两个转向架及车体都装有加速度计，共计 8 个通道。上述安装方式是在充分考虑到性价比的前提下进行的。构架上加速度计的安装位置如图 9-13 及图 9-14 所示，车体上加速度计安装在枕梁上。

图 9-14　25T 客车构架上加速度传感器的安装示意图

车辆转向架状态监测子系统的工作流程是这样的：车体和构架加速度信号通过加速度传感器感知，经过调理，包括滤波与放大、模数转换，通过 FIFO 到达 DSP，采得的信号在 DSP 内完成信号的时域分析、频域分析、各种特征抽取以及各种模式识别的工作，诊断结果通过 Lonworks 网卡送达监测系统的列车级管理器，同时任何一节车厢皆可以通过车厢级管理器观察到有关车辆诊断信息的内容。参看图 9-15。

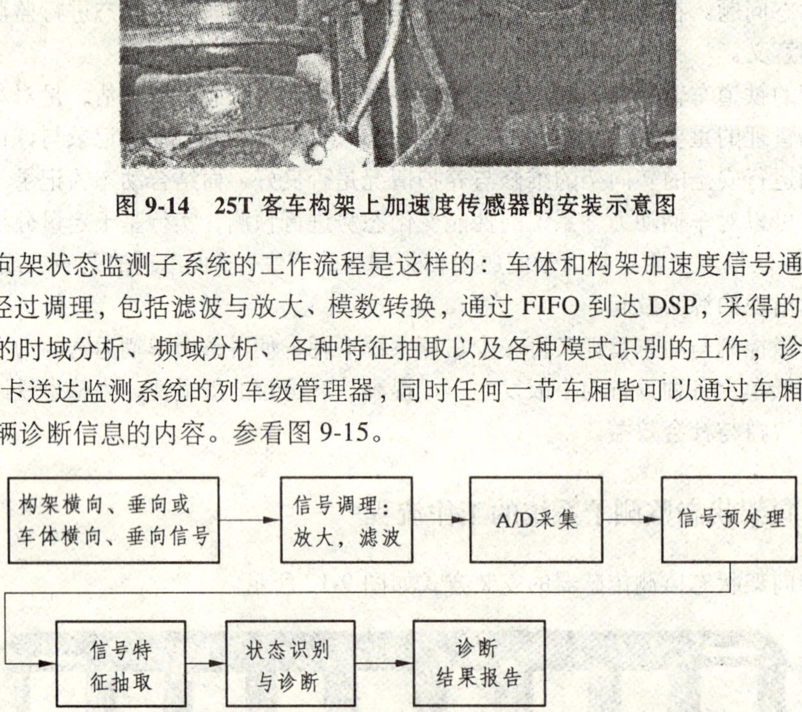

图 9-15　车辆转向架状态监测子系统的工作流程示意图

9.4.2 制动监测子系统

1. 概　述

车辆制动系统故障在行车过程中经常发生，由于列车速度的提高，制动系统故障已成为危及行车安全的重大隐患。引起制动系统故障的因素较多，经过调研，以下的故障发生情况较多见：

① 在现场运用中，一些偶然因素使列车制动管的压力产生了较大的波动，当这种压力波动超过车辆分配阀的稳定性时，则出现司机未施行制动却出闸的不正常现象。列车在山区中运行，由电力机车牵引列车，意外抱闸问题时有发生，而且有些分配阀制动后长时间不缓

解。当列车速度较高、制动缸压力较高、抱闸时间过长时，会造成制动盘冒烟起火，严重危及列车运行安全。此问题是在列车运行的过程中出现的，车上的司乘人员很难察觉，有关部门对此虽然进行过多次试验和调查，但始终未能得到圆满的解决。

② 即使是列车制动管的压力变化正常时，车辆制动系统有时也会出现作用异常，这种情形往往在车辆运行中偶然出现。而在停车后，按规范做单车制动试验或列车制动试验又复现不出来。

③ 折角塞门、截断塞门和制动缸排气塞门的误关，也是产生制动事故的原因之一。为此，有些运用部门采用铁丝捆绑塞门的方式来解决，但误关塞门现象仍时有发生。

因此，对旅客列车制动系统在运行状态下采用实时安全监测诊断技术，不但对确保列车运行安全、实现库检作业信息化的动态质量控制和检修管理具有现实必要性，而且具有推动客车检修体系网络化、信息化的深远意义。

制动监测子系统是客车安全监测诊断系统中的一个关键组成部分。该系统采用单片机的智能监测诊断技术、列车网络技术，实现了客车空气制动系统的故障实时在线监测诊断，经过长期的运行考核改进，诊断的可靠性和准确性都达到了较高的水平。制动监测子系统的研究工作经过方案论证、现场调查研究、方案修改、科研开发、装车考核试验、推广装车等阶段，目前实现的制动监测子系统可监测的项目涵盖了制动系统的各种常见故障，实现了制动故障的实时报警，特别是缓解作用不良、自然制动、异常制动等的报警，解决了困扰我国铁路多年的意外制动等制动系统的故障问题，对防止列车拦停等事故的发生、保证列车正点运行意义重大。

2. 制动监测子系统的设计目标

① 识别车辆制动系统故障，通过列车网络系统将故障报警信息和过程数据集中显示，对危及行车安全的严重故障给予警示，以防止行车事故的发生。

② 对车辆制动实行车厢级、列车级二级在线实时诊断报警，记录行车过程的制动数据，并通过地面分析系统进行历史数据显示回放。

③ 该系统提供的制动系统的监测数据信息应包括列车运行全过程的列车制动管、制动缸压力数值。制动诊断系统在监测过程中作出的实时诊断报告，应包括列车制动管、制动缸压力随时间变化的压力曲线及实时列车速度曲线。

3. 各级监测子系统需完成的功能

（1）车厢级

① 传感器数据的采集。

② 制动系统工作状态判断。

③ 列车制动管指令状态判断。

④ 制动系统故障的自动识别。

⑤ 监测系统自检。

⑥ 通过网络通信线向列车级发送数据和故障报告。

（2）列车级

① 显示车厢级上传的数据和报警信息。

② 判断制动系统的严重故障。

③ 判断列车制动管管系的故障。

④ 全程记录车厢级上传的数据和报警信息。

（3）地面制动监测分析系统

① 显示下载的制动监测数据和报警信息。

② 报表生成打印。

③ 故障查询统计。

4. 制动监测子系统传感器的安装位置

对于车辆制动监测子系统的监测成本和监测效果应进行综合考虑，用尽量少的传感器解决问题。通过反复论证和试验，比较优化的方案是在车辆制动系统中安装两只压力传感器，即列车制动管压力传感器和制动缸压力传感器，如图 9-16 所示。列车制动管压力传感器安装在截断塞门与分配阀间的管路上，监测列车制动管压力。制动缸压力传感器安装在制动缸排气塞门与防滑排风阀间的管路上，监测制动缸压力。这两个测点的压力，反应了制动系统的输入与输出特性。可用最少的传感器达到监测的目标。通过在大量装车现场中的运用证明，此方案是合理的。目前，提速客车的空气制动系统的常见故障都能通过车厢级和列车级两级诊断准确报警。

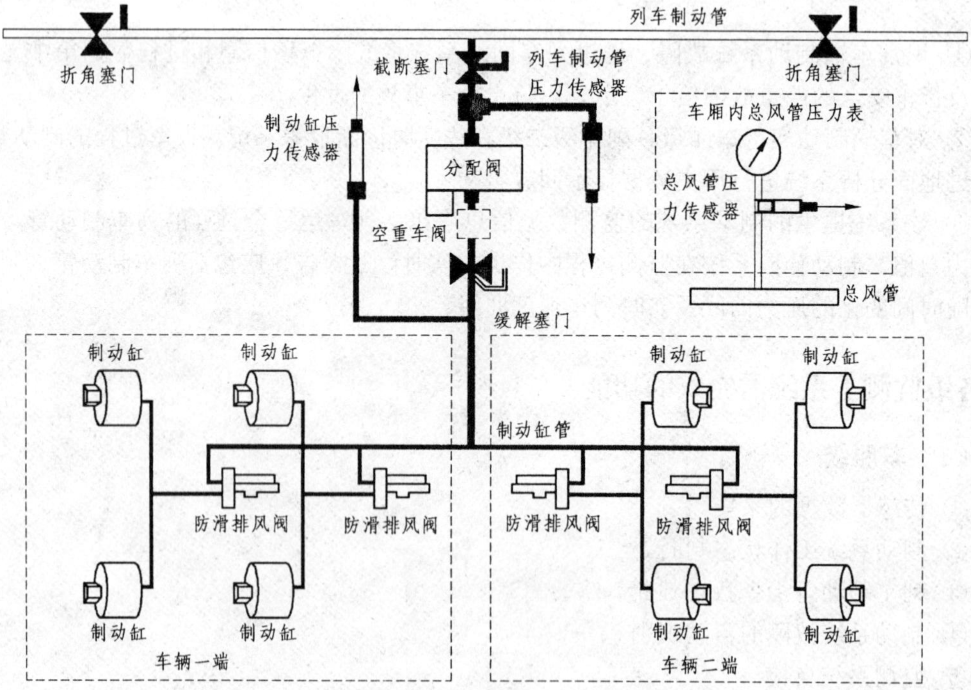

图 9-16 制动监测子系统的传感器的安装示意图

9.4.3　防滑器监测子系统

1. 概　述

防滑器在车辆运行的制动过程中适时地调节制动力，使制动力不超过当时的黏着力，达到既避免车轮踏面擦伤，又能利用当时的最大黏着力而得到当时黏着状况下的较短的制动距离的目的，是保护客车轮对踏面在制动过程中不被擦伤的重要安全保证设备。防滑器的工作正常与否关系到车辆能否正常运行。

按现行车辆运行标准，防滑器发生故障的车辆不允许出库，因此，防滑器发生故障后能否及时排除，对保证车辆安全准时出库起到重要的作用。在没有安装客车安全监测诊断系统之前，只能靠人工逐辆检查、排除故障。安装客车行车安全监测诊断系统之后，防滑器监测子系统实现了联网，可报告本车厢防滑器执行防滑保护动作的情况和工作状态，若有故障，则指出故障部位。这样，一方面全列车的防滑器信息能实时地反映到列车级主机，集中显示报警，大大方便了检修人员的工作，减轻了车辆运行中列检人员的工作量；另一方面通过列车级主机的实时记录，将数据下载到地面数据库、专家诊断系统进行查询，客观地对防滑器的工作情况进行评价。

由于防滑器具有来自轮对转动的脉冲信号，所以，利用防滑器可以将车厢的运行速度（参考速度）通过网络变量传送给其他子系统作为故障判断的输入条件之一，并通过车厢网关传输到列车级，由列车级主机综合计算出列车运行速度。

2. 防滑器监测子系统的设计目标

防滑器监测子系统是客车行车安全监测诊断系统的主要组成部分。一方面，客车行车安全监测诊断系统的列车级主机对全列车的防滑器工作状态进行监测，另一方面，防滑器为客车行车安全监测诊断系统中的其他子系统提供速度、里程等公共信息。防滑器监测子系统能满足 TFKI 型防滑器和进口防滑器两种防滑器的接口与通信要求。

3. 防滑器监测子系统应完成的功能

TEXl 型防滑器是由我国铁道科学研究院机车车辆研究所研发的产品。在客车安全监测诊断系统的网络通信中，该子系统与车厢级网络的通信是通过读写双口 RAM 来完成的。

车厢级主机内网关通过 LonWorks 总线与国产防滑器联网，车厢网络变量将防滑器状态信息传送到车厢级网关；进口防滑器则通过 RS 485 串行口与车厢级主机联网。

① 报告各车厢防滑器的各轴速度传感器、防滑排风阀有无故障，若有故障，则指出故障部位。

② 实时报告各车厢防滑器执行防滑保护动作的情况。

③ 向车厢总线发送本车车辆速度和每一百米里程信号。

④ 向车厢总线发送允许车门关闭以及防滑器当前的命令状态信息。

⑤ 报告防滑器与车厢级主机和列车级主机通信是否正常。

⑥ 通过列车级主机综合计算列车当前运行速度。

⑦ 实现防滑器全列车联网，列车级主机屏幕上实时报告全列车车厢防滑器系统的工作情况，并且实时记录。

9.4.4 铁路客车车电综合监控系统

1. 概 述

25T 型空调客车的车电综合监控系统能够自动监测车厢的各种参数，以确保设备和车辆运行安全。车电综合监控系统由位于各个车厢的综合控制柜、智能节点和位于随车工程师办公席的主控站以及通信网线组成。综合控制柜主要由供电控制、空调控制、防滑器、轴温报警器等组成。智能节点主要有烟火报警器、车门控制器、逆变器、充电机等部件。监控网络主要由与相应控制器连接的网关组成。

TCDS 车电综合监控系统针对所有故障区分了故障等级及信息共享等级，并采用车厢的触摸屏、控制柜的指示灯、主控站、TCDS 车电地面专家系统、网页等手段分级提示故障信息，提醒随车人员和地面检修人员关注。TCDS 车电综合监控系统的组成框图如图 9-17 所示。

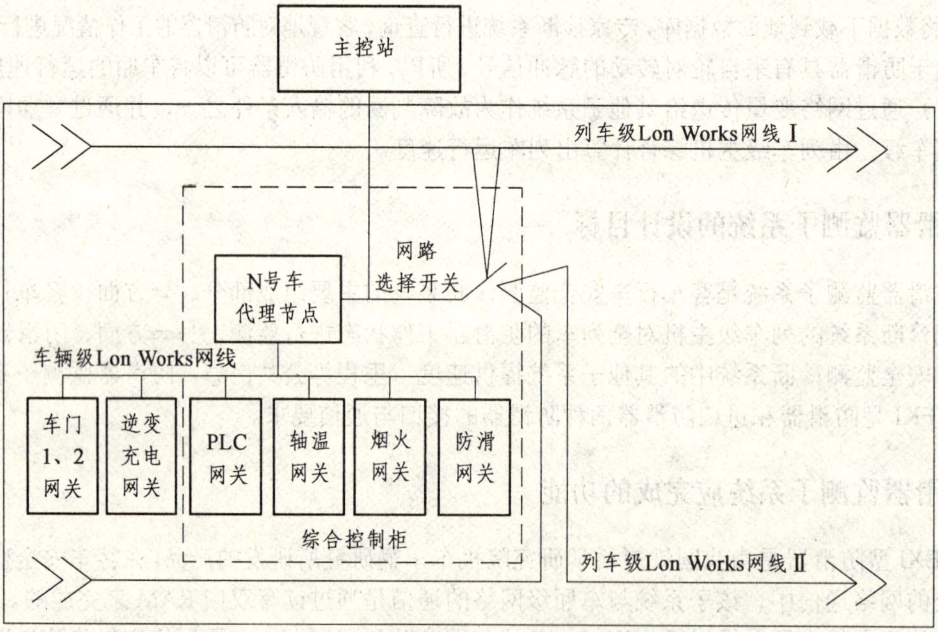

图 9-17 车电综合监控系统的组成框图

2. 车电综合监控系统的监测内容及监测原理

（1）车门系统

车门系统监测主要是检测车门是否关闭或关闭是否到位，防范列车在运行过程中由于车门未关闭（到位）引起的安全问题。

车门系统的报警包括：5 km/h 速度信号故障、左门未关闭到位、右门未关闭到位、左门未锁闭、右门未锁闭、左门 98% 开关故障、右门 98% 开关故障、左门锁闭机构故障、右门锁闭机构故障、左门开门故障、右门开门故障、左门门供气压力 < 450 kPa、右门门供气压力

<450 kPa、左门防挤压压力开关故障、右门防挤压压力开关故障、左门外操作开关故障、右门外操作开关故障、左门内紧急锁被操作、右门内紧急锁被操作、左门内操作开关未复位、右门内操作开关未复位、集控开门信号故障、集控关门信号故障、左门隔离锁故障、右门隔离锁故障。

车门检测的原理如图 9-18 所示。

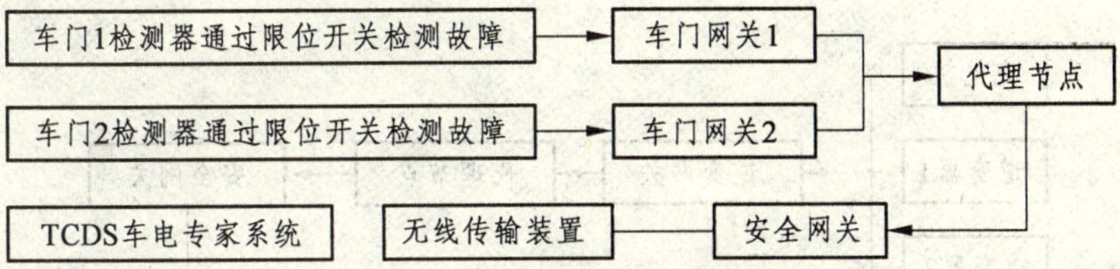

图 9-18　车门检测的原理示意图

（2）空调系统

空调系统的监测和报警内容包括：制冷Ⅰ-1 故障、制冷Ⅰ-2 故障、制冷Ⅱ-1 故障、制冷Ⅱ-2 故障、制暖Ⅰ-1 故障、制暖Ⅰ-2 故障、制暖Ⅱ-1 故障、制暖Ⅱ-2 故障、冷凝风机Ⅰ故障、冷凝风机Ⅱ故障、强风机故障、弱风机故障。

空调系统的检测原理如图 9-19 所示。

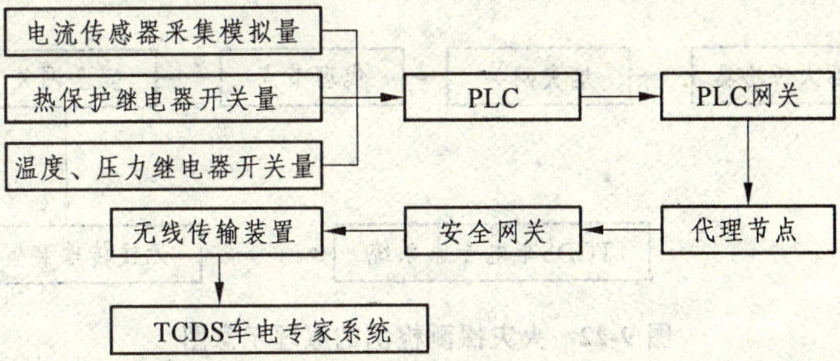

图 9-19　空调检测的原理示意图

（3）供电系统

供电系统的报警包括：Ⅰ路供电故障、Ⅱ路供电故障、漏电故障、600 V 过压、运行过程中 DC 600 电压等于 0 的时间持续 5 min 以上。

供电系统的检测原理如图 9-20 所示。

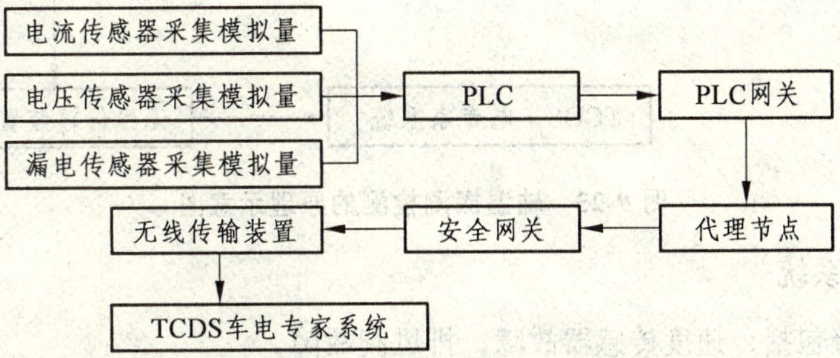

图 9-20　供电检测的原理示意图

(4) 车下电源系统

车下电源的报警包括：输入过压、输入欠压、输出过压、输出欠压、输出过流、输出过载、IGBT 故障、散热器超温、限流充电失效、温度补偿、传感器故障、预充电故障、内部故障、输入输出接触器故障。

车下电源系统的检测原理如图 9-21 所示。

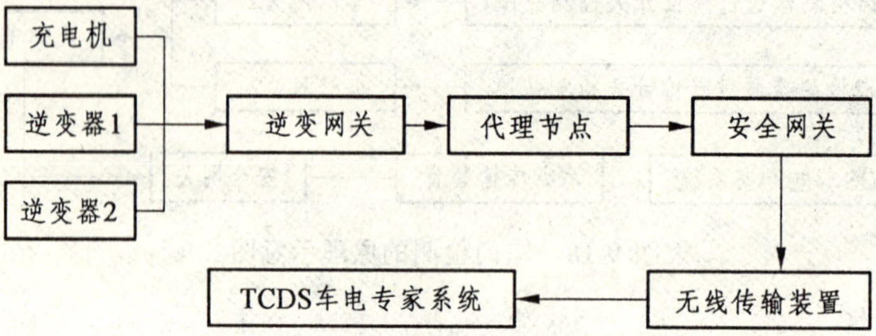

图 9-21 车下电源检测的原理示意图

(5) 火灾探测系统

烟火报警器的报警包括：火警、传感器故障，重点防范火灾事故。

火灾探测系统的检测原理如图 9-22 所示。

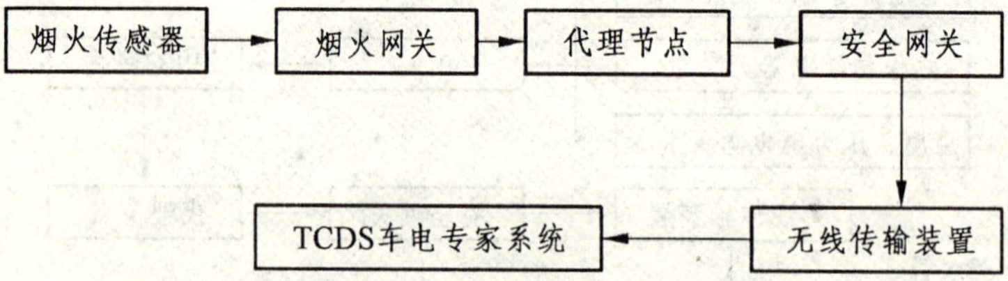

图 9-22 火灾探测检测的原理示意图

(6) 轴温探测系统

轴温探测系统的报警包括：超温报警、传感器故障，重点防范热轴事故。

轴温探测系统的检测原理如图 9-23 所示。

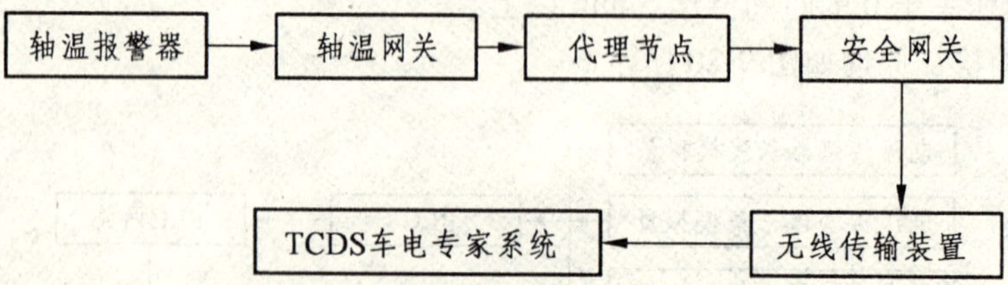

图 9-23 轴温探测检测的原理示意图

(7) 防滑器系统

防滑器的报警包括：速度传感器故障、排风阀故障。

防滑器系统的检测原理如图 9-24 所示。

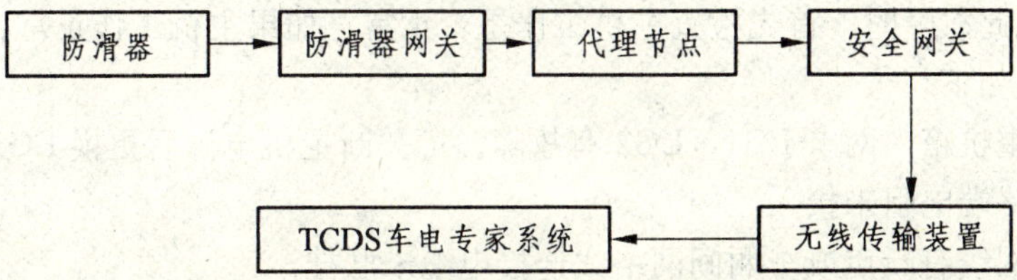

图 9-24　防滑器检测的原理示意图

9.5　常见故障与处理

9.5.1　列车级主机故障与处理

1. 列车级主机 PW 卡电源故障

故障现象是电源指示灯“ON-OFF”灯点亮而“PD”不亮。首先检查电源线是否已经正确接入，主机输入电压应在 48 V（行邮车）或 110 V（25T）的规定范围之内，对应线号为 + 123B 和 − 111B；若以上正常而故障仍然存在，检查电源开关是否已经打开；电源开关打开后若故障仍然存在，检查主机 PW1、PW2 模块上保险管是否已经熔断，如果已经熔断就更换保险管，主机保险管规格为 48 V/3 A（行邮车）或 110 V/2 A（25T）；经上述处理后故障仍然存在，可更换主机电源卡。

2. 列车级主机与显示屏之间通信中断故障

如果在运行过程中突然通信中断，主机显示屏上部中间的时钟不再刷新时间，或在显示屏启动时通信中断，显示屏长时间提示“正在初始化”，出现此现象，表明列车级主机与显示屏之间通信出现中断故障。

首先应检查主机与显示屏之间的通信线是否已经正确连接，正确的连接方法是，主机侧接在 JX 端口上，显示屏侧接在 COM1 端口上；正确连接后，如果故障仍然存在，检查通信线是否正常；如果通信线正常，而且已经正确连接，而故障仍然存在，则检查主机是否已经正常供电；如果主机已经正常供电，则检查主机 CPU 卡是否正常工作。

3. CPU 卡不工作故障

在主机供电正常的情况下，把主机校验仪插入主机 CPU 卡的 JT 端口，如果 LED 灯闪烁，说明主机仍在工作；如果不闪烁说明主机停止工作，此时可以关闭电源后再重新启机。重启后如果故障仍然存在，说明 CPU 卡已经发生故障，应关断主机电源后更换 CPU 卡。

9.5.2　列车网络故障与处理

列车网络出现故障的现象是，从列车级显示器上看不到任何车厢或看到的车厢数目比实际的要少。出现此故障时，首先检查主机工作是否正常，如果主机工作正常，说明网络有故障，可能的问题如下：

① 列车级主机箱内网卡 LG1、LG2 有故障，可关断主机电源后更换 LG1、LG2 卡。

② 列车网终端电阻未接入。

③ 列车网网线有断点或车厢间网络线连接电缆未联挂。

④ 车厢级网关 WG 卡故障，可关断电源后更换 WG 卡。

9.5.3 显示屏故障与处理

显示屏不亮，可能是显示屏的电源线未接或电源开关未开；显示屏显示的车厢数与车状态不符，可能是与主机的通信有故障；当出现其他异常时可尝试关闭电源重新启动。

9.5.4 车厢级主机故障与处理

1. 车厢级主机电源故障

车厢级主机的 PW 卡从端子排的＋123 A 和－111 A 输入 110 V 或 48 V 电源，经抗干扰处理及 DC/DC 转换后，为主机内部各板卡提供 24 V 电源，各板卡再经过 DC/DC 变换为内部电源。PW 卡的“ON-OFF”是带来电显示功能的电源开关，来电时点亮，如果该灯熄灭表示车厢级端子排未送电。“PD”显示灯点亮表示 PW 卡已送出 24 V 电源。如果“PD”灯熄灭，“ON-OFF”灯点亮，说明 PW 卡电源有故障，可检查卡上保险丝（110 V/2 A；48 V/3 A），如果保险丝已断，检查输入电源是否在波动范围之内，如果电源正常，可更换保险丝。经上述检查处理后，如果“PD”灯仍不亮应更换 PW 卡。

2. 故障指示灯指示的故障

各板卡均有故障指示灯指示故障信息（参见表 9-1），可以根据表 9-1 中所列各板卡指示灯状态来识别和排除故障。

表 9-1 车厢级主机板卡的功能和指示灯

板卡代号	板卡功能	指示灯代号	意义	正常状态	故障状态
PW1	DC110 V/48 V 电源转换为 24 V	“ON-OFF” “PD”	“ON-OFF”：来电 “PD”：24 V 正常	“ON-OFF”：亮 “PD”：亮	“ON-OFF”灭：未来电 “PD”灭：无电源输出
FH	进口防滑器联网接口	D1 D2	D1：板卡电源指示 D2：进口防滑器接收数据状态显示	D1：一直点亮 D2 点亮：接收进口防滑器数据有效	D1 熄灭：板卡电源故障 D2 长灭：与进口防滑器通信故障

续表 9-1

板卡代号	板卡功能	指示灯代号	意义	正常状态	故障状态
WG1	网关，实现列车网与车厢网之间的数据交换	D1	电源状态指示灯	开机后常亮	熄灭，板卡电源故障
		D2	运行状态指示灯	开机后连续闪烁	熄灭，板卡通信故障
		D3	列车网 SP 灯	开机后闪烁一下就灭	从未闪烁或连续闪烁
		D4	车厢网 SP 灯	开机后闪烁一下就灭	从未闪烁或连续闪烁
		D11	电源状态指示灯	开机后常亮	熄灭，说明无电源
		D22	运行状态指示灯	开机后连续闪烁	熄灭，板卡通信故障
		D33	列车网 SP 灯	开机后闪烁一下就灭	从未闪烁或连续闪烁
		D44	车厢网 SP 灯	开机后闪烁一下就灭	从未闪烁或连续闪烁
ZX1	1 端转向架系统监测	D1	电源状态指示灯	主机电源打开后，D1～D6 全部闪烁，然后 D1 点亮 D2～D6 熄灭	D1 熄灭：板卡电源故障 D2～D5 点亮：板卡故障 D6 点亮：传感器故障
		D2	存储区指示灯		
		D3	先进先出存储区指示灯		
		D4	网卡指示灯		
		D5	电子盘指示灯		
		D6	传感器指示灯		
ZX2	2 端转向架系统监测	D1	电源状态指示灯	主机电源打开后，D1～D6 全部闪烁，然后 D1 点亮，D2～D6 熄灭	D1 熄灭：板卡电源故障 D2～D5 点亮：板卡故障 D6 点亮：传感器故障
		D2	存储区指示灯		
		D3	先进先出存储区指示灯		
		D4	网卡指示灯		
		D5	电子盘指示灯		
		D6	传感器指示灯		
ZD	制动系统监测	D1	运行/传感器/诊断报告三功能指示灯	1 s 间隔连续闪烁	0.5 s 间隔连续闪烁为传感器故障 0.2 s 间隔连续闪烁为诊断报警 不亮和长亮不闪烁为板卡故障
XS	车厢级调试用显示模块	LD	显示车厢顺位号	显示车厢顺位号	熄灭无显示或显示非法代码

思考题

1. 三级联网、三级管理分别是什么？它的意义是什么？
2. TCDS 监测车辆的哪些部位与项目？
3. 简述 TCDS 的总体组成，并简述它的信息传输。
4. 制动监测诊断子系统测点是如何布置的？该子系统的作用是什么？
5. 转向架与车体监测传感器是如何布置的？
6. 防滑器工作状态子系统的功能是什么？
7. 车载安全监测诊断系统有哪些主要故障？该如何处理？

参 考 文 献

1 魏殿荣，余展猷. 电磁探伤. 北京：中国铁道出版社，1984

2 HTK-391+红外线轴温探测系统. 哈尔滨铁路局哈尔滨科研所，1999

3 HTK-499 红外线轴温探测系统. 哈尔滨铁路局哈尔滨科研所，1999

4 铁道部人事司，铁道部人才交流中心. 铁道车辆新技术及其应用. 北京：中国铁道出版社，1998

5 刘瑞扬，王毓敏. TPDS——货车运行状态地面安全监测系统. 北京：中国铁道出版社，2005

6 刘瑞扬，王毓敏. TADS——货车滚动轴承早期故障轨边声学诊断系统. 北京：中国铁道出版社，2005

7 刘瑞扬，王毓敏. TFDS——货车运行故障动态图像检测系统. 北京：中国铁道出版社，2005

8 刘瑞扬，杨京. TCDS——客车运行状态安全监测系统 TCDS. 北京：中国铁道出版社，2005

9 陈伯施，刘瑞扬. 地对车安全监测体系 5T 系统信息整合与应用. 北京：中国铁道出版社，2006